언약의 관점에서 본 성경의 개요

성경의 핵심 언약

| 백보현 지음 |

쿰란출판사

이 책을 통하여 기대되는 효과

1) 성경 전체의 흐름을 파악할 수 있다.

2) 언약의 통일성을 통해서 성경이 진정한 하나님의 말씀임을 믿게 된다.

2) 언약에 나타난 하나님의 끈질긴 사랑에 감동된다.

3) 하나님의 사랑에 감격하여 말씀에 순종하는 믿음으로 성장한다.

4) 하나님의 말씀에 순종함으로 하나님 나라의 복된 삶이 열린다.

추천사

그동안 우리 기독교 교회에서 강조되어 온 바울의 이신득의 사상으로 인해 믿음으로 구원받는 칭의의 구원에는 많은 성과를 거두었다 하더라도, 구원받은 성도들이 이루어 나가야 할 성화의 삶에는 약하지 않나 하는 염려는 비록 나만의 것이 아니었으리라 사료됩니다. 그래서 세상의 빛이 되어야 할 그리스도인들이 빛의 사명을 감당하지 못하고, 오히려 때때로 세상의 비난의 대상이 되어 왔던 사실 또한 부인할 수 없으리라고 생각합니다.

이러한 때에 평소 성경 중심적인 투철한 기독교 변증학자 중 한 분으로 활동해 오던 백보현 박사께서, 그동안 교단에서 가르치던 언약신학을 중심으로 언약의 관점에서 성경의 개요를 정리하여 이번에 《성경의 핵심 언약》을 출간하게 되었습니다. 성경을 언약이라는 새로운 국면에서 조명하여 정리함으로써 성도들로 하여금 언약에 나타난 하나님 나라에 관한 통일성을 통해, 성경이 진정한 하나님의 말씀이라는 사실을 다시 한 번 확인하게 될 것이고, 그 언약에 나타난 하나님의 끈질긴 사랑에 감동하여 더욱더 하나님의 말씀에 순종하는 삶으로 성화되리라 믿어 의심치 않습니다.

사실 하나님께 우리를 구원하시는 목적은 우리에게 단지 영생을 주

시기 위함이 아니요 우리로 하여금 하나님의 사람으로 온전케 하기 위함일진대(딤후 3:17), 이번에 출간하게 된 백보현 박사의 저서 《성경의 핵심 언약》은 이러한 구원의 목적과 성경 기록의 목적, 더 나아가서는 하나님의 창조 목적을 가장 명확하게 변증한, 성경 해석의 아주 값진 보석과 같은 책으로 사료됩니다.

아무쪼록 이 책을 통하여 우리 성도들이 성경은 진정으로 하나님의 말씀인 것과, 하나님께서 생명을 걸고 우리와 언약하시는 하나님의 그 진정한 사랑을 깨닫고, 하나님의 말씀에 더욱더 순종하는 삶을 통해서 하나님 나라 백성으로서 믿음의 장성한 분량에까지 성장해 나가리라 확신하며 이 책을 추천하는 바입니다.

2016년 2월

Cohen University & Theological Seminary chancellor

Dr. Paul Kang, Th.D, Ph.D.

추천사

백보현 목사님의 삶의 여정을 돌아볼 때, 하나님께서는 한 번 하고자 하시는 일은 반드시 이루시되 누군가의 기도를 통해 이루신다는 사실을 절감하게 됩니다.

백 목사님은 학창 시절부터 천주교회에서 열심히 활동하시다 대학 졸업을 앞두고 사제로서의 삶에 부르심을 느꼈으나 그 길을 포기하고 세상으로 돌아갔습니다. 그때 아들이 올바른 신앙으로 돌아오게 해달라고 새벽마다 부르짖으시던 그의 어머님의 기도로 개신교에서 구원의 길을 발견하였습니다. 그 어머님은 당신의 아들이 개신교 신앙으로 돌아오자 이제는 주의 종이 되게 해달라고 새벽마다 부르짖으셨습니다. 백 목사님이 목사 안수를 받은 것은 그 어머님이 세상을 떠나신 지 5년이 지났을 때이지만 절절한 어머님의 기도 응답이라는 사실을 부인할 수 없습니다.

그 아들은 목사 안수를 받고 신학교에서 후배들을 양성하며, 이곳 미주 한인교계에서는 처음으로 시한부 말기 환우들을 방문하여 전도하는 호스피스 전도회를 조직하여 20년 이상 활발하게 사역을 감당하다 은퇴하셨습니다. 그리고 이제는 성경을 언약의 관점에서 정리하여 《성경의 핵심 언약》이란 책을 발간하게 되었습니다. 저는 이런 사실들을 보면서 하나님께서 그 어머니 권사님의 기도를 들으시고 하나님의 뜻을 이루시는 경륜과 섭리에 감탄합니다.

신학교에서 변증학을 가르치신 목사님께서는 시대에 따라 성경에 나타난 언약들을 정리하여, 이 모든 언약들이 하나님 나라의 완성이라

는 하나의 목표를 향해 일관성 있게 점진적으로 성취되어 나감을 밝히고 있습니다. 그리고 이런 접근을 통하여 성경이 진정 하나님의 말씀이라는 사실을 증거하고 있으며, 옛 언약이나 새 언약이나 모두가 다 하나님의 주권적 통치, 즉 하나님의 말씀으로 통치되는 하나님 나라의 건설에 있음을 일관되게 강조하심으로 왜 우리가 하나님의 말씀에 순종해야 하는지를 설득력 있게 증거합니다.

세상이 점점 타락해 감은 물론, 우리 교회들마저도 점점 하나님의 말씀을 떠나 교회의 본질을 상실해 가고 있는 이때에, 백보현 목사님께서 발간하신 《성경의 핵심 언약》은 성경이 진정으로 하나님의 말씀이라는 사실과, 하나님께서 우리를 창조하고 구원하시는 목적이 무엇인지에 대해 확실히 전하고 있습니다. 이 책은 우리의 왕이신 하나님의 말씀에 순종하는 삶을 살아감으로 위로부터 내려 주시는 하나님 나라 백성의 은혜와 축복을 마음껏 누리며 살아가게 할 뿐만 아니라, 동시에 그 은혜와 축복을 이웃에게까지 나누며 살아가는 은혜의 전달자가 되라고 도전하고 있습니다. 이런 하나님 나라의 꿈을 꾸고 그 나라가 실현되기 원하는 분들마다 이 책을 필독하시기를 추천합니다.

2016년 2월

오렌지카운티 교회협의회 증경회장

나침반교회 담임

민경엽 목사

차례

제2부 선민 언약 시대

제3부 왕국 언약 시대

서론

하나님께서는 왜 성경을 기록하게 하셨을까? 성경의 기록 목적을 올바로 깨닫는 것은 성경을 읽기에 앞서 무엇보다도 중요한 사실인데, 이에 대한 해답은 학자들 사이에서도 서로 다른 많은 주장들이 나타나고 있다.

어떤 학자들은 우리에게 영생을 주시기 위함이라고 주장하는 한편, 또 어떤 학자들은 우리에게 구원을 주시기 위함이라고 주장한다. 그리고 또 어떤 학자들은 성경은 무엇보다도 우리에게 예수 그리스도를 증거하기 위함이라고 주장하는가 하면, 또 어떤 학자들은 하나님의 살아 계심과 역사하심을 나타내시기 위함이라고 주장한다. 그러나 우리가 성경의 말씀을 살펴보면, 이 어느 한 가지도 옳지 않은 주장이 없다. 성경은 이 모든 것들을 다 말하고 있기 때문이다.

그렇다면 하나님께서 성경을 기록하게 하신 근본 목적을 한마디로 표현한다면 과연 무엇이라고 말할 수 있을까? 하나님께서는 왜 우리에게 성경을 주시어 우리로 하여금 읽게 하시는 것일까? 왜 우리는 성경을 읽어야 하며, 성경을 통하여 하나님께서 하시고자 하시는 일은 과연 무엇일까? 이에 대한 근본적인 해답을 얻기 위하여, 이 책은 다음과 같은 기본 방향에서 성경을 연구하였다.

1) 구속사적 관점에서 연구하였다.

성경에 기록된 내용들을 살펴보면, 우주 만물이 어떻게 시작되어 어떻게 끝날 것인가를 말하는, 과학으로써 해결할 수 없는 우주의 근본원리에서부터 작은 이스라엘 나라를 중심으로 한 역사와 문화, 그런가 하면 사람이 어떻게 살아야 하는가를 가르치는 윤리와 도덕, 그리고 하나님을 찬양하는 아름다운 시와 서신 등 여러 가지 다양한 소재들이 기록되어 있다. 하지만 이들은 각각 독립적인 목적과 소재로 기록된 책이 아니라, 이 모든 책들이 함께 인류 구원을 위한 하나님의 계획과 섭리라는 대주제 안에 통일된 한 권의 책임을 우리는 알 수 있다.

즉 성경은 과학이나 역사의 지식을 가르치기 위한 것이나 윤리 도덕을 가르치기 위한 것이 아니라, 인류 구원을 위한 하나님의 계획과 섭리를 기록한 책이라는 사실을 인식할 때, 이 성경 말씀의 해석은 마땅히 인류 구원의 구속사적 관점(redemptional view)에서 해석하여야 할 것이다.

2) 하나님의 약속의 말씀, 즉 언약을 중심으로 연구하였다.

인간을 구원하시기 위한 하나님의 모든 계획과 섭리를 하나님께서는 언약이라는 약속의 말씀을 통하여 이루어 나가신다는 사실을 우리는 성경을 통하여 알 수 있다. 즉 성경에 나타난 하나님의 언약들은 성경을 이루고 있는 골격(frame)인 동시에 하나님 나라 백성의 생명을 유지하는 핏줄(blood vessel)이며, 하나님의 계획과 의도를 전하는 메시지의 신경줄(nerve)인 것이다. 그래서 성경을 한마디로 표현한다면 하나님의 약속의 말씀, 즉 하나님의 언약을 기록한 책이라고 할 수 있는 것이다. 우리가 성경을 새 언약을 뜻하는 신약(New Testament)과 옛 언약을 뜻하는 구약(Old Testament)으로 표시함은 바로 성경이 이렇게 하나님의 언약의 말씀을 기록한 책이기 때문인 것이다. 이러한 관점에서 볼 때 성경을 보다 정확하게 이해하기 위해서는, 성경의 핵심이 되고 골격이 되는 이 하나님의 약속의 말씀인 언약을 중심으로 성경 전체의 개요를 파악하려 노력하는 것이 당연할 것이다.

3) 시대의 상황에 맞게 해석하려 노력하였다.

우리가 현재 읽고 있는 성경들은 멀게는 3,500여 년 전에 기록되었으며, 가장 가깝게 기록된 것이라 해도 2,000여 년 전에 기록된 것이므로, 이러한 성경의 내용을 현재의 우리가 해석하고 이해하는 데는 많은 어려움이 따른다.

즉 성경을 기록할 당시의 언어나 생활습관 등이 현재 성경을 읽는 우리들의 언어나 생활습관은 물론 지역, 사회, 문화 등 다양한 방면에 걸쳐 많은 차이점이 있으므로, 성경을 보다 올바로 해석하기 위해서는 이러한 시대적 간격이나 문화적 간격을 극복하고, 그 기록 당시의 언어적 습관이나 사회적 습관이나 지역적 습관의 상황에 맞게 해석한 후 현재의 우리 상황에 맞도록 적용시키려 노력하였다.

4) 성령의 인도하심을 따라 해석하려 노력하였다.

앞에서 이미 언급한 바와 같이 성경은 인류 구원을 위한 하나님의 계획과 섭리를 기록한 책이다. 그러나 이러한 하나님의 계획과 섭리를 나타낸 하나님의 말씀은 세상의 일반적 학문이나 지혜로는 깨달아 알 수 없는 영적 계시인 것이다. 즉 하나님은 영이시므로 영적인 일은 성령의 은혜가 없이는 깨달아 알 수 없는 것이다. 따라서 하나님의 말씀을 하나님의 뜻에 따라 올바로 해석하기 위해서는, 무엇보다도 성령의 인도함을 받아야 올바른 해석을 얻을 수 있는데, 성령의 인도함을 받아 해석한다는 것은 곧 성령의 감동으로 기록된 하나님의 말씀으로 해석하는 것이다. 따라서 말씀의 해석은 그 말씀과 연관된 다른 말씀을 근거로 해석하려고 노력하였으며, 또 국부적인 성경의 해석은 반드시 전후의 문맥과 연관시켜 해석하였고, 그래도 불확실한 것은 인류 구원을 위한 구속사적 관점이라는 성경 전체의 대전제에 맞도록 해석하려 노력하였다.

*성경의 핵심 언약, 언약의 핵심 하나님 나라

이상에서 언급한 것과 같은 방향에서 성경의 핵심이요 골격이라고 말할 수 있는, 성경에 기록된 하나님의 약속에 관한 말씀 즉 언약을 집중적으로 살펴본 결과, 그 언약의 핵심이 하나님 나라의 완성이라는 하나의 통일된 주제를 발견할 수 있었다.

즉 성경은 1,600여 년이라는 긴 세월 동안 40여 명에 가까운 서로 다른 사람들에 의해 기록된 구약 39권과 신약 27권 총 66권의 서로 다른 책으로 구성되어 있지만, 이 서로 다른 66권의 책이 '하나님 나라'라는 하나의 통일된 주제에 그 초점을 맞추고 있다는 사실을 발견할 수 있다.

성경의 시작인 창세기 1장과 2장에 나타난 아담 언약을 통하여 하나님의 주권적 통치로 나타나는 하나님 나라의 창조라는 사실이 발견되고, 성경의 마지막인 요한계시록 21장 22장에 나타난 새 하늘과 새 땅을 통하여 하나님 나라의 완성이라는 사실을 발견할 수 있었으며, 또한 각 시대에 따라 나타난 하나님의 모든 언약의 말씀들은 하나님 나라의 완성이라는 대주제에 일치되도록 점진적으로 통일성을 이루고 있음을 발견할 수 있었다.

즉 창조 언약 시대에 나타난 아담 언약은 하나님 나라의 창조를 의미하며, 그 후에 나타난 노아 언약은 하나님 나라를 회복시키시려는 하나님의 의지의 선포이며, 선민 언약 시대에 나타난 아브라함 언약이나 모세 언약은 하나님 나라 백성의 모형이요, 여호수아 언약은 하나님 나라의 모형이며, 왕국 언약 시대에 나타난 다윗 언약, 이사야 언약, 예레미야 언약, 에스겔 언약 등은 하나님 나라가 어떻게 이루어 나갈 것인가를 보여 주는 하나님 나라 실현에 관한 예언적 성격을 갖는다.

그래서 그 예언의 말씀대로 주님께서 이 땅에 오시어 하나님 나라의 시작을 예고하신 후(마 4:17), 그 하나님 나라가 이제 이 땅에 시작되었음을 선포하신다(눅 4:21). 그리고 피의 새 언약, 성령 언약을 통하여 하나님 나라가 실제적으로 어떻게 확장되어 나갈 것인가를 밝히신 후, 마지막으로 재림 언약을 통하여 드디어 그 하나님 나라가 어떻게 완성될 것인가를 선언하시는 것이다.

이렇게 성경에 나타난 하나님의 언약의 말씀들은 하나님 나라의 시작에서부터 하나님 나라의 완성에 이르기까지 모두가 다 '하나님 나라'에 관한 통일된 주제로 구성되어 있음을 우리는 발견할 수 있다.

즉 성경의 기록 목적은 우리를 단지 죄에서 구원하시어 우리에게 영생을 주시기 위함이 아니라 우리를 구원하시어 하나님을 영화롭게 하는 하나님 나라 백성으로 완성하기 위함인데, 이러한 견해는 성경의 기록 목적이 하나님의 사람으로 온전케 하려 함이라는 성경 말씀과도 일치함을 우리는 알 수 있다(딤후 4:17).

*이 책을 통해 기대되는 효과

언약에 나타난 하나님의 말씀에 대한 핵심을 질문과 그에 대한 답의 형식으로 구성하여 언약에 나타난 하나님의 의도를 발견하는 데 그 초점을 맞추었다. 즉 성경적 지식을 높이는 데 목적을 두지 않고 언약을 통하여 하시고자 하는 하나님의 뜻을 발견하는 데 그 목적을 두었다. 그래도 해결되지 않는 내용들은 보다 깊은 질문의 형식으로 각 장의 끝에 따로 정리하여 심도 있게 다루었다.

따라서 이 책을 통하여 다음과 같은 효과를 기대할 수 있을 것이다.

첫째로, 각 시대에 나타난 모든 언약들을 성경의 순서대로 정리하여 성경 전체의 흐름이 하나의 그림으로 파악될 것이다.

둘째로, 모든 언약들에게 나타난 하나의 통일성을 발견함으로 성경이 진정한 하나님의 말씀임을 믿게 될 것이다.

셋째로, 언약에 나타난 끈질긴 하나님의 사랑을 발견함으로 그의 진실된 사랑에 감동될 것이다.

넷째로, 하나님의 그 사랑에 감격하여 하나님의 말씀에 순종하는 하나님의 사람으로 성장할 것이다.

다섯째로, 하나님의 말씀에 순종함으로 하나님께서 약속하신 모든 은혜를 누리는 하나님 나라 백성의 삶이 열릴 것이다.

제1부

창조 언약 시대

창조부터 - 아브라함 이전까지
(창세기 1장 - 11장)
태초 - B.C. 2100

•제1장 창조 시대•

하나님 나라의 창조 – 행위 언약 (창세기 1–2장)
타락하는 하나님 나라 백성 – 언약 파괴 (창세기 3장)
하나님 나라 회복의 의지 선언 – 노아 언약 (창세기 6–9장)
더욱 타락하는 백성 – 바벨 탑 사건 (창세기 11장)

제1장 창조 시대

태초에 천지를 창조하시고 온갖 아름다운 피조물을 만드신 후 자기 형상대로 사람을 지으신(창 1:27) 하나님께서는, 동방에 아름다운 에덴동산을 창설하시고, 그곳에 그 지으신 사람을 머물게 하신다. 또 이들을 축복하시되 생육하고 번성하여 땅에 충만케 하시고 이 모든 피조물을 다스리게 하신다(창 1:28). 그러나 선악을 알게 하는 나무의 실과는 먹지 말라는 말씀을 주시어(창 2:17) 이러한 축복이 하나님의 말씀에 순종할 때만 누릴 수 있게 하신다.

즉 하나님께서는 우리 인간이 하나님의 말씀에 순종하며 살 때 하나님께서 주시는 복을 누리며 살 수 있는 아름다운 에덴동산, 다시 말해서 하나님의 주권적 통치로 다스려지는 하나님 나라를 세우신 것이다.

그러나 아담과 하와는 하나님의 말씀을 거역하고 사탄의 말에 순종함으로 하나님의 주권적 통치 아래서(순종하는 삶) 그가 주신 복을 누리며 살아가는(은혜의 삶) 하나님 나라를 상실하고 그 하나님 나라에서 쫓겨난다.

그래서 하나님께서는 이들이 회개하고 돌아와 하나님의 말씀에 순종하여 하나님 나라의 복된 삶을 다시 누리며 살기를 고대하고 기다리신다. 그러나 이들이 회개하고 돌아오기는커녕 점점 더 타락한 삶을 살아나가자, 하나님께서는 이 땅을 물로 심판하신 후 에덴동산에서 아담에게 선포하신 언약과 동일한 언약을 당대의 의인 노아에게 선포하시며(창 9:1-7), 다시 한 번 하나님 나라를 회복하시려는 하나님의 의지를 나타내신다.

그러나 죄로 타락한 인간들은 노아의 심판 때보다도 더더욱 타락한 삶을 살아간다. 노아의 심판 때는 자기들끼리만 범죄하나 그 이후에는 바벨 탑을 쌓아 하나님께 도전한다. 그래서 하나님께서는 그들의 바벨 탑을 무너뜨리고 역적모의를 하지 못하도록 언어를 혼잡게 하신다.

1. 하나님 나라의 창조(아담 언약)

1) 인간의 창조

(질문 1-1-1) 다음의 말씀에서 하나님의 형상과 모양으로 인간을 창조하셨다는 의미는 무엇이라고 생각하나요?(창 2:7; 요 4:24 참고)

창 1:26-27 "하나님이 가라사대 우리의 형상을 따라 우리의 모양대로 우리가 사람을 만들고 그로 바다의 고기와 공중의 새와 육축과 온 땅과 땅에 기는 모든 것을 다스리게 하자 하시고 하나님이 자기 형상 곧 하나님의 형상대로 사람을 창조하시되 남자와 여자를 창조하시고"

창 2:7 "여호와 하나님이 흙으로 사람을 지으시고 생기를 그 코에 불어 넣으시니 사람이 생령이 된지라"

요 4:24 "하나님은 영이시니 예배하는 자가 신령과 진정으로 예배할지니라"

하나님의 형상과 하나님의 모양이란 결국은 같은 의미를 나타내는 히브리어의 반복 구조적 표현인데, 하나님은 외형적 모습으로 나타나는 형상이나 모양을 가지지 않은 영적 존재이시므로(요 4:24), 인간이 하나님의 모양과 형상으로 창조되었다는 표현의 의미는 위의 말씀과 같이 하나님의 영으로 창조되었음을 뜻하는 것이다.

즉 여기서 생기로 번역된 히브리어 נשמת חיים(니쉬마트 하임)은 호흡(사

2:22), 기운(욥 33:4), 영혼(잠 20:27) 등의 의미를 갖는데 하나님의 호흡, 기운, 영혼을 코에 불어넣어 생령 즉 영적 생명체가 된 사실을 의미한다.

즉 인간은 하나님의 영으로 창조된 영적 생명체임을 말하는 것이다. 따라서 인간이 다른 피조물과 다른 점은, 다른 어떤 피조물보다도 우수한 지능을 소유한 사실 등이 아니다. 지능으로 비교한다면 천사들의 지능이 인간의 지능보다 훨씬 우수할 것이다. 다른 어떤 피조물과도 비교할 수 없는 인간만이 가지는 가장 큰 특성은 바로 하나님께서 인간을 자기의 형상대로, 곧 자기의 영으로 만드시어 하나님과 교제를 나눌 수 있는 사랑의 대상으로 삼으셨다는 사실이다.

2) 인간의 축복

(질문 1-1-2) 하나님께서 인간에게 주신 최초의 복을 세 가지로 요약하면 어떻게 표현할 수 있을까요?

창 1:28 "하나님이 그들에게 복을 주시며 그들에게 이르시되 생육하고 번성하여 땅에 충만하라, 땅을 정복하라, 바다의 고기와 공중의 새와 땅에 움직이는 모든 생물을 다스리라 하시니라"

하나님의 형상대로 인간을 만드신 후 하나님께서는 우리 인간에게 복을 주시는데, 하나님께서 인간에게 최초로 내려 주신 복을 다음과 같이 세 가지로 요약할 수 있다.

(1) 생육하고 번성하여 땅에 충만하는 복 - 사람 (하나님 나라 백성)

(2) 땅을 정복하는 복 - 땅 (하나님 나라 영토)

(3) 모든 생물들을 다스리는 복 - 통치권[1] (하나님 나라의 주권)

3) 창조의 목적

(질문 1-1-3) 하나님께서 인간을 창조하시고 그들에게 복을 내리신 후 다음과 같이 선악을 알게 하는 나무의 실과를 먹지 말라고 명령을 내리신 근본적인 목적이 무엇이라고 생각합니까? 창세기 1장 28절, 2장 17절의 말씀과 언약의 핵심이라고 부를 수 있는 출애굽기 19장 5-6절, 베드로전서 2장 9-10절을 참고하여 답해 보세요.

창 2:15-17 "여호와 하나님이 그 사람을 이끌어 에덴동산에 두사 그것을 다스리며 지키게 하시고 여호와 하나님이 그 사람에게 명하여 가라사대 동산 각종 나무의 실과는 네가 임의로 먹되 선악을 알게 하는 나무의 실과는 먹지 말라 네가 먹는 날에는 정녕 죽으리라 하시니라"

출 19:5-6 "세계가 다 내게 속하였나니 너희가 내 말을 잘 듣고 내 언약을 지키면 너희는 열국 중에서 내 소유가 되겠고 너희가 내게 대하여 제사장 나라가 되며 거룩한 백성이 되리라"

---

1) '다스리다'로 번역된 히브리어 ורדו(우레두)는 왕이 백성을 통치하는 것과 같이 그 권세를 가지고 다스리는 것을 의미하는 것인데(시 72:8), 이 통치권은 우리 인간이 하나님의 말씀에 순종할 때 하나님께로부터 부여받은 것이므로(창 1:27), 인간은 단지 그 권세를 위임받은 청지기요 그 통치권은 절대적으로 하나님께 속한 것임을 알 수 있다.

벧전 2:9-10 “오직 너희는 택하신 족속이요 왕 같은 제사장들이요 거룩한 나라요 그의 소유된 백성이니 이는 너희를 어두운 데서 불러내어 그의 기이한 빛에 들어가게 하신 자의 아름다운 덕을 선전하게 하려 하심이라 너희가 전에는 백성이 아니더니 이제는 하나님의 백성이요 전에는 긍휼을 얻지 못하였더니 이제는 긍휼을 얻은 자니라”

하나님께서는 우리 인간을 창조하시고 복을 내려 주신 후 창세기 2장 17절의 말씀을 주심으로 이 말씀에 순종할 때만 이러한 복은 누릴 수 있도록 하신다. 이렇게 하나님께서 우리 인간과 맺으신 최초의 언약을 행위 언약(The behavioral Covenant)이라고 부르는데,[2] 하나님께서 우리 인간이 하나님의 말씀에 순종할 때만 복을 누리게 하시겠다고 언약을 세우시는 목적이 무엇일까?[3]

이에 대한 해답을 창세기 1장 28절에 약속하신 축복의 세 가지 내용을 통하여 발견할 수 있는데, 그것은 바로 ‘하나님 나라’의 건설임을 알 수 있다.

---

2) 창세기 1장에는 בְּרִית (언약, covenant)이란 직접적인 표현이 없지만 하나님의 약속의 말씀이므로 언약이라 부른다. 일반적으로 언약(covenant)이라 하면 언약의 쌍방 간의 약속이나 협약을 의미하는데, 하나님의 언약은 대부분 우리 인간과의 약속이나 협약이 없이 일방적으로 선언하신 규약이므로, 학자들 간에는 하나님께서 우리 인간에게 약속으로 선포하신 언약 בְּרִית(베리트)는 covenant(언약)으로 번역하는 것보다는 testament(성약)로 번역해야 한다는 주장도 있다. *Covenant and Creation*, W.J. Dumbrell, Thomas Nelson Publisher, 1984, p.20

3) 이 말씀을 하나님께서 선포하신 최초의 언약으로 간주하며, 특별히 이 언약을 ‘행위 언약’(behavioral Covenant)이라고 부르는데, 이 언약을 행위 언약(behavioral covenant)으로 부름은 오직 이 언약만이 순수한 인간의 자유 의지에 의한 행위로 하나님의 축복을 누릴 수 있는 언약이기 때문이다. 따라서 이 언약 이후에 나타나는 모든 하나님의 언약은 이 행위 언약의 파기로 인해 죽게 된 인간을 구원하시어 하나님 나라의 축복을 다시 회복시키시기 위해 세우신 하나님의 은혜에 근거되는 언약이기 때문에 ‘은혜 언약’(gracious covenant)이라고 부른다.

(1) 생육하고 번성하여 땅에 충만하는 복 - 하나님 나라 백성[4)]

(2) 땅을 정복하는 복 - 하나님 나라 영토[5)]

(3) 모든 생물들을 다스리는 복 - 하나님 나라 통치권(주권)[6)]

즉 생육하고 번성하여 땅을 정복하며 다른 모든 생물들을 다스리며 사는 축복은(창 1:28) 하나님의 말씀에 온전히 순종할 때만 누릴 수 있는 것인데, 이와 같이 하나님의 말씀에 의해 다스려지는 곳, 즉 하나님의 주권적 통치로 다스려지는 곳을 우리는 '하나님 나라'(Kingdom of God)라고 부를 수 있다. 따라서 하나님께서 이러한 언약을 선포하신 궁극적인 목적이 바로 이 하나님의 주권적 통치가 나타나는 하나님 나라의 건설에 있다는 결론을 내릴 수 있다. 그런데 이러한 하나님 나라는 창조의 목적일 뿐만 아니라 이스라엘 백성들과 언약을 맺으시는 목적이며(출 19장), 하나님께서 언약을 세우시며 이 언약의 말씀을 기록하게 하시어 우리를 구원하시는 궁극적인 목적도 바로 하나님 나라의 건설에 있다는 사실을 알 수 있다(벧전 2:9).

그런데 이와 같은 하나님 나라의 건설이 우리를 창조하신 목적인 동시에 구원의 궁극적인 목적이란 사실을, 우리는 성경의 시작인 창세기 1장 2장과 성경의 마지막 책인 요한계시록 21장 22장을 통하여

---

4) 이러한 하나님 나라 백성에 대한 표현은 민족(창 12:3), 백성(출 19:6; 계 21:3), 자녀(롬 8:17), 신부(계 21:9) 등으로 표현되고 있다.

5) 이러한 하나님 나라의 영토에 대한 표현은 가나안 일경(창 17:8), 땅 끝(행 2:8), 새 하늘과 새 땅(계 21:1) 등으로 표현되고 있다.

6) 여기서 아담이 받은 피조물을 다스리는 통치권은 아담이 하나님의 말씀에 순종할 때만 부여되는 청지기의 사명일 뿐이지 하나님 나라의 주권적 통치권은 사실상 하나님께 속한 것이다. 하나님으로부터 부여받은 이러한 하나님 나라 백성의 청지기적 통치권은 제사장 나라(출 19:6), 왕 같은 제사장(벧전 2:9), 왕 노릇(계 22:5) 등으로 표현되고 있다.

객관적으로 입증할 수 있다.[7)]

성경의 시작(창 1, 2장)	성경의 마침(계 21, 22장)
처음 창조된 하나님 나라 에덴동산(생명나무, 사탄의 유혹) 정복하고 다스리라(창 1:28)	더 좋게 완성된 하나님 나라 새 하늘과 새 땅(생명나무, 사탄의 유혹이 없음) 세세토록 왕 노릇 하리라(계 22:5)

4) 언약의 핵심인 하나님 나라의 의미

(질문 1-1-4) 이렇게 하나님께서 우리를 창조하시고 언약을 맺으시는 근본 목적이 '하나님 나라'라고 결론을 내린다면, 위의 언약에 나타난 내용을 중심으로 하나님 나라의 특성을 두 가지로 요약해 보세요.

(1) **하나님의 주권적 통치로 다스려지는 나라**(하나님 나라 백성의 의무)

우선 하나님 나라는 하나님의 주권적 통치로 다스려지는 나라라는 사실이다.

하나님의 주권적 통치로 다스려진다는 의미는 우리 인간이 하나님의 말씀에 온전히 순종하는 절대적 순종이 요구된다는 의미이다. 이렇게 피조물인 우리 인간이 하나님의 말씀에 절대적으로 순종함으

7) 아더 핑크(Arther W. Pink)는 그의 저서 *The Divine Covenant*에서 "하나님의 언약을 통해 언약의 대상인 우리는 피조물을 통하여 나타나는 창조주 하나님의 사랑과 공의에 의한 근본적이고도 영원한 하나님의 통치를 발견해야 한다"라고 주장하고 있다. *The Divine Covenant*, Arther W. Pink, I.C. Herendeen, U.S.A. 1983 p.51

로 하나님의 영광과 존귀와 권세만이 나타나는 곳이 곧 하나님 나라이다.

언약의 핵심으로 표현되는 "너희가 내 말을 잘 듣고 내 언약을 지키면 너희는 내 소유가 되고 내 백성이 되리라"에서 '너희가 내 말을 잘 듣고 내 언약을 지키면'이라는 표현이 바로 이것을 의미한다.

(2) **하나님께서 백성의 복을 책임지시는 나라**(하나님 나라 백성의 권리)

그다음으로 우리가 생각할 수 있는 것은, 하나님의 백성들이 이렇게 하나님의 말씀에 순종하는 의무를 다할 때 하나님께서는 하나님의 백성들에게 약속하신 복을 책임지고 누리게 하신다는 사실이다.

한 나라의 백성들이 누리는 복은 그 나라를 통치하는 임금의 능력에 달려 있는데, 우주 만물의 주인이 되시고 이 우주 만물을 다스리시는 전능하신 하나님께서 약속하신 언약이므로, 이 언약은 절대적으로 보장되는 약속임을 알 수 있다.

언약의 핵심으로 표현되는 "너희가 내 말을 잘 듣고 내 언약을 지키면 너희는 내 소유가 되고 내 백성이 되리라"에서 '너희가 내 소유가 되고 내 백성이 되리라'는 표현이 바로 하나님께서 친히 하나님의 백성의 복을 책임지고 보장하시겠다는 의미이다.

그래서 하나님의 백성들이 하나님의 말씀에 온전히 순종하며 살 때 하나님께서 자기 백성들의 삶을 책임져 주시는데, 이와 같이 하나님의 백성들이 하나님의 말씀에 순종함으로 은혜와 복을 누리며 살도록 되어 있는 곳이 곧 하나님 나라이다.

그리고 하나님께는 이러한 하나님 나라를 지으신 후 "그 지으신

모든 것을 보시니 참 좋았더라"(창 1:31)고 기록하고 있다.[8)]

2. 상실된 하나님 나라

1) 하나님의 통치 거부

(질문 1-2-1) 아담과 하와가 하나님의 말씀을 거역하고 선악과를 따먹은 사건은 하나님의 창조 목적인 하나님 나라에 어떠한 의미를 나타내는 것일까요?

창 3:6-7 "여자가 그 나무를 본즉 먹음직도 하고 보암직도 하고 지혜롭게 할 만큼 탐스럽기도 한 나무인지라 여자가 그 실과를 따먹고 자기와 함께한 남편에게도 주매 그도 먹은지라 이에 그들의 눈이 밝아 자기들의 몸이 벗은 줄을 알고 무화과나무 잎을 엮어 치마를 하였더라"

하나님께서 이러한 선악과를 만드시고 이러한 행위 언약을 선포하신 목적은, 인간이 그의 자유 의지로 하나님의 말씀에 순종함으로 하나님께 영광을 돌리며, 하나님의 말씀의 권위에 의해 통치되는 하나님 나라, 그래서 하나님의 은혜와 축복을 누리며 사는 하나님의

---

8) 만물이 주의 영광을 위해 주께로부터 나오고(롬 11:36) 만물의 모든 영광이 세세토록 주께로 돌아간다(계 5:13)는, 우주 만물의 시작과 끝이 주님의 영광에 있다는 주영신학(theology of Lord's glorification)의 개념은 곧 하나님 나라(Kingdom of God)를 의미하는 것이다.

말씀의 권위로 통치되는 하나님의 나라를 세우시기 위함이라는 사실을 앞에서 살펴본 바 있다.

그러나 아담과 하와는 "선악을 알게 하는 나무의 실과는 먹지 말라 네가 먹는 날에는 정녕 죽으리라"(창 2:17)는 하나님의 말씀보다는 오히려 "너희가 그것을 먹는 날에는 너희 눈이 밝아 하나님같이 되어 선악을 알 줄을 하나님이 아심이라"(창 3:5)는 사탄의 말을 믿고 이에 순종한다. 즉 하나님의 통치를 거부하고 사탄의 통치를 선택함으로 사탄의 유혹대로 하나님같이 되려는 마음을 갖게 되었다.[9]

이와 같이 아담과 하와가 하나님의 통치를 거부하고 사탄의 통치를 선택한 것은 하나님이 세우신 언약의 파기를 가져왔다. 그래서 아담과 하와는 하나님 나라의 축복을 누리지 못하고 하나님 나라에서 쫓겨나오게 된 것이다.[10]

2) 필연적 죽음

(질문 1-2-2) 하나님 나라에서 쫓겨난 후 인간은 어떻게 되었나요?

---

9) 인간이 사탄의 유혹을 받아 나타난 첫 번째 변화가 바로 하나님과 같이 되려는 욕심임을 우리는 알 수 있다. 그래서 많은 종교는 인간 구원의 궁극적 목적은 신이 되는 것이라고 가르치고 있으나(힌두교의 범신론, 불교의 성불설, 몰몬교 등의 신인동형설), 하나님께서는 인간은 어디까지나 하나님의 영광을 위하여 창조된 피조물이므로 하나님의 말씀에 순종할 때만 하나님께서 주시는 참된 은혜의 복을 누릴 수 있다고 가르치심으로 하나님과 인간을 분명히 구분하신다.

10) "의와 공의가 주의 보좌의 기초라"(시 89:14), "하나님의 나라는……성령 안에서 의와 희락과 평강이니라"(롬 14:17)에서 하나님 나라의 '의'가 나온다. 인간도 하나님의 의의 속성을 닮아갈 수 있는 공유적 속성이 있는데, 특히 아담이 타락하기 이전에 갖은 의를 원의(original righteousness)라 부르고 아담의 첫 번째 불순종, 즉 선악과를 따먹는 행위를 원죄(original sin)라고 부른다.

창 3:17-19 "아담에게 이르시되 네가 네 아내의 말을 듣고 내가 너더러 먹지 말라 한 나무 실과를 먹었은즉 땅은 너로 인하여 저주를 받고 너는 종신토록 수고하여야 그 소산을 먹으리라 땅이 네게 가시덤불과 엉겅퀴를 낼 것이라 너의 먹을 것은 밭의 채소인즉 네가 얼굴에 땀이 흘러야 식물을 먹고 필경은 흙으로 돌아가리니 그 속에서 네가 취함을 입었음이라 너는 흙이니 흙으로 돌아갈 것이니라 하시니라"

하나님 나라에서 하나님께서 내려 주시는 은혜와 축복을 상실하고 하나님 나라에서 쫓겨난 인간은 그들의 죄로 인해 저주받은 땅에서 평생을 땀 흘리며 수고하여 거둔 식물을 먹고 살다가 "네가 먹는 날에는 정녕 죽으리라"(창 2:17)는 말씀에 따라 죽어 흙으로 돌아가게 되었다(창 3:19).

3) 모든 사람이 죄인 됨

(질문 1-2-3) 아담의 이러한 언약 파기는 그의 후손들에게 어떤 영향을 주었나요?(창 6:5, 8:21; 요 8:44; 롬 5:12, 6:20 참고)

롬 5:12 "이러므로 한 사람으로 말미암아 죄가 세상에 들어오고 죄로 말미암아 사망이 왔나니 이와 같이 모든 사람이 죄를 지었으므로 사망이 모든 사람에게 이르렀느니라"

성경은 이와 같이 아담 한 사람으로 인하여 온 세상에 죄가 들어와 모든 사람들이 죄인이 되었고, 그 죄로 인해 모든 사람이 하나님의 영광에 이르지 못하고 죽게 된 것이라고 언급함으로 아담의 죄가 그의 모든 후손들에게 미치게 된 사실을 분명히 밝히고 있다. 그래서 성경은 계속하여 아담의 이 죄로 인해 그의 육체적 후손인 모든 인류는 날 때부터 마귀 사탄의 자녀로 태어나(요 8:44) 그 모든 마음의 생각이 악하고(창 6:5) 그 마음의 계획이 어려서부터 악하여(창 8:21) 평생을 죄의 종노릇하며(롬 6:20), 하나님의 생명에서 떠나 살다가(엡 4:18) 결국은 사탄과 함께 영원히 꺼지지 않는 불 못에 던져지게 되었다고 말하고 있다(계 20:15).[11]

3. 하나님 나라 회복의 의지 선언(노아 언약)

1) 타락한 백성들의 삶

(질문 1-3-1) 아담의 후손들은 그 후에 어떻게 살았나요?

11) 이러한 아담의 죄와 그 영향에 대한 견해는 학자들 간에 여러 가지 다양하게 나타나고 있다. 이러한 아담의 원죄와 그 영향에 대한 서로 다른 해석은 자연적으로 서로 다른 구원의 이론을 도출하게 되므로 성경 해석에 있어서 아주 중요한 부분에 해당하는데, 크게 세 가지의 견해로 분류할 수 있다. 아담의 원죄와 그의 전가를 부인하는 견해(펠라기우스주의, 소시니안주의, 자유주의 신학), 원죄를 인정하나 완전 타락을 부인하는 견해(반펠라기우스, 로마 가톨릭), 원죄로 인한 전적 타락을 주장하는 견해(복음주의적 기독교) 등이 있으나 성경은 위와 같이 아담의 원죄로 인해 모든 사람이 전적으로 타락된 사실을 말하고 있다.

창 6:1-3 "사람이 땅 위에 번성하기 시작할 때에 그들에게서 딸들이 나니 하나님의 아들들이 사람의 딸들의 아름다움을 보고 자기들의 좋아하는 모든 자로 아내를 삼는지라 여호와께서 가라사대 나의 신(神)이 영원히 사람과 함께하지 아니하리니 이는 그들이 육체가 됨이라 그러나 그들의 날은 일백이십 년이 되리라 하시니라"

하나님께서는 하나님 나라를 떠난 백성들을 포기하지 않으시고 그들이 회개하고 하나님께 돌아올 것을 고대하신다. 그러나 아무리 기다려도 그 백성들은 돌아오지 않고 오히려 더욱더 방탕하며 타락한 삶을 살아간다. 그래서 그나마 하나님을 따르려고 노력하던 백성들까지 다음과 같이 타락하였다.

2절 "하나님의 아들들이 사람의 딸들의 아름다움을 보고 자기들의 좋아하는 자들로 아내를 삼는지라"

성경은 하나님의 택한 백성들을 하나님의 아들로도 표현하고 있으므로(신 32:5; 시 2:7, 73:15; 호 1:10) 여기서 하나님의 아들은 하나님을 경배하는 셋의 후손들(창 4:26)로 해석할 수 있다. 따라서 경건한 셋의 후손들이 불경건한 가인의 후손들과 결혼함으로 해석하는 것이 가장 적절한 해석이라 생각된다. 즉 하나님을 경배하던 경건한 셋의 후손들로 점점 타락하여 불경건한 가인 후손의 여인들을 아내로 취하여 육체적 향락을 누리는데, 이는 곧 하나님의 택한 백성들의 타락해 가는 모습을 지적하는 것이다.

2) 홍수 심판

(질문 1-3-2) 그래서 하나님께서는 어떠한 조치를 취하시나요?

창 6:5-8 "여호와께서 사람의 죄악이 세상에 관영함과 그 마음의 생각의 모든 계획이 항상 악할 뿐임을 보시고 땅위에 사람 지으셨음을 한탄하사 마음에 근심하시고 가라사대 나의 창조한 사람을 내가 지면에서 쓸어버리되 사람으로부터 육축과 기는 것과 공중의 새까지 그리하리니 이는 내가 그것을 지었음을 한탄함이니라 하시니라 그러나 노아는 여호와께 은혜를 입었더라"

그래서 더 이상 참다못한 하나님께서는 땅 위에 사람 지으셨음을 한탄하시고 40일간을 밤낮으로 폭우를 내려(창 7:17) 150일 동안이나 물이 온 땅을 덮게 하신다(창 7:24). 방주에 들어간 정결한 짐승의 암수 일곱과(창 7:2) 당시 하나님의 은혜를 입어(창 6:8) 선한 삶을 살았던 노아 부부와 그 세 아들 부부 등(창 7:7) 노아 가족만 빼놓고 모든 피조물을 싹 쓸어 멸절시키신다.

3) 노아 언약

언약의 선포

(질문 1-3-3) 홍수로 심판하신 후에 하나님께서는 어떤 일을 행하시나요?

창 9:8-11 "하나님이 노아와 그와 함께한 아들들에게 일러 가라사대 내가 내 언약을 너희와 너희 후손과 너희와 함께한 모든 생물 곧 너희와 함께한 새와 육축과 땅의 모든 생물에게 세우리니 방주에서 나온 모든 것 곧 땅의 모든 짐승에게니라 내가 너희와 언약을 세우리니 다시는 모든 생물을 홍수로 멸하지 아니할 것이라 땅을 침몰할 홍수가 다시 있지 아니하리라"

노아의 가족과 모든 피조물 중 정결한 짐승은 암수 일곱씩, 부정한 짐승은 암수 둘씩만 남기고 모든 피조물들을 홍수로 심판하신 하나님께서는 마음이 몹시 아프셨다. 그래서 다시는 물로 심판하지 않을 것을 약속하신다. 그러면서 다음과 같이 내가 지시한 모든 식물을 먹고 생육하고 번성하여 땅을 다스리라고 에덴동산에서 아담에게 선포하신 언약과 동일한 언약을 다시 선포하신다.

노아 언약의 의미

(질문 1-3-4) 다음과 같은 노아 언약을 아담 언약과 비교하여 생각할 때, 노아 언약을 선포하시는 하나님의 의도는 무엇이라고 생각하나요?

노아 언약

창 9:1-5 "하나님이 노아와 그 아들들에게 복을 주시며 그들에게 이르시되 생육하고 번성하여 땅에 충만하라 땅의 모든 짐승과 공중의 모든 새와 땅에 기는 모든 것과 바다의 모든 고기가 너희를 두려워하며 너희를 무서워하리니 이들은 너희 손에 붙이웠음이라 무룻 산 동물은 너희의 식물이 될지라 채소같이 내가 이것을 다 너희에게 주노라 그러나 고기를 그 생명 되는 피채 먹지 말 것이니라 내가 반드시 너희 피 곧 너희 생명의 피를 찾으리니 짐승이면 그 짐승에게서, 사람이나 사람의 형제면 그에게서 그의 생명을 찾으리라"

아담 언약

창 1:28-30 "하나님이 그들에게 복을 주시며 그들에게 이르시되 생육하고 번성하여 땅에 충만하라, 땅을 정복하라, 바다의 고기와 공중의 새와 땅에 움직이는 모든 생물을 다스리라 하시니라 하나님이 가라사대 내가 온 지면의 씨 맺는 모든 채소와 씨가진 열매 맺는 모든 나무를 너희에게 주노니 너희 식물이 되리라 또 땅의 모든 짐승과 공중의 모든 새와 생명이 있어 땅에 기는 모든 것에게는 내가 모든 푸른 풀을 식물로 주노라 하시니 그대로 되니라"

창 2:16-17 "여호와 하나님이 그 사람에게 명하여 가라사대 동산 각종 나무의 실과는 네가 임의로 먹되 선악을 알게 하는 나무의 실과는 먹지 말라 네가 먹는 날에는 정녕 죽으리라 하시니라"

하나님 나라 회복 의지의 선언

위의 두 언약, 즉 창세기 1-2장의 아담 언약과 창세기 6-9장의 노아 언약을 비교해 볼 때, 두 언약은 정확하게 동일한 형태의 언약이라는 사실을 발견할 수 있다.[12]

---

12) 그런데 오직 서로 다른 표현이 있다면 행위 언약에서 "네가 먹는 날에는 정녕 죽으리라"(창 2:17)는 표현 대신에 "고기를 그 생명 되는 피 채 먹지 말 것이니라 내가 반드시 너희 피

이와 같이 창세기 1-2장에서 선언된 아담 언약과 창세기 6-9장에서 선언된 노아 언약이 동일한 언약이라는 사실은 에덴동산에서 아담이 실패한 언약, 즉 하나님의 말씀에 의해 통치되는 하나님 나라를 노아와 그 후손들을 통해서 다시 회복하시려는 하나님의 의도를 발견하게 한다.

	행위 언약	노아 언약
축 복	생육하고 번성하여 땅에 충만하라 (1:28)	생육하고 번성하여 땅에 충만하라 (9:1)
허락한 음식	온 지면의 씨 맺는 모든 채소와 씨 가진 열매 맺는 모든 나무를 너희에게 주노니 너희 식물이 되리라 (1:29)	무릇 산 동물은 너희의 식물이 될지라 채소같이 내가 이것을 다 너희에게 주노라 (9:3)
금지한 음식	선악을 알게 하는 나무의 실과는 먹지 말라 (2:17)	고기를 그 생명 되는 피 채 먹지 말 것이니라(9:4)
불순종의 결과	네가 먹는 날에는 정녕 죽으리라 (2:17)	내가 반드시 너희 피 곧 너희 생명의 피를 찾으리라 (9:5)

4) 바벨 탑 사건

더욱 타락하는 백성들

(질문 1-3-5) 그 후 노아의 후손들의 삶의 모습은 어떠하였나요?

곧 너희 생명의 피를 찾으리니"(창 9:4-5)라는 약간 서로 다른 표현을 사용하고 있으나, '생명의 피를 찾겠다'는 의미는 하나님께서 주신 생명을 도로 찾아가시겠다는 의미로 죽는다는 표현과 동일한 표현이란 사실을 알 수 있다.

창 11:1-4 "온 땅의 구음이 하나이요 언어가 하나이었더라 이에 그들이 동방으로 옮기다가 시날 평지를 만나 거기 거하고 서로 말하되 자, 벽돌을 만들어 견고히 굽자 하고 이에 벽돌로 돌을 대신하며 역청으로 진흙을 대신하고 또 말하되 자, 성과 대를 쌓아 대 꼭대기를 하늘에 닿게 하여 우리 이름을 내고 온 지면에 흩어짐을 면하자 하였더니"

1절 - 구음(口音)이 하나요 언어가 하나이었더라

구음이나 언어는 모두 동일한 개념으로 히브리어의 반복의 평행 어법적 표현(parallelism)으로 언어가 하나였음을 말한다.[13)]

2절 - 시날 평지 = 지금의 이라크 지방의 유프라테스 강과 티그리스 강을 끼고 있는 비옥한 땅의 옛 바벨론 지역.

4절 - 성과 대를 쌓아 대 꼭대기를 하늘에 닿게 하여 - 하나님과 같은 지위에 오르려는 교만함.

우리 이름을 내고 - 하나님의 이름을 영화롭게 하기보다는 자기들의 이름을 높이려는 교만함.

온 지면에 흩어짐을 면하자 - 하나님께서는 그의 후손이 생육하고 번성하여 땅을 정복하고 땅에 충만하기를 원하시나 인간은 이러한 하나님의 섭리에 정면으로 도전하여 흩어짐을 면하려는 것이다.

---

13) 이렇게 온 땅의 언어가 하나이었다는 사실을 볼 때 세계 모든 민족의 근원이 하나임을 알 수 있는데, 이러한 사실은 인구의 기원이 서로 다른 지역에서 진화론적으로 나타났다는 과학의 이론이 허위임을 입증하는 것이다.

하나님께서는 노아의 홍수 사건을 통하여 하나님의 말씀에 의해 통치되는 하나님 나라를 다시 회복시키기를 원하시나, 백성(인간)들은 하나님의 말씀에 순종하기는커녕 더욱더 사탄의 유혹에 빠져 타락한 삶을 살아간다. 즉 노아 홍수 이전에는 비록 타락한 삶을 살았다 하더라도 자기들(인간들)끼리만 범죄하며 살았으나, 이제는 하나님과 겨루어 이겨 보겠다고 하나님의 권위에 직접적으로 도전하는 것이다.

이러한 11장의 죄악상은 6장의 노아 당시의 죄악상보다 훨씬 더 악독한 행위임을 알 수 있는데, 그것은 바로 하나님에 대한 도전이란 사실이다.

이렇게 시날 땅으로 내려온 노아의 후손들이 바벨 탑을 쌓고 하나님과 겨루어 흩어짐을 면하려 하는 행위는 "생육하고 번성하여 땅에 충만하고 땅을 정복하라"는 하나님의 통치에 정면으로 도전하는 행위인 것이다.[14)]

서로 다른 민족으로 흩으심

(질문 1-3-6) 그 후 하나님께서는 어떤 조치를 취하시나요?

창 11:6-9 "여호와께서 가라사대 이 무리가 한 족속이요, 언어도 하나이므로 이같이 시작하였으니 이후로는 그 경영하는 일을 금지할 수

14) 이렇게 바벨 탑을 쌓고 흩어짐을 면하려는 창세기 11장에 나타난 인간의 행위는, 창세기 1장의 땅을 정복하라는 명령이나 창세기 12장에 나타난 본토 친척 아비 집을 떠나라고 아브라함에게 하신 말씀과 사뭇 대조를 이룬다는 사실에 특별한 관심을 가져야 할 것이다. 즉 하나님은 인간이 흩어져 땅을 정복하고 땅에 충만하기를 원하시나 인간은 이에 정면으로 도전하여 흩어짐을 면하려는 것이다.

없으리로다 자, 우리가 내려가서 거기서 그들의 언어를 혼잡게 하여 그들로 서로 알아듣지 못하게 하자 하시고 여호와께서 거기서 그들을 온 지면에 흩으신 고로 그들이 성 쌓기를 그쳤더라 그러므로 그 이름을 바벨이라 하니 이는 여호와께서 거기서 온 땅의 언어를 혼잡게 하셨음이라 여호와께서 거기서 그들을 온 지면에 흩으셨더라"

여기서 우리는, 하나님께서는 이 무리가 한 족속이요 언어도 하나이므로, 그들이 쌓은 바벨(혼잡) 탑을 지면에 흩으시고 언어를 혼잡게 하시어 의사소통을 끊으시고, 그들을 서로 다른 민족으로 흩어 놓으시는 하나님의 경륜을 발견할 수 있다.

즉 하나님께서는 아담과 하와를 창조하신 후 생육하고 번성하여 땅에 충만하라고 말씀하신 바와 같이 사람들이 흩어져 사는 것을 원하시나, 우리 인간은 이와 반대로 자기들끼리 모여 흩어짐을 면하려 한 것이다.

그리고 우리가 여기서 발견할 수 있는 중요한 사실은, 인간은 이렇게 하나님의 피조물로 하나님의 말씀에 순종할 때 하나님께서 주시는 복을 누리며 살도록 창조하셨는데, 인간들은 오히려 하나님의 말씀과 축복을 거절하고 자신의 힘으로 하나님보다 더 높아지려고 노력하는 모습을 발견할 수 있다.[15)]

---

15) 타락한 인간의 이러한 모습은 하나님의 은혜로 구원받을 수 있다는 신본주의 사상을 버리고 인간의 선한 행위로 구원을 얻으려는 인본주의 사상의 모습에서도 발견할 수 있고, "나 외에 다른 신이 없다"는 하나님의 말씀을 버리고 인간들의 필요에 따라 여러 가지 종류의 신을 두려는 인간의 마음에서도 발견할 수 있다. 이렇게 인간이 하나님의 말씀을 버리고 자신의 필요에 따라 많은 신을 만들려는 다신주의(polytheism)적 종교관은 창조 언약 시대에 나타난 바벨 탑 사건 이후의 바벨론 문명에서부터 시작하여 페르시아 문명, 헬

보다 깊은 질문

*아담의 죄가 왜 나의 죄인가?

그렇다면 아담의 죄가 왜 모든 사람의 죄가 되는가? 아담이 지은 죄는 아담의 죄이지 왜 나의 죄가 되며 모든 사람들의 죄가 될 수 있는가? 즉 아담의 죄가 어떻게 원죄가 되어 모든 사람들에게 전가될 수 있는가? 이 질문에 대한 답변들을 살펴보도록 하자.

원죄의 타당성

1) 실제적 참여론

유기적 단일체(Organic Unity)로 온 인류가 아담의 허리에 참여하였다.

신학자 핫지(A.A. Hodge)는 "멜기세덱이 아브라함을 만날 때에 레위는 아직 자기 조상의 허리에 있었음이니라"는 히브리서 7장 10절의 말씀을 그대로 인용하여, 분리되지 않은 '유기적 단일체'(Organic Unity)로 아담의 범죄 시 온 인류가 아담의 허리에 있었음을 주장하며, 아담의 범죄에 모든 인류가 실제적으로 참여했음을 주장하였다.

핫지(A.A. Hodge)

"아담의 모든 후손들이 원죄가 생겼던 시기에 그의 허리에 우리도 같이 있었고 따라서 우리도 함께 죄에 동참한 것이다."[16]

라 문명, 로마 문명 등으로 전해오면서 오늘 날까지 모든 인류의 기본적 종교사상이 되어 오고 있다.

16) A.A. Hodge, *The Atonement*, Philadelphia, Presbyterian Boards of Publication, p.60

"하나님께서는 아담의 죄를 모든 인류에게 즉각적으로 전가시켰는데, 그 이유는 아담이 범죄할 당시 모든 인류가 분화된 상태가 아닌 미분화 상태로 즉 유기적 단일체(organic unity)로 아담 안에 있었기 때문이다."[17]

핫지(A.A. Hodge)의 이러한 견해는, 어거스틴(Augustin)이 '어린 싹'(geminally)의 개념으로 또한 윌리엄 쉐드(William Shedd)가 '공유 속성'(common nature)이란 개념으로 모든 인류가 아담의 허리에 참여했다고 주장하는 바와 같은 견해로, '유기적 단일체'(Organic Unity)라는 개념을 사용하여 아담이 범죄했을 때 모든 인류가 이 '유기적 단일체'(Organic Unity)로 아담의 허리에 참여하여 이미 범죄한 것이라고 설명하고 있다.[18]

2) 계약적 대표론

언약 체결 시 아담을 인류의 대표로 세우셨다.

하나님께서 아담에게 선언한 언약, 즉 "동산 각종 나무의 실과는 네가 임의로 먹되 선악을 알게 하는 나무의 실과는 먹지 말라 네가 먹는 날에는 정녕 죽으리라"는 이 행위 언약은, 아담 한 사람에게만 선언한 것이 아니고 온 인류를 대표로 세우신 아담에게 선언한 것이다. 즉 여기서 아담의 성격을 아담 개인으로 보지 않고 인류를 대표하는 아담으로 보는 것이다.

이는 마치 국가와 국가 간에 조약을 맺을 때 모든 국민이 서약을

17) Augustin Hopkins Strong, *Systematic Theology*, Philadelphia, 1907, Vol.II, pp.43-44
18) 본인은 이러한 실제적 참여설의 가능성을 본인의 저서 《지성과 신앙의 대화》(쿰란출판사, 2001) p.158에서 DNA 이론을 통하여 보충 설명하고 있다.

하는 것이 아니고, 국민을 대표하는 한 사람이 조약을 맺으나 그 효과는 모든 국민에게 영향이 미치는 논리와 같은 것이다.

따라서 하나님께서 "동산 각종 나무의 실과는 네가 임의로 먹되 선악을 알게 하는 나무의 실과는 먹지 말라 네가 먹는 날에는 정녕 죽으리라"는 말씀은 아담 개인과의 언약이 아니라 온 인류를 대표한 언약이며, 따라서 이 언약을 범한 아담의 죄는 아담 한 사람만 범한 죄가 아니라 온 인류가 범한 죄가 되는 것이다.[19)]

3) 아담의 어원적 인류론

창세기 3장까지의 아담은 인류를 뜻한다.

'아담'이란 단어의 의미를 아담이라는 사람의 개인 이름으로 해석하지 않고 히브리어 '아담'이 가지는 원뜻인 사람, 인간, 인류 등의 의미로 해석해야 한다는 것이다.

따라서 아담에게 선포하신 이 행위 언약은 아담 한 사람과의 언약이 아니고 온 인류에게 선포하신 언약이라는 것이다. 그러므로 이 언약의 파기는 아담 한 사람에게만 해당되는 것이 아니라 온 인류와 맺은 언약의 파기이므로 마땅히 온 인류는 하나님의 말씀을 거역한 죄인이 된다는 논리인 것이다.

---

19) 본인은 이러한 대표론의 이론적 논리의 취약점을 앞의 책 p.157에서 아담과 인류의 동질론의 이론을 들어 보충하고 있는데, 원죄에 대한 보다 깊은 논리적 변증을 원하면 본인의 syllabus(Cohen University & Seminary 발행) 기독교 변증학 제2권 p.35를 참조 바람.

제2부

선민 언약 시대

아브라함에서부터 - 사사 시대까지
(창세기 12장 - 사사기)
(B.C. 2100-B.C. 1050)

•제2장 족장 시대•

아브라함, 이삭, 야곱, 요셉의 시대
(B.C. 2100-B.C. 1900)
아브라함 언약 (창세기 12장-22장)

•제3장 출애굽 시대•

모세의 출애굽에서 여호수아의 가나안 정착까지
(B.C. 1500-B.C. 1450)
출애굽기, 레위기, 민수기, 신명기
시내 산 언약 (출애굽기 19장)
모압 언약 (신명기 29장)
세겜 언약 (여호수아 29장)

•제4장 사사 시대•

가나안 정착 이후 실패를 거듭하는 사사 통치의 400년
(B.C. 1450-B.C. 1050)
사사기, 룻기, 사무엘상 1장-8장

제2장 족장 시대

아브라함, 이삭, 야곱, 요셉의 시대
(B.C. 2100-B.C. 1900)
아브라함 언약(창세기 12장-22장)

바벨 탑 사건을 통하여 언어가 나뉘어 서로 다른 민족으로 흩어 놓으신 하나님께서는, 이들 민족들 중에서 특별히 한 사람을 택하시고 그와 언약을 맺으시며 이 땅에 하나님 나라를 구체적으로 이루어 나가신다. 즉 노아 언약을 통하여 하나님 나라 회복을 시도하시지만 백성들이 돌아오기는커녕 더욱더 타락된 삶에 빠져들자, 이제 하나님께서는 새로운 또 다른 방법을 택하신다. 즉 아브라함이라는 특별한 사람을 택하시어(창 12:1) 그 후손들을 하나님 나라 백성으로 삼으시고(출 19장) 하나님 나라의 회복을 다시 한 번 시도하시는데, 이는 창조 언약 시대에 나타난 노아 언약의 방법보다 더욱 적극적이고 구체적인 하나님 나라 회복의 방법임을 알 수 있다.

1. 아브라함 언약

1) 하란 언약

(질문 2-1-1) 다음과 같은 아브라함의 하란 언약을 노아 언약과 비교해 볼 때 나타나는 동일점과 차이점이 무엇이며, 하란 언약을 선포하신 하나님의 의도는 무엇이라고 생각하나요?

창 12:1-3 "너는 본토 친척 아비 집을 떠나 내가 지시할 땅으로 가라 내가 너로 큰 민족을 이루고 네게 복을 주어 네 이름을 창대케 하리니 너는 복의 근원이 될지라 너를 축복하는 자에게는 내가 복을 내리고 너를 저주하는 자에게는 내가 저주하리니 땅의 모든 족속이 너를 인하여 복을 얻을 것이니라"

같은 점(하나님 나라의 회복)

창세기 12장에 나타난 이 하란 언약을 살펴볼 때, 아담 언약이나 노아 언약에 나타난 바와 같이, 하나님의 말씀에 의해 통치되는 하나님 나라를 건설하시려는 하나님의 의도를 발견할 수 있다.

말씀으로 통치되는 하나님 나라

조건 - 본토 친척 아비 집을 떠나 내가 지시할 땅으로 가라[20]

20) 본토는 각종 우상을 숭배하는 지역으로 우상을 버리라는 것으로 해석할 수 있으나, 이러한 해석보다는 성경에서 땅은 기업으로 많이 표현되고 있으므로 기업이나 재산으로 해석

축복 - 복의 근원이 되게 하겠다.

하나님 나라의 성격

너는 본토 친척 아비 집을 떠나 내가 지시할 땅으로 가라 - 하나님 나라 영토

너로 큰 민족을 이루고 복을 주겠다 - 하나님 나라 백성

너를 축복하는 자를 축복하고 너를 저주하는 자를 저주하겠다 - 주권적 통치

다른 점(언약의 대상)

그러나 아담 언약이나 노아 언약과 같이 모든 인간과 맺으시는 언약이 아니라, 아담 언약은 바벨 탑 사건으로 흩어진 여러 족속들 중에서 특별히 아브라함과 그 후손을 택하시어 맺으신 언약이라는 측면에서 볼 때, 하나님 나라 백성의 선택이라는 특별한 의미를 발견할 수 있다.

2) 가나안 언약

(질문 2-1-2) 아브라함의 가나안 언약은 하란 언약과 하나님 나라 회복에 어떤 연관이 있다고 생각하나요?

하고, 친척은 내가 힘들고 어려울 때 도움이 될 수 있는 사람들, 그리고 아비 집은 내가 그동안 배우고 생활해 온 지식이나 관습 등으로 해석하여, 내가 그동안 살아올 때 힘이 되고 도움이 되고 의지가 되었던 모든 것들을 버리고 오직 하나님 말씀만을 의지하고 순종하며 살라는 뜻으로 해석함이 좋을 듯하다.

창 13:14-16 “롯이 아브람을 떠난 후에 여호와께서 아브람에게 이르시되
너는 눈을 들어 너 있는 곳에서 동서남북을 바라보라 보이는 땅을
내가 너와 네 자손에게 주리니 영원히 이르리라 내가 네 자손으로
땅의 티끌 같게 하리니 사람이 땅의 티끌을 능히 셀 수 있을진대
네 자손도 세리라”

아브라함이 애굽 땅에서 나와 롯을 떠나보낸 후 하나님의 언약의 말씀을 잊어버리고 자신의 슬하에 아무도 없음을 한탄하자, 하나님께서는 아브라함에게 나타나 그를 들로 데리고 나가 동서남북을 바라보게 하신 후, 내가 이 땅을 너와 네 자손에게 주되 네 후손을 땅의 티끌과 같이 하시겠다고 하셨다. 이 언약은 다음과 같이 창세기 12장에서 약속하신 하란 언약과 동일한 것으로, 비록 아브라함은 하나님의 언약의 말씀을 잊어버리고 실망하였으나, 하나님께서는 그에게 나타나시어 하나님의 신실하심과 하나님 나라 회복에 대한 하나님의 불변의 의지를 다시 한 번 바라보게 하시는 것이다.

하란 언약(12장) - 내가 지시할 땅(1절) - 큰 민족(2절)
가나안 언약(13장) - 보이는 땅(15절) - 땅의 티끌같이 셀 수 없는 자손(16절)

그러나 13장의 가나안 언약에 나타난 하나님 나라는, 12장의 하란 언약에 나타난 하나님 나라보다 좀 더 구체적으로 표현된 것이라고 볼 수 있다.

큰 민족이 - 땅의 티끌같이 셀 수 없이 많은 자손으로

땅이 - 보이는 땅 가나안 땅으로[21)]

3) 횃불 언약

(질문 2-1-3) 창세기 15장 17-21절의 사건에서는 하나님 나라 회복에 대한 하나님의 어떤 의지를 발견할 수 있나요?

창 15:17-21 "해가 져서 어둘 때에 연기 나는 풀무가 보이며 타는 횃불이 쪼갠 고기 사이로 지나더라 그날에 여호와께서 아브람으로 더불어 언약을 세워 가라사대 내가 이 땅을 애굽 강에서부터 그 큰 강 유브라데까지 네 자손에게 주노니 곧 겐 족속과 그니스 족속과 갓몬 족속과 헷 족속과 브리스 족속과 르바 족속과 아모리 족속과 가나안 족속과 기르가스 족속과 여부스 족속의 땅이니라 하셨더라"

여호와로다 - 하나님을 표현할 때 '스스로 있는 자'라는 의미를 갖는 יְהוָה(여호와)라는 이름을 사용할 때가 있는데, יְהוָה(여호와)라는 이름은 창세기 2장 4절부터 성경에 기록되고 있지만 모세가 호렙 산의

21) 사실 신학자들 중에는 하나님 나라가 보이는 이 땅에 나타난다고 믿는 신학자들이 있는데, 특히 사회정의를 지나치게 강조하는 자유주의 신학자들, 현세에서의 완전한 자유와 해방을 인류 구원의 궁극적 목적으로 강조하는 해방신학 신학자들, 그리고 현세가 이러한 인류 구원을 향해 점진적으로 진행되어 가고 있다고 주장하는 과정신학 신학자들 모두가 이 지구상에 하나님 나라가 실현될 것을 주장한다.

불붙은 떨기나무 앞에서 하나님으로부터 받은 이름으로(출 3:14), 하나님의 사랑과 언약에 근거하여 특별히 나타나는 하나님의 구원 사역을 표현할 때 주로 사용되었다(창 15:7; 출 3:14, 17:16, 20:2).

불 - 이스라엘 백성들에게 하나님 임재의 상징으로 표현되었음.

광야 40년 동안의 불기둥(출 13:21, 14:24, 40:38; 민 14:14).

모세를 부르실 때 떨기나무 불꽃 가운데 나타나심(출 3:2).

시내 산에서 불 가운데 나타나시어 모세에게 십계명을 주심(출 19:18).

쪼갠 고기 사이로 횃불만이 통과한 사실 - 하나님께서 목숨을 걸고 이 언약을 지키시겠다는 의지 표현의 언약식.[22)]

언약의 내용 - '애굽에서부터 유브라데 강까지'라고 지역을 분명히 밝히실 뿐만 아니라 그 지역에서 살고 있는 가나안의 10족속의 이름을 구체적으로 언급하심으로 13장에서 언급하신 것보다도 더욱 상세히 밝히심.

생명을 걸고 언약을 준수하겠다는 의미로 언약의 당사자들이 쪼갠 고기 사이를 통과하는 이러한 언약식이 당시 이 지역에서 행해졌다는 기록은 고대 중동 지역의 헷 족속의 계약서 'Hittite Law Code'에서 발견할 수 있는데,[23)] 쪼갠 고기 사이로 횃불이 지나가게 하심은

22) 고대 중동지역에서는 언약식을 체결할 때 언약의 당사자들이 쪼갠 고기 사이를 지나가는데, 이는 만일 언약을 파기할 때는 이 쪼갠 고기와 같이 죽임을 당하겠다는 의미로 생명을 담보로 언약을 준수하겠다는 것이다. 그런데 하나님의 언약은 하나님의 일방적인 선포이므로 하나님 혼자서 쪼갠 고기 사이를 지나가시는 것이다.

23) Dr. Ronald Vanermey, *Biblical Archaeology*, Cohen University publisher, 2001, p.7. 고대 중동의 Hittite 족(헷 족속)의 왕국은 B.C. 1400년경 중동 지역에 존재한 가장 강한 부족국가로 주위의 다른 많은 부족국가들과 토지나 주종 관계의 계약을 맺은 기록들이 발견되었다.

하나님께서 당신의 생명을 걸고 이 언약을 준수하시겠다는 의지를 증거로 나타내 보이시는 것임을 알 수 있다. 그런데 이러한 언약식의 증거는 노아 언약 후에 그 언약의 증거로 무지개를 나타내 보이신 것보다 더 적극적인 의지의 표현이라고 해석할 수 있다.

4) 할례 언약

(질문 2-1-4) 다음과 같은 할례 언약을 창세기 15장의 할례 언약의 내용과 비교할 때, 공통점과 차이점은 무엇이며 결과적으로 아브라함 후손의 의미를 어떻게 해석할 수 있나요?

창 17:4-8 "내가 너와 내 언약을 세우니 너는 열국의 아비가 될지라 이제 후로는 네 이름을 아브람이라 하지 아니하고 아브라함이라 하리니 이는 내가 너로 열국의 아비가 되게 함이니라 내가 너로 심히 번성케 하리니 나라들이 네게로 좇아 일어나며 열왕이 네게로 좇아 나리라 내가 내 언약을 나와 너와 네 대대 후손의 사이에 세워서 영원한 언약을 삼고 너와 네 후손의 하나님이 되리라 내가 너와 네 후손에게 너의 우거하는 이 땅 곧 가나안 일경으로 주어 영원한 기업이 되게 하고 나는 그들의 하나님이 되리라"

공통점

창세기 17장에 나타난 할례 언약의 내용을 다음과 같이 요약해 볼 때, 이는 창세기 15장에 나타난 할례 언약의 내용과 같이 하나님의 말씀에 의해 통치되는, 하나님 나라를 회복하시려는 하나님의 의도를 발견할 수 있다.

열국의 아비가 되게 하겠다(17:5) - 별과 같은 자손(15:5) - 하나님 나라 백성

가나안 땅을 기업으로 주겠다(17:8) - 애굽에서 유브라데 - 하나님 나라 영토

너와 네 후손의 하나님이 되겠다(17:7) - 너를 이끌어낸 여호와 - 주권적 통치

그런데 서로 다른 표현을 지적한다면, 횃불 언약에서 "너를 이끌어낸 여호와"(15:7)라는 표현 대신에 할례 언약에서는 "네 후손의 하나님"(17:7)으로 표현된 사실을 발견할 수 있는데, 이 또한 모두 하나님의 주권적 통치를 의미하는 동일한 개념으로 생각할 수 있다.[24)]

차이점 - 열국의 아비

그러나 우리가 특별히 할례 언약에서 발견할 중요한 사실은, 아브라함으로 하여금 "열국의 아비가 되리라"(17:5)로 언약하심으로 하나님 나라 백성을 의미하는 아브라함의 '후손' 또는 '자손'의 개념이 아

24) 하나님을 표현할 때 '스스로 있는 자'라는 의미를 갖는 יְהוָה(여호와)라는 이름을 사용할 때가 있는데, יְהוָה(여호와)라는 이름은 창세기 2장 4절부터 성경에 기록되고 있다. 하지만 모세가 호렙 산의 불붙은 떨기나무 앞에서 하나님으로부터 받은 이름으로(출 3:14), 하나님의 사랑과 언약에 근거하여 특별히 나타나는 하나님의 구원 사역과 연관되어 표현할 때 주로 사용되었다(창 15:7; 출 3:14, 17:16, 20:2). 그리고 하나님의 또 다른 표현으로 사용된 אֱלֹהִים(엘로힘)은 힘과 능력을 상징하는 능력자, 전능자라는 의미로, 하나님의 전능하신 능력과 하나님의 절대적인 뜻에 따라 역사하시는 하나님의 절대적 주권, 절대적 통치, 절대적 능력을 나타내는 하나님의 이름이다.

브라함의 육신적 후손만을 의미하는 것이 아니라 열방 민족에까지 확장하시려는 하나님의 의도를 발견할 수 있다(갈 3:26-27).

(질문 2-1-5) 아브라함의 후손들에게 할례를 요구하시는 하나님의 의도는 무엇이라고 생각하나요?

창 17:9-11 "하나님이 또 아브라함에게 이르시되 그런즉 너는 내 언약을 지키고 네 후손도 대대로 지키라 너희 중 남자는 다 할례를 받으라 이것이 나와 너희와 너희 후손 사이에 지킬 내 언약이니라 너희는 양피를 베어라 이것이 나와 너희 사이의 언약의 표징이니라"

양피를 벗기어 피를 낸다 - 이스라엘 백성들에게 피는 생명을 의미한다(레 17:11).

따라서 이는 피(생명, 목숨)를 바쳐 서약함을 의미하는데, 이는 언약을 지키지 못할 때는 죽겠다는 의미이다.[25)]

횃불 언약을 통하여 당신께서 친히 목숨을 걸고 언약을 지키시겠다고 생명의 언약식을 마치신 하나님께서는, 아브라함과 그 후손들에게도 하나님 나라 백성들에게도 그들의 생명을 걸고 언약을 지키겠다는 생명의 언약식을 행할 것을 요구하시는 것이다.

---

25) 횃불 언약에서 생명을 걸고 언약식을 체결하신 하나님께서는 이번에는 당신의 택하신 언약 백성들에게도 생명을 걸고 언약식을 체결할 것을 요구하신다. 언약의 증거로 양피를 벗겨 피 흘림을 요구하시는 것은 생명을 걸고 언약식을 체결한다는 증거를 요구하시는 것이다

5) 모리아 산 언약

(질문 2-1-6) 모리아 산 언약은 창세기 12장의 하란 언약과 어떤 연관이 있으며, 언약의 궁극적 목적이 무엇이라고 생각하나요?

창 22:16-18 "가라사대 여호와께서 이르시기를 내가 나를 가리켜 맹세하노니 네가 이같이 행하여 네 아들 네 독자를 아끼지 아니하였은즉 내가 네게 큰 복을 주고 네 씨로 크게 성하여 하늘의 별과 같고 바닷가의 모래와 같게 하리니 네 씨가 그 대적의 문을 얻으리라 또 네 씨로 말미암아 천하 만민이 복을 얻으리니 이는 네가 나의 말을 준행하였음이니라 하셨다 하니라"

16절b - 네가 이같이 행하여 네 아들 네 독자를 아끼지 아니하였은즉

하나님의 언약에 나타난 하나님 나라 백성의 축복 조건은 항상 하나님의 말씀에 순종하는 것으로 나타난다는 사실은 이미 여러 차례 반복되었다.

그런데 드디어 아브라함이 "너는 행하여 완전하라"(창 17:1)는 이 하나님의 요구에 합격하여 '복의 근원'으로 확인하시는 언약임을 우리는 알 수 있다.

즉 아브라함이 독자 이삭을 바친 이 사건을 하나님께서는 아브라함 자신이 목숨을 바친 사건으로 받아들이시어 목숨을 걸고 맺은 언약을(창 17장) 완수한 것으로 인정하시는 것이다. 그래서 "네가 이같이 행하여 네 아들 네 독자를 아끼지 아니하였은즉 내가 네게 큰

복을 주고", " 또 네 씨로 말미암아 천하 만민이 복을 얻으리니 이는 네가 나의 말을 준행하였음이니라" 하고 말씀하시는 것이다.[26]

즉 모리아 산 언약은 아브라함이 시험에 합격하여 창세기 12장에서 언약하신 복의 근원이 완성되는 언약, 즉 하나님의 말씀에 완전히 순종을 요하는 하나님 나라 백성의 모형이 나타나는 언약으로 해석할 수 있다.

내가 네게 지시할 땅으로 가면(창 12:1) - 네가 이같이 행하여 네 아들 네 독자를 아끼지 아니하였은즉(창 22:16) - 완전 순종

큰 민족을 이루게 하겠다(창 12:2) - 네 씨를 별과 모래같이 많게 하겠다(창 22:17).

복의 근원이 되게 하겠다(창 12:2) - 만민이 복을 받게 하겠다(창 22:18).

6) 아브라함 언약의 의미

하나님 나라 백성의 완성

이러한 사실로 볼 때, 하나님께서 인간(선민 언약 시대 이후엔 택하신 백성)과 언약을 맺으시는 궁극적 목적은, 하나님의 말씀에 순종하는

---

26) 그러나 "아브람이 여호와를 믿으니 여호와께서 이를 그의 의로 여기시고"(창 15:6)라는 말씀과 같이, 비록 실수하더라도 하나님의 약속의 말씀을 믿고 순종하는 아브라함을 하나님께서는 이미 '의롭다' 하셨지만, 비록 믿음으로 '의롭다' 함을 얻은 이후에도 모리아 산에서 아들 이삭을 제물로 드리는 아브라함과 같이 온전히 순종하는 하나님 나라 백성이 되어 언약의 축복을 누리는 것을 원하시는 하나님의 의도를 발견할 수 있다.

하나님 나라 백성을 만드시어 그 백성들이 하나님께서 주시고자 하시는 축복을 누리며 하나님의 은혜 안에 사는 하나님 나라를 이루시기 위함임을 알 수 있다.

은혜로 받은 의로움

그런데 여기서 우리는, 아브라함이 하나님으로부터 의롭다고 인정받은 것은, 하나님께서 하나님의 약속의 말씀을 믿고 행한 그의 믿음을 보고 의롭게 여기신 것이지(창 15:6) 그의 행위가 완전했다는 의미는 아님을 알 수 있다. 아브라함은 하나님께서 명령하시면 그대로 믿고 바로 순종을 했지만 그의 행위는 여전히 많은 실수가 있는 사람이었다. 그런데 이렇게 실수가 많고 믿음이 흔들렸던 아브라함이 이러한 장성한 믿음에까지 성장할 수 있었던 것은 끝까지 포기하지 않으시는 하나님의 끈질긴 사랑과 은혜에 있음을 우리는 성경을 통하여 잘 알 수 있다.

하나님 나라 백성의 모형인 아브라함 언약

이와 같은 사실을 볼 때, 하나님께서 아브라함을 택하시어 언약을 맺으시고, 아브라함의 믿음이 흔들릴 때마다 다시 나타나시어 또 언약을 맺으시고, 그래서 궁극적으로는 하나님의 원하시는 모습으로 즉 장성한 분량의 믿음으로 성장시키시는 하나님의 모습에서, 우리는 이 아브라함 언약이 하나님 나라 백성으로 성장해 가는 하나님 나라 백성의 모형임을 발견할 수 있다. 즉 아무 공로도 없는 우리를 창세전부터 택하여 부르시고, 십자가 보혈로 구원하시고, 또 구원하신 우리에게 성령께서 내주하시어 하나님의 말씀에 순종하는 삶으로 인도하심으로 결국은 우리의 완전한 구원을 이루시는 우리의 좋으신 하나님임을 발견할 수 있다.

아브라함 언약에 나타난 하나님 나라의 통일성

	명령	영토	백성	축복
12장	떠나라(1절) 가라(1절)	내가 지시할 땅 (1절)	큰 민족 (2절)	복의 근원 (2절)
13장	동서남북을 바라보라 (14절)	보이는 땅 (15절)	땅의 티끌같이 셀 수 없는 자손 (16절)	너와 네 자손에게 주리니 영원히 이르리라(15절)
15장	별을 세어 보라 (5절)	애굽에서 유브라데까지 (18절)	별과 같은 자손 (5절)	네 자손에게 주노라 (18절)
17장	행하여 완전하라 (1절)	가나안 일경 (8절)	열국의 아비 (5절)	너와 네 후손의 하나님이 되리라 (7절)
22장	독자 이삭을 번제로 드리라 (2절)	가나안 헤브론 땅을 사고 사라를 장사함(23:19)	하늘의 별과 바다의 모래 같은 씨 (17절)	네 씨로 인해 천하 만민이 복을 얻음으리라(18절)

보다 깊은 질문

*행위 언약인가? 은혜 언약인가?

그렇다면 하나님께서는 왜 이렇게 하나님의 말씀에 순종할 때만 언약하신 약속의 축복을 주시는 것인가? 아담의 언약은 순전히 아담의 행위에 의해 에덴동산의 축복을 누릴 수 있는 행위 언약임을 우리가 이해할 수 있어도, 이 아담의 언약 이후에 하나님께서 인간과 맺으신 언약을 우리는 왜 은혜 언약이라고 부르고 있지 않나?

그러나 하나님께서 이렇게 말씀대로 행할 때만 약속하신 축복을 주신다면, 이는 아담의 언약과 같이 자기가 행한 행위대로 받는 행위 언약에 불과한 것이 아닌가?

그런데 왜 우리는 아담 이외의 모든 하나님의 언약을 은혜 언약이라고 부르는 것인가?

*언약 안에서의 하나님의 요구과 인간의 책임

(God's demand and human's responsibility in the covenant)

(1) 모든 언약에 나타나는 행위의 요구

하나님께서 인간과 언약을 맺으실 때, 우리 인간이 언약에 약속하시는 축복을 누리기 위해서는 다음과 같이 우리에게 먼저 하나님의 말씀에 순종할 것을 반드시 요구하신다.

아담 언약

(축복의 약속)

창 1:28-30 "하나님이 그들에게 복을 주시며 그들에게 이르시되 생육하고 번성하여 땅에 충만하라, 땅을 정복하라, 바다의 고기와 공중의 새와 땅에 움직이는 모든 생물을 다스리라 하시니라 하나님이 가라사대 내가 온 지면의 씨 맺는 모든 채소와 씨 가진 열매 맺는 모든 나무를 너희에게 주노니 너희 식물이 되리라 또 땅의 모든 짐승과 공중의 모든 새와 생명이 있어 땅에 기는 모든 것에게는 내가 모든 푸른 풀을 식물로 주노라 하시니 그대로 되니라"

(행위의 요구)

창 2:16-17 "여호와 하나님이 그 사람에게 명하여 가라사대 동산 각종 나무의 실과는 네가 임의로 먹되 선악을 알게 하는 나무의 실과는 먹지 말라 네가 먹는 날에는 정녕 죽으리라 하시니라"

노아 언약

(축복의 약속)

창 6:17-18a "내가 홍수를 땅에 일으켜 무릇 생명의 기식 있는 육체를 천하에서 멸절하리니 땅에 있는 자가 다 죽으리라 그러나 너와는 내가 내 언약을 세우리니

(행위의 요구)

창 6:18b-20 "너는 네 아들들과 네 아내와 네 자부들과 함께 그 방주로 들어가고 혈육 있는 모든 생물을 너는 각기 암수 한쌍씩 방주로 이끌어 들여 너와 함께 생명을 보존케 하되 새가 그 종류대로, 육축이 그 종류대로, 땅에 기는 모든 것이 그 종류대로, 각기 둘씩 네게로 나아오리니 그 생명을 보존케 하라"

아브라함 언약

(축복의 약속)

창 12:1 "여호와께서 아브람에게 이르시되 너는 너의 본토 친척 아비 집을 떠나 내가 네게 지시할 땅으로 가라"

(행위의 요구)

창 12:2 "내가 너로 큰 민족을 이루고 네게 복을 주어 네 이름을 창대케 하리니 너는 복의 근원이 될지라"

위의 내용들을 간단히 정리하여 보면 다음과 같이 요약할 수 있을 것이다.

행위 언약 - 선악과를 안 먹으면(2:16) 만물을 다스리고 번성케 하겠다(1:28).

노아 언약 - 피를 안 먹으면(9:3-4) 만물을 다스리고 번성케 하겠다(9:1-2).

아브라함 언약 - 내 말에 순종하면(12:1) 복의 근원이 되고 창대케 하겠다(12:2).

이상에서 살펴본 바와 같이, 아담과 맺었던 행위 언약이나 노아와 맺었던 노아 언약이나 아브라함과 맺었던 아브라함 언약의 이 모든 언약들이 축복의 약속에 앞서 반드시 먼저 행할 것을 요구한다는 사실을 발견할 수 있다. 즉 하나님께서는 우리에게 언약에서 약속한 축복을 주시기에 앞서 우리가 먼저 하나님의 말씀에 순종할 것을 요구하신다.

그런데 이는 앞에서 언급한 바와 같은 하나님 나라의 건설, 곧 하나님의 말씀의 권위에 의해 다스려지고 하나님의 주권적 통치에 의해 다스려지는 하나님의 나라를 이루시려는 하나님의 원래의 계획과 일치하는 것이다. 즉 하나님 나라는 하나님의 말씀에 순종하는 삶, 하나님이 주시는 은혜와 복으로 살아가는 삶인 것이다.

(2) 말씀대로 순종할 때 주시는 축복

그리고 성경은 노아나 아브라함이 하나님의 말씀대로 순종하여 약속하신 축복을 누린 사실을 다음과 같이 밝히고 있다.

말씀대로 순종한 노아

창 6:22 "노아가 그와 같이 하되 하나님이 자기에게 명하신 대로 다 준행하였더라"

말씀대로 순종하여 축복받은 아브라함

창 22:15-18 "여호와의 사자가 하늘에서부터 두 번째 아브라함을 불러 가라사대 여호와께서 이르시기를 내가 나를 가리켜 맹세하노니 네가 이같이 행하여 네 아들 네 독자를 아끼지 아니하였은즉 내가 네게 큰 복을 주고 네 씨로 크게 성하여 하늘의 별과 같고 바닷가의 모래와 같게 하리니 네 씨가 그 대적의 문을 얻으리라 또 네 씨로 말미암아 천하 만민이 복을 얻으리니 이는 네가 나의 말을 준행하였음이니라 하셨다 하니라"

그래서 비록 아담은 하나님의 이 명령에 불순종하여 에덴동산에서 쫓겨났지만 노아는 "하나님이 자기에게 명하신 대로 다 준행하였더라"(창 6:22)는 말씀과 같이 그대로 하나님의 말씀에 순종하여 그 온 가정의 생명을 보존케 하였으며, "또 네 씨로 말미암아 천하 만민이 복을 얻으리니 이는 네가 나의 말을 준행하였음이니라"(창 22:18)는 말씀과 같이, 아브라함도 비록 100세에 얻은 아들 이삭까지 하나님

께 번제로 드리는 순종으로 인해 믿음의 조상으로 축복을 받았다.[27]

(3) 인간의 책임(행위)은 언약의 조건이 아니다.

그러나 하나님의 언약에서 요구되는 인간의 책임(행위)은 언약에 약속된 축복의 조건일 뿐 언약의 구성조건이 될 수 없다. 즉 언약에서 요구되는 행위에 대해 인간의 순종적 책임이 완수되지 않는다 하여 언약이 취소되는 것은 아니다.

언약은 하나님의 주권 선택으로, 택하심을 받은 자에게 하나님의 절대적 주권으로 선포되는 것으로 인간의 책임에 관계없이 효력이 발생하는 것이다.

인간의 책임은 단지 언약에 약속된 축복을 누리기 위한 조건일 뿐 언약의 조건이 될 수 없다.

(4) 믿음으로 의롭게 됨

그래서 성경은 아브라함이 의롭게 된 것이 그들의 행위가 아니고 믿음에 있음을 말하고 있다.

아브라함을 의로 여기심

창 15:6-7 "아브람이 여호와를 믿으니 여호와께서 이를 그의 의로 여기시고 또 그에게 이르시되 나는 이 땅을 네게 주어 업을 삼게 하려고

27) 이와 같이 언약에서 요구되는 인간의 책임으로써의 순종은 그 언약에 약속된 축복을 얻기 위한 조건이지 언약을 위한 조건이 될 수 없다. 언약은 하나님께서 세우신 것으로 인간의 책임적 반응에 관계없이 항상 불변의 절대성을 가지는 것이다.

너를 갈대아 우르에서 이끌어 낸 여호와로라"

그러면 여기서 잠깐 성경에 나타난 '의롭다'라는 말의 의미를 통해서 하나님께서 '의롭다'라고 인정하시는 '하나님의 의'에 대해 생각해 보기로 하자.

'의롭다'(체다카), be righteous

(가) 저울추가 공정하다(신 25:15)

(나) 재판관, 왕에 의해 올바로 판정되다(레 19:15)

(다) 올바로 말을 하다(시 52:3)

(라) 윤리적으로 옳게 행하다(욥 35:2)

위의 (다), (라)는 인간의 행위가 윤리 도덕적으로 올바르게 행해지는 것을 뜻하며 (가), (나)는 재판관이나 왕에 의해 올바르다고 판정되는 것을 뜻한다고 볼 수 있다. 즉 (다), (라)는 인간에 의해 평가되는 상대적 의를 나타내며 (가), (나)는 판정관의 판정 기준에 의해 평가되는 절대적 의를 의미한다고 해석할 수 있다.

그런데 성경에 나타나는 '하나님의 의'는 (다)나 (라)와 같이 인간에 의해 상대적으로 평가되는 선한 행위나 윤리 도덕적으로 올바른 행동이 아니라 (가), (나)와 같이 판정관의 특별한 판정 기준에 의해 판정되는 것인데, 여기에서 언급된 'צדקה'의 의미는 상대적인 의가 아니라 판정관에 의해 선포되는 절대적인 의를 의미하는 것이다.

행위를 수반하는 믿음

즉 '의'로 판정하시는 판정관은 하나님이시며, 그 하나님의 판정 기준은 '하나님이 인정하시는 믿음'이라는 사실을 알 수 있다. 그런데 위와 같이 하나님의 말씀을 믿고 순종한 노아를 의인이라 부르고 하나님의 말씀을 믿고 따른 아브라함을 의로 여기셨다는 성경의 말씀을 볼 때 '하나님께서 인정하시는 믿음'은 반드시 하나님의 말씀에 순종하는 행위가 따른다는 사실을 또한 알 수 있는 것이다.

믿음은 행위를 수반한다는 논리를 우리는 다음과 같은 성경의 말씀을 통하여서도 확인할 수 있는 것이다.

> 약 2:21-26 "우리 조상 아브라함이 그 아들 이삭을 제단에 드릴 때에 행함으로 의롭다 하심을 받은 것이 아니냐 네가 보거니와 믿음이 그의 행함과 함께 일하고 행함으로 믿음이 온전케 되었느니라 이에 경에 이른 바 아브라함이 하나님을 믿으니 이것을 의로 여기셨다는 말씀이 응하였고 그는 하나님의 벗이라 칭함을 받았나니 이로 보건대 사람이 행함으로 의롭다 하심을 받고 믿음으로만 아니니라 또 이와 같이 기생 라합이 사자를 접대하여 다른 길로 나가게 할 때에 행함으로 의롭다 하심을 받은 것이 아니냐 영혼 없는 몸이 죽은 것같이 행함이 없는 믿음은 죽은 것이니라"

(5) 은혜로 행하게 하심

성경은 인간이 하나님으로부터 의롭다고 인정받는 것은 하나님의 말씀을 믿고 순종함으로 얻는 것임을 말하고 있지만, 우리 인간이 이렇게 하나님으로부터 '의롭다'고 인정받을 만큼 '믿고 순종하는 행위'는 우리 인간의 의지로만 되는 것이 아님을 또한 말하고 있다.

즉 성경은 위에서 언급한 노아나 아브라함같이 하나님으로부터 의롭다고 인정받을 수 있는 믿음의 행위는 하나님의 은혜임을 말하고 있으므로, 누구든지 하나님의 은혜가 없이는 하나님으로부터 의롭다고 인정받을 만한 '믿음과 순종의 행위'를 할 수 없음을 또한 말하고 있는 것이다.

노아에게 임한 하나님의 은혜

창 6:5-9 "여호와께서 사람의 죄악이 세상에 관영함과 그 마음의 생각의 모든 계획이 항상 악할 뿐임을 보시고 땅 위에 사람 지으셨음을 한탄하사 마음에 근심하시고 가라사대 나의 창조한 사람을 내가 지면에서 쓸어버리되 사람으로부터 육축과 기는 것과 공중의 새까지 그리하리니 이는 내가 그것을 지었음을 한탄함이니라 하시니라 그러나 노아는 여호와께 은혜를 입었더라 노아의 사적은 이러하니라 노아는 의인이요 당세에 완전한 자라 그가 하나님과 동행하였으며"

위와 같이 노아가 당대에 의인이요 완전한 자로 인정받은 것도(9절) 여호와께 은혜를 입었기 때문인 사실을 우리는 발견할 수 있는 것이다(8절).

아브라함에게 임한 하나님의 은혜

그리고 아브라함이 하나님의 말씀에 순종하여 갈대아 우르를 떠난 것도, 100세에 얻은 아들 이삭을 번제로 드린 것도, 이 모두가 하나님의 은혜로 된 것임을 우리는 너무나 잘 알 수 있다.

내가 목숨을 걸고 맹세할 터이니 너도 목숨을 걸고 나와 맹세하라

(창 15, 17장)는 하나님의 헌신적 사랑으로 인해 아브라함은 믿음의 조상으로 탄생할 수 있었으며(창 22장), 앞에서 이미 살펴본 바와 같이 아브라함이 믿음에 따르는 순종의 삶을 살지 못할 때마다, 하나님께서 나타나시어 5번씩이나 반복하여 언약하시며 아브라함을 다시 일으켜 세우시는 하나님의 끈질긴 사랑과 은혜로 인하여 아브라함이 그의 독자 이삭이라도 바칠 수 있기까지 순종할 수 있었다는 사실(창 22장)을 우리는 성경을 통해서 충분히 알 수 있다.

(6) 행위 언약과 은혜 언약

그래서 아담 이후의 모든 인간은 "모태에서부터 죄 중에 잉태되고"(시 51:5) "그 마음의 계획하는 바가 어려서부터 악하며"(창 8:21) "그 마음의 생각과 모든 계획이 항상 악할 뿐이어서"(창 6:5) 이 세상 어느 누구도 하나님의 은혜가 아니고서는 하나님의 의를 행할 수 없음을 말하고 있다.

또한 성경은 "의인은 없나니 하나도 없으며"(롬 3:10) "선을 행하는 자는 없나니 하나도 없다"(롬 3:12)라고 분명히 선언하고 있다.

그리고 "창세로부터 하나님께서는 그의 만드신 모든 피조물을 통하여 그의 신성과 능력을 나타내 보이시어 사람들로 하여금 하나님을 알게 하셨건만 사람들은 하나님을 영화롭게도 아니하고 감사치도 아니하며"(롬 1:21) "그 마음에 하나님 두기를 싫어하여 죄의 삶을 사는 것이다"(롬 1:28)라는 구절에서 보듯 우리 인간이 하나님의 말씀을 믿고 그 말씀대로 행할 수 있는 것은 오직 하나님의 은혜임을 성경은 말하고 있다(엡 2:8).

노아의 언약에서 약속된 축복이 노아의 순종하는 행위로 이루어졌고, 아브라함의 언약에서 약속된 축복이 아브라함의 순종하는 행위로 이루어진 것은 사실이지만, 노아가 이렇게 믿음으로 순종하게 된 것도, 아브라함이 이렇게 믿음으로 순종하게 된 것도 모두 하나님의 은혜로 말미암은 것이다.

즉 그들을 택하고 부르신 것도 하나님의 은혜요, 그들로 하여금 하나님의 말씀을 믿게 한 것도 하나님의 은혜요, 그들로 하여금 믿고 순종하게 한 것도 모두 하나님의 은혜이다.[28)]

따라서 노아의 언약이나 아브라함의 언약뿐만이 아니라 하나님께서 아담의 타락 이후에 인간과 맺으신 모든 언약이 비록 인간의 행위를 요구한다 하더라도, 그 인간의 책임적 행위가 하나님의 은혜 안에서만 나타날 수 있으므로 아담의 행위 언약 이외의 모든 하나님의 언약을 은혜 언약으로 부르는 것이다.

---

28) 물론 이러한 하나님의 주권적 은혜에 대한 논리를 부정하고 인간의 의지를 강조하는 알미니안주의의 영향을 받은 Methodist(감리교파)에서는 이러한 하나님의 은혜를 인간의 의지로 거부할 수 있음을 주장하여 결과적으로 구원의 선택권이 인간 편에 있음을 주장한다. 이에 대한 좀 더 자세한 내용은, 본인의 논문 "칼빈주의와 알미니안주의의 비평" 제1장 "무조건적 선택에 대한 비평"이나 본인의 저서 《인간의 의지인가 하나님의 선택인가》 제1장 "하나님의 선택" 편을 참조하라.

제3장 출애굽 시대

모세의 출애굽에서 여호수아의 가나안 정착까지
(B.C. 1500-B.C. 1450)
출애굽기, 레위기, 민수기, 신명기
시내 산 언약 (출애굽기 19장)
모압 언약 (신명기 29장)
세겜 언약 (여호수아 29장)

아브라함을 택하시어 복의 근원으로 삼으신 하나님께서는 그 후손들을 애굽 땅으로 보내시어 400년간을 하나님 나라 백성으로 훈련시키시고, 모세를 40년간 광야에서 훈련시키신 후 모세를 통하여 그 백성들을 이끌고 애굽의 종살이에서 해방시켜 아브라함과 언약한 약속의 땅 가나안을 향하게 하신다. 그러나 가나안에 들어가기에 앞서 하나님께서는 이스라엘 백성들과 시내 산에서 언약을 맺으시고 하나님 나라 백성으로 삼으셨지만, 또다시 백성들이 하나님과의 언약을 파기하고 배반하자 하나님께서는 그들을 다시 광야에서 40년간 훈련시키신 후 드디어 약속의 땅 가나안에 들어가게 하신다.

출애굽기는, 이러한 이스라엘 백성들이 애굽을 탈출하여 시내 산에 도착하여 하나님의 백성으로 언약을 맺는 과정과, 하나님과의 언약의 관계를 잘 지속시킬 수 있는 율법을 기록한 책이다. 레위기는 하나님의 백성들이 이 율법을 어기어 하나님과의 관계가 단절되었을 때, 그 관계를 다시 회복시킬 수 있는 제사법들이 기록된 책이다. 민수기는 하나님의 백성들이 시내 산을 떠난 후 하나님을 배반하여 40년간 광야를 방황한 후 모압 땅에 도착하는 과정이 기록된 책이며, 신명기는 시내 산 언약을 체험하지 못한 새로운 세대의 하나님의 백성들이 모압 땅에 도착한 후, 약속의 땅 가나안에 들어가기에 앞서 모세로부터 시내 산 언약의 내용을 다시 교육받는 내용을 기록한 책이다.

1. 훈련시키시는 하나님

1) 백성의 훈련

(질문 3-1-1) 이스라엘 백성들이 애굽에서 400년간 노예 생활을 한 사실은 하나님 나라와 어떤 관계가 있다고 생각하나요?

출 1:8-14 "요셉을 알지 못하는 새 왕이 일어나서 애굽을 다스리더니 그가 그 신민에게 이르되 이 백성 이스라엘 자손이 우리보다 많고 강하도다 자, 우리가 그들에게 대하여 지혜롭게 하자 두렵건대 그들이 더 많게 되면 전쟁이 일어날 때에 우리 대적과 합하여 우리와 싸우고 이 땅에서 갈까 하노라 하고 감독들을 그들 위에 세우고 그들에게 무거운 짐을 지워 괴롭게 하여 그들로 바로를 위하여 국고성 비돔과 라암셋을 건축하게 하니라 그러나 학대를 받을수록 더욱 번식하고 창성하니 애굽 사람이 이스라엘 자손을 인하여 근심하여 이스라엘 자손의 역사를 엄하게 하여 고역으로 그들의 생활을 괴롭게 하니 곧 흙 이기기와 벽돌 굽기와 농사의 여러 가지 일이라 그 시키는 역사가 다 엄하였더라"

아브라함이 시험에 합격하자 하나님께서는 아브라함과 언약을 맺어 믿음의 조상으로 세워 복의 근원이 되게 하시지만, 그 후손들이 다시 타락하는 삶을 살자 하나님께서는 이들을 애굽으로 보내시어 400년간의 종살이를 통해 하나님 나라 백성으로 부족함이 없도록 훈련을 시키신다.

그래서 야곱의 나이 130세에 온 이스라엘 백성들을 애굽으로 이주시키고(창 46장) 그곳에서 민족을 번성시키나, 노예의 고달픈 삶을 통하여 하나님의 은혜를 사모하게 하시고 약속의 땅 가나안을 그리워하게 하신다.

2) 지도자의 훈련

(질문 3-1-2) 출애굽 이전까지의 모세의 삶을 통해 우리가 발견할 수 있는 하나님의 의도는 무엇이라고 생각하나요?

출 2:8-10 "바로의 딸이 그에게 이르되 가라 그 소녀가 가서 아이의 어미를 불러오니 바로의 딸이 그에게 이르되 이 아이를 데려다가 나를 위하여 젖을 먹이라 내가 그 삯을 주리라 여인이 아이를 데려다가 젖을 먹이더니 그 아이가 자라매 바로의 딸에게로 데려가니 그의 아들이 되니라 그가 그 이름을 모세라 하여 가로되 이는 내가 그를 물에서 건져내었음이라 하였더라"

출 2:15-17 "바로가 이 일을 듣고 모세를 죽이고자 하여 찾은지라 모세가 바로의 낯을 피하여 미디안 땅에 머물며 하루는 우물 곁에 앉았더라 미디안 제사장에게 일곱 딸이 있더니 그들이 와서 물을 길어 구유에 채우고 그 아비의 양무리에게 먹이려 하는데 목자들이 와서 그들을 쫓는지라 모세가 일어나 그들을 도와 그 양무리에게 먹이니라"

모세를 바로 공주의 아들로 입양시켜 하나님 백성의 지도자로 성장시키신 하나님께서는, 모세의 생모를 유모로 두게 하시어 모세를 하나님의 말씀으로 양육시키시고, 또한 미디안 광야에서 40년간 양을 치며 육체적 정신적 훈련을 통해 하나님의 백성들을 애굽의 종살이에서 이끌어 내 가나안으로 인도할 하나님 나라 백성의 지도자로 부족함이 없도록 준비하시는 하나님의 역사를 발견할 수 있다.

2. 모세 언약

1) 시내 산 언약(출 19-24장)

(질문 3-2-1) 특별히 4절에서 과거의 사건을 회상시키시는 하나님의 목적이 어디에 있다고 생각하는지요?

출 19:3-6 "모세가 하나님 앞에 올라가니 여호와께서 산에서 그를 불러 가라사대 너는 이같이 야곱 족속에게 이르고 이스라엘 자손에게 고하라 나의 애굽 사람에게 어떻게 행하였음과 내가 어떻게 독수리 날개로 너희를 업어 내게로 인도하였음을 너희가 보았느니라 세계가 다 내게 속하였나니 너희가 내 말을 잘 듣고 내 언약을 지키면 너희는 열국 중에서 내 소유가 되겠고 너희가 내게 대하여 제사장 나라가 되며 거룩한 백성이 되리라 너는 이 말을 이스라엘 자손에게 고할지니라"

4절의 우리말 '보다'로 번역된 רָאָה(라아)는 단순히 목격하는 행위가 아니라 경험하고 체험함을 의미한다(출 24:10). 따라서 애굽을 떠날 때의 역사적 사건, 홍해를 건너게 하신 역사적 사건, 이러한 사건들을 통해 이곳까지 인도하신 하나님의 능력과 사랑과 은혜를 체험한 사실을 주지시키신다.

그래서 언약을 세우시기 앞서 이스라엘 백성들에게 언약을 지키시는 신실하신 하나님, 전능하신 하나님이심을 상기시키심으로 그들로 하여금 신실하신 하나님, 능력의 하나님임을 믿고 언약을 성실히 지킬 것을 요구하시는 것이다.[29)]

(질문 3-2-2) 이 모세 언약의 내용을 창세기 17장에 나타난 아브라함 언약의 내용과 비교할 때 같은 점은 무엇이며 서로 다른 점은 무엇이라고 생각하나요?

(1) 같은 점 - 언약의 내용

축복의 조건(하나님의 주권적 통치)

아브라함 언약 : 너는 내 앞에서 행하여 완전하라(창 17:1).

모세 언약 : 너희가 내 말을 잘 듣고 내 언약을 지키면(출 19:5).

이는 동일한 의미로 언약에 나타난 축복을 받기 위해서는 하나님

29) 하나님께서 이스라엘 백성들과 언약을 체결하시기 앞서 이스라엘 백성들로 하여금 언약의 준수에 성실히 임할 것을 요구하며 이렇게 자신의 불변성, 신실성, 전능성을 드러내시는 모습은, 하나님께서 모세를 들어 사용하시는 시점부터(출 3:2) 자신의 이름이 '여호와'라는 사실을 밝히면서 강하게 나타내시는 사실을 발견할 수 있다. 그런데 하나님께서 이스라엘 백성과 언약을 맺으실 때 이렇게 언약에 앞서 하나님의 신실성을 드러내시는 모습은 언약의 여러 곳에서 발견된다(출 19:4; 신 29:2; 수 24:3).

의 말씀에 대한 절대적 순종을 요구하시는 하나님의 모습을 발견할 수 있는데, 이는 곧 하나님의 주권적 통치를 의미하는 것이다.[30)]

축복의 내용

아브라함 언약 : 열국의 아비가 되고(창 17:5) 네 후손의 하나님이 되리라(7절)

모세 언약 : 내 소유가 되고(출 19:5), 제사장 나라가 되며 거룩한 백성이 되리라(6절)

(a) 내 소유가 되고

소유 סְגֻלָּה(쓰굴라) - 소중하여 귀하게 간직한 값비싼 소유물을 의미(보석, 보배)하는데, 이 단어는 성경의 많은 곳에서 하나님과의 언약 관계로 인해 하나님의 축복을 누리며 사는 하나님 나라 백성의 고귀한 특권을 의미한다(신 7:6, 14:2, 26:18).[31)] 따라서 이는 창세기 17장에서 표현된 "너와 네 후손의 하나님이 되리라" (7절)는 표현과 같은 의미라 하겠다.

---

30) 내 말을 잘 듣고 언약을 지킨다는 의미는 20-23장의 율법의 준수를 말하는 것인데, 이러한 율법의 준수는 언약의 축복을 받기 위한 조건인 것이지 언약이 성취되기 위한 조건은 아니다. 언약은 어디까지나 하나님 나라를 회복하시기 위해 하나님께서 계획하시고 선포하시는 것이다. 이는 복음의 선포와 동일한 것이다.

31) 이 히브리어 '쓰굴라'는 아카드어 '씨킬투'에서 유래된 말로 고대 중동의 히타이트(Hitite) 왕이 이웃 우가리트(Ugarit)의 가나안 봉신 왕에게 보낸 서신에서 그를 '씨킬투'로 표현한 문서에 근거한 것인데, 왕의 보호를 받을 권리를 받는 대신 왕에게 충성을 다해야 하는 왕에 속한 주종관계에서 사용되는 표현이었다. 그런데 이러한 표현이 성경에서는 하나님의 보호를 받는 하나님의 소중한 소유물(백성)로 표현되었다고 해석할 수 있는 것이다.

(b) 제사장 나라가 되며

제사장 כֹּהֵן(코헨) - 속죄적 제사의식을 집행하는 제사장이 아니라 (속죄적 제사장은 시내 산 언약 이후의 일이므로) 멜기세덱의 반차를 좇은 제사장, 즉 멜기세덱과 같이[32] 왕권과 제사장권을 함께 갖는 하나님의 복을 전하는 축복의 제사장을 의미하는 것이다.[33]

나라 מַמְלָכָה(맘라카) - 국토, 영토 등의 지역적 의미보다는 왕권이나 통치권, 권세 등을 의미한다.[34]

따라서 '제사장 나라'라는 표현을 '제사장적 왕권' 또는 '왕권적 제사장'으로 해석할 수 있는데, 이는 곧 축복을 주관하는 통치권을 갖는다는 의미로써 하나님께서 아브라함으로 하여금 "복의 근원이 될지라"(창 12:2), "열국의 아비가 되리라"(창 17:5)는 언약의 말씀과 동일하며, 신약에서 구원받은 성도를 "왕 같은 제사장"으로 표현하고 있는 사실과도 동일하다(벧전 2:9).

즉 하나님의 통치가 나타나는 축복받는 이스라엘 백성들을 통하여 열방들도 하나님의 백성으로 탄생되는 축복을 누리는 축복의 제사장적 왕권이 나타나게 하시겠다는 것이다.[35]

---

32) 창세기 14장 18-19절에 보면 멜기세덱은 살렘 왕인 동시에 지극히 높으신 하나님의 제사장으로 아브라함을 축복하였다.

33) "복의 근원이 될지라"(창 12:2)는 아브라함의 언약과 일치하는 내용으로 해석할 수 있다.

34) W.J. Dumbrell, *Covenanr and Creation*, Thomas Nelson Publishers, 1984, p.144

35) 아브라함을 '복의 근원'(창12:2), '열국의 아비'(창 17:5)로 삼으시는 하나님의 뜻은 그대로 이스라엘 백성들에게는 '제사장 나라'(출 19:6)로 나타나며, 신약의 구원받은 성도들에게는 '왕 같은 제사장'(벧전 2:9)으로 나타나고 있다. 이는 이스라엘 백성들을 통하여 열방민족도 하나님 나라 백성이 되게 하시고, 신약에 와서는 구원받은 성도들을 통하여 구원받지 못한 사람들을 구원시키시려는 하나님의 계획을 알 수 있는 것이다. 대부분의 영어번역은 kingdom of priest로 표현하고 있다(KJV, NKJV, NIV).

(c) 거룩한 백성이 되리라

거룩 קָדוֹשׁ(카독시) - 다른 것과 구별됨을 의미하는데, 구약에서 '카독시'라는 표현은 오직 여호와 하나님 한 분에게만 특별히 구별되어 사용된, 하나님의 성품에 관한 특별한 표현이었다.

백성 גּוֹי(고이) - גּוֹי(고이)는 백성의 개념보다는 민족의 개념에 더 가까우나, 여기서 우리말 번역에서 עַם(아암)의 개념인(8절) 백성으로 번역함은 앞에 '거룩한 이'라는 하나님께 속한 하나님의 통치적 개념이 나왔기 때문인 것으로 생각된다.[36]

특별히 구별된 하나님의 '거룩한 백성'이란 의미는 앞에서 언급한 '내 소유'와 같은 의미를 갖는다고 말할 수 있다. 그러나 여기에서 "거룩한 백성이 되리라"고 다시 언급하셨으므로 부득불 이 두 가지를 분리하여 해석해 본다면, 앞의 '내 소유'가 하나님 백성의 '신분적 측면'을 의미한다고 해석할 수 있다. 그렇다면 "내 백성이 되리라"는 표현의 의미는 이러한 신분을 가지고 누리는 하나님 나라 백성의 '권리적 측면'을 의미한다고 해석할 수 있다. 이는 모두 창세기 17장에서 아브라함과 언약하신 "너와 내 후손의 하나님이 되리라"(7절)는 언약의 말씀과 동일한 의미를 갖는다고 해석할 수 있다.

(2) 다른 점 - 언약의 대상

이와 같이 "너희가 제사장 나라가 되며 거룩한 백성이 되리라"는 모세 언약은 곧 "너는 복의 근원이 될지라"(창 12:2), "너와 네 후손의

36) 대부분의 영어 번역은 거룩한 나라의 민족 개념에 가까운 Holy nation으로 표현하고 있다(KJV, NKJV, NIV).

하나님이 되리라"(창 17:7)는 아브라함 언약과 동일한 의미로 해석할 수 있다. 그러나 모세 언약이 아브라함 언약과 다른 점은 그 언약의 대상이 다르다는 것이다.

즉 아브라함 언약은 아브라함 개인과의 언약이었으나 모세 언약은 그 대상이 아브라함과 그 후손, 즉 온 이스라엘 백성으로 확산되었다.

같은 점

(언약의 내용)

(아브라함 언약) (모세 언약)

복의 근원(창 12:2), 열국의 아비(창 17:5) = 제사장 나라(출 19:6)

너와 네 후손의 하나님(창 17:7) = 내 소유(출 19:5), 거룩한 백성(출 19;6)

다른 점

(언약의 내용)

아브라함 개인과의 언약 - 이스라엘의 모든 백성과의 언약

2) 언약 체결식(결혼식)[37]

(질문 3-2-3) 앞에서 살펴본 시내 산 언약의 내용이나 그 언약의 대상, 그리

37) 시내 산의 언약 체결식을 결혼식으로 비유하여 설명할 수 있다. 성경은 구원받은 성도를 어린 양의 신부로 여러 곳에서 비유로 말씀하고 있다(아 4:8, 5:1; 사 61:10, 62:5; 계 21:2). 요한계시록 19장에 기록된 공중 혼인잔치와 같이 시내 산 언약을 하나님 나라 백성과 하나님과의 언약 체결식을 결혼식으로 비유하여 설명할 수 있다. 그래서 성경은 수많은 곳에서 하나님을 배반하고 우상숭배를 하는 행위를 음행으로 표현하고 있다.

고 다음과 같은 시내 산 언약 체결식의 의미을 통하여 살펴볼 때, 시내 산 언약이 갖는 언약적 의미를 아브라함 언약과 연관시켜 생각해 보면 시내 산 언약과 아브라함 언약은 어떤 관계가 있으며, 이러한 언약 체결식은 현재 예배 의식과 어떤 연관이 있다고 생각하나요?

출 24:4-11 "모세가 여호와의 모든 말씀을 기록하고 이른 아침에 일어나 산 아래 단을 쌓고 이스라엘 십이 지파대로 열두 기둥을 세우고 이스라엘 자손의 청년들을 보내어 번제와 소로 화목제를 여호와께 드리게 하고 모세가 피를 취하여 반은 여러 양푼에 담고 반은 단에 뿌리고 언약서를 가져 백성에게 낭독하여 들리매 그들이 가로되 여호와의 모든 말씀을 우리가 준행하리이다 모세가 그 피를 취하여 백성에게 뿌려 가로되 이는 여호와께서 이 모든 말씀에 대하여 너희와 세우신 언약의 피니라 모세와 아론과 나답과 아비후와 이스라엘 장로 칠십인이 올라가서 이스라엘 하나님을 보니 그 발 아래에는 청옥을 편 듯하고 하늘같이 청명하더라 하나님이 이스라엘의 존귀한 자들에게 손을 대지 아니하셨고 그들은 하나님을 보고 먹고 마셨더라"

언약서 낭독(하나님의 청혼서)

모세가 피의 반을 백성에게 뿌리기에 앞서 언약서를 백성에게 낭독한다.

백성의 고백(백성의 청혼 수락)

이에 "여호와의 명하신 모든 말씀을 우리가 준행하리이다"(24:3)라는 백성의 고백을 확인하신 하나님께서는 드디어 이스라엘 백성들과 언약식을 체결하신다.

백성의 서약식(신부의 혼인 서약서)

6-7절 : 모세가 피를 취하여 반은 여러 양푼에 담고 반은 단에 뿌리고 언약서를 가져 백성에게 낭독하여 들리매 그들이 가로되 여호와의 모든 말씀을 우리가 준행하리이다

피의 반을 단에 뿌림 - 창세기 17장의 할례 언약의 완성

하나님의 서약식(신랑의 혼인 서약서)

8절 : 모세가 그 피를 취하여 백성에게 뿌려 가로되 이는 여호와께서 이 모든 말씀에 대하여 너희와 세우신 언약의 피니라

피의 반을 백성에게 뿌림 - 창세기 15장의 횃불 언약의 완성

여기서 언급된 번제와 화목제는 제사제도가 생기기(출 29장) 이전의 제사로 속죄의 의미가 아닌 창조주 하나님께 대한 존경과 헌신과 충성의 의미로 드려진 제사이다(창 8:2, 22장의 모리아 번제; 출 10:26, 18:12, 20:24).

축하연(결혼 피로연)

9-11절 :

앞의 2절까지는 모세만이 하나님 앞에 나아갈 수 있었으나 모든 이스라엘 백성의 대표들이 하나님을 보고 함께 먹고 마셨다는 이 사실은 하나님 백성으로의 완성을 의미하는 것인데, 이는 곧 "너와 네 후손의 하나님이 되리라"(창 17:7)는 아브라함 언약이 실현되었음을

의미한다. 구원받은 성도들의 공중 혼인잔치나[38] 궁극적으로는 완성되는 하나님 나라가 새 하늘과 새 땅의 모형임을 알 수 있다.[39]

현재 예배의 형식에서 재현되는 언약식

시내 산에서 행한 이러한 언약식은 현재 드리는 예배의 형식에서도 그대로 재현된다.

즉 언약서 낭독은 예배 시에 선포되는 말씀, 백성의 화답은 말씀을 듣고 화답하는 성도의 헌신과 고백, 피 뿌림은 성찬식, 축하연은 성령 안에서 하나 된 성도들의 교제와 애찬 등의 형태로 현재 예배에서 나타나는데, 이는 시내 산에서 행하였던 언약식과 동일한 재현으로 생각할 수 있다.

아브라함 언약의 완성적 의미

즉 창세기 12장 이하의 아브라함 언약이 아브라함 개인과의 언약이라면, 이 출애굽기 19-24장의 시내 산 언약은 아브라함 언약의 성취요 완성이라는 의미를 갖는다. 즉 너로 하여금 복의 근원이 되게 하며(창 12:2) 너와 네 후손의 하나님이 되리라는(창 17:7) 아브라함과 맺으신 언약이, 이 출애굽기 19-24장에 나타난 온 이스라엘 백성들과 맺으시는 시내 산 언약을 통하여 완성되는 모습을 발견할 수 있다.

---

38) 요한계시록 19장 9절

39) 또한 이러한 시내 산 언약식은 현재의 예배를 통하여 재현되는데, 출애굽기 19장 1-6절의 하나님의 언약에로의 초청은 예배로의 부름을, 19장 8-15절의 백성들의 고백과 성결의 준비는 믿음의 고백과 참회의 기도를, 19장 16절-24장 2절의 하나님의 현현과 율법의 선포는 말씀의 봉독과 설교를, 24장 3-5절의 백성들의 결단의 고백과 번제와 화목제는 헌신과 결단의 기도를, 24장 6-8절의 피 뿌리는 예식은 성찬식을, 24장 9-11절의 언약식 체결 후 축하연은 예배 후 성도들의 교제를 의미한다고 해석할 수 있다(좁게는 출 24:3-11).

(질문 3-2-4) 위의 결과를 통해 느낄 수 있는 두 가지를 간단히 기록해 보세요.

1) 언약의 통일성 하나님 나라

우선 느낄 수 있는 것은, 언약의 내용이 앞에서 살펴본 바와 같이 하나님의 말씀에 순종할 때 나는 너희 하나님이 되고 너희는 내 백성이 되리라는 것이다. 이는 곧 이스라엘 백성들로 하여금 하나님의 말씀에 순종하며 살 때 하나님께서 그들의 축복된 삶을 책임지시겠다는 것이며, 또한 노아 언약이나 아담 언약과 동일한 의미로 하나님 나라의 회복을 의미한다.

2) 하나님의 신실하심과 끈질긴 사랑

출애굽기 19장의 모세 언약이 아브라함 언약의 완성이라는 측면에서 볼 때, 언약을 완성하시려는 하나님의 신실하심과 끈질긴 사랑의 모습을 발견할 수 있다.

즉 택하신 아브라함의 믿음이 흔들릴 때마다 나타나시어 5번이나 언약을 상기시키시며 그를 믿음의 조상으로 완성하시고, 그의 후손들을 400년간이나 훈련시하시어 "너와 네 후손의 하나님이 되리라" (창 17:7)고 아브라함과 약속하신 언약을 끝내 완성하시는 하나님의 신실하심과 끈질긴 사랑을 발견할 수 있는 것이다.

(1) 성막법

(질문 3-2-5) 출애굽기 40장 1-10절에 나타난 성막의 구조에서 발견할 수 있는 구속사적 의미가 무엇이라고 생각하나요?

출 40:1-10 “여호와께서 모세에게 일러 가라사대 너는 정월 초일일에 성막 곧 회막을 세우고 또 증거궤를 들여놓고 또 장으로 그 궤를 가리우고 또 상을 들여놓고 그 위에 물품을 진설하고 등대를 들여놓고 불을 켜고 또 금 향단을 증거궤 앞에 두고 성막 문에 장을 달고 또 번제단을 회막의 성막 문 앞에 놓고 또 물두멍을 회막과 단 사이에 놓고 그 속에 물을 담고 또 뜰 주위에 포장을 치고 뜰 문에 장을 달고 또 관유를 취하여 성막과 그 안에 있는 모든 것에 발라 그것과 그 모든 기구를 거룩하게 하라 그것이 거룩하리라 너는 또 번제단과 그 모든 기구에 발라 그 안을 거룩하게 하라 그 단이 지극히 거룩하리라”

(가) 성막의 의미

성막에 비치한 구조물들의 의미를 살펴보기에 앞서 우선 성막의 의미를 살펴보도록 하겠다. 시내 산 언약을 체결하여 이스라엘 백성을 하나님의 백성으로 완성하신 후 이스라엘 백성들과 함께 축하연을(결혼 피로연) 나누신 후 하나님께서는 출애굽기 25장 이후에서 성막 제도를 세우시어 이러한 축제의 교제가 지속되도록 하신다. 즉 하나님께서는 성막을 통한 이스라엘 백성들과의 계속적인 만남을 통해 이스라엘 백성들로 하여금 참된 행복과 복된 삶을 누리게 하시는 것이다.

성막은 “내가 거기서 이스라엘 자손을 만나리니”(출 29:43)라는 말씀과 같이 하나님께서 당신의 백성, 즉 이스라엘 백성들이 하나님을 만나는 곳이며, “내가 이스라엘 자손 중에 거하여 그들의 하나님이 되리니”(출 29:45-46)의 말씀과 같이 그들을 통치하시는 곳이다.

(나) 지성소의 의미

지성소는 하나님께서 실제로 임재해 계신 곳을 상징하는데, 하나님께서는 지성소에 있는 증거궤(언약궤) 안에 십계명 돌판과 아론의 싹 난 지팡이, 그리고 광야에서 이스라엘 백성들이 생명을 유지하였던 만나를 넣게 하시어 신실한 언약의 하나님, 능력의 하나님, 은혜의 하나님이심을 증거하신다.

즉 십계명 돌판을 통해 신실하신 언약의 거룩하신 성부 하나님, 아론의 싹 난 지팡이를 통해 죽음의 권세를 이기신 능력의 성자 하나님, 그리고 광야의 만나를 통해 영원한 생명으로 인도하시는 은혜의 성령 하나님이심을 증거하시는 것이다.

(다) 성막의 구조물에 나타난 구속사적 의미

하나님을 만나기 위해 자나야 할 과정들을 설명한다.

(ㄱ) 번제단 - 속죄 제사

짐승을 제물로 드려 자신의 죗값을 대신 치러야 한다.

예수 그리스도의 십자가 대속 은혜를 상징

(ㄴ) 물두멍 - 성찰과 회개

성소에 들어가기에 앞서 다시 한 번 물두멍의 거울에 자신의 몸을 비춰 성찰하고, 손을 씻어 자신을 정결케 해야 한다.

말씀의 거울에 자신을 비춰 죄를 회개함

(ㄷ) 떡상과 촛대 : 떡상 - 영의 양식인 말씀을 먹음

촛대 - 성령의 인도함을 받는 삶

떡이 육신의 양식인 것처럼 하나님을 만나려면

영의 양식인 하나님의 말씀을 먹고 성령으로 인도되는 빛을 따라 순종하는 삶을 드려야 한다.

(ㄹ) 분향단 : 충성과 헌신의 마음을 봉헌(헌신)

하나님을 만나려면 하나님을 공경하고 하나님의 주권적 통치에 충성을 다하려는 기도와 헌신의 삶을 드려야 한다.

*** 레위기

하나님과 사랑이 깨어졌을 때 깨어진 그 사랑을 다시 회복할 수 있도록 하시는데, 이렇게 하나님과의 깨어진 사랑을 다시 회복하는 방법과 하나님과의 사랑을 지속하는 방법을 기록한 책.

1장-17장 : 하나님과의 관계를 다시 회복하는 법

18장-27장 : 하나님과 관계를 지속시키며 교제하는 법

하나님께서는 이스라엘과 언약을 맺으시고 그 언약의 약속된 축복을 누리기 위해 지켜야 할 율법을 주셨다. 그러나 자기 백성들이 이 율법을 지키지 못하고 계속하여 죄를 범하자 그 죄를 사함 받을 수 있는 제도, 즉 제사 제도를 세우시어 당신의 백성들에게 은혜를 베푸시는 것이다.

성막 - 하나님과 교제를 나누는 삶, 약속된 축복을 누리는 삶

하나님을 만나는 곳, 하나님과 사랑의 교제를 나누는 곳

율법 - 약속된 축복을 받는 조건

행복한 부부관계(사랑의 관계)의 지속 법

제사법 - 율법을 지키지 못한 죄를 용서받는 방법

깨어진 사랑을 회복하는 방법

(2) **제사법**(레위기 1-7장)

(질문 3-2-6) 레위기 1-7장에 나타난 5가지의 제사법을 요약해 보세요

(가) 제사의 종류

(ㄱ) 번제(burnt offering, 레위기 1장)

각자의 형편에 따라 흠 없는 수소나 양, 염소, 비둘기 등의 제물을 잡아 태움(레 1:3-17).

소, 양, 염소, 비둘기 - 정결한 짐승의 대표

예수 그리스도 - 흠 없는 어린 양(벧전 1:19)

피를 제단에 뿌림 - 생명을 하나님께 드림(죗값으로 죽음)

죗값을 치른 후에야 하나님께 나아감

몸을 태움 - 하나님께 대한 온전한 충성과 헌신(레 9:12-16)

(ㄴ) 소제(grain offering, 레위기 2장)

첫 이삭으로 만든 누룩 없는 가루에 소금과 기름을 부어 만든 무교병을 태움.

(누룩 없는 가루+기름+소금), 피가 없으므로 번제와 같이 드림(레 2:1-15).

누룩 없는 밀가루 - 죄가 없는 정결한 몸

소금 - 부패를 방지하며 맛을 냄(세상의 소금)

기름 - 부패 방지, 치유, 성령의 능력

정결한 삶과 하나님께 충성된 삶을 의미(레 7:12,13, 8:26, 9:17)

번제 - 예수 그리스도의 대속

(ㄷ) 화목제(fellowship offering, 레위기 3장)

흠 없는 소나 양, 염소를 잡아 내장만 불사르고 고기는 함께 나눠 먹음(레 3:1-12).

피를 제단에 뿌림 - 하나님과 화목(그리스도의 피)

고기를 나누어 먹음 - 사람과 화목

(ㄹ) 속죄제(sin offering, 레위기 4장)

수소(제사장), 숫양이나 염소(족장), 암양이나 염소 또는 비둘기, 무교병(평민)을 제물로 잡아 태움(레 4:3-5:13).

율법을 범한 죄(하나님께 범한 죄)에 대해 드리는 번제(레 4:2)

신분에 따라 제물이 서로 다름 - 신분에 따라 죄의 형벌이 다름

(ㅁ) 속건제(guilt offering, 레위기 7장)

흠 없는 숫양, 범한 하나님의 성물이나 이웃 간의 물질에 배상(레 5:15, 6:6, 7:1-7).

성물(聖物)이나 알지 못한 죄 또는 이웃 간의 죄에 대해 드리는 번제(레 7:1-7).

(질문 3-2-7) 위의 제사법을 통해 발견할 수 있는 하나님의 의도를 요약해 보세요.

(나) 제사의 의미

(ㄱ) 공의와 사랑의 하나님

우선 하나님께서 세우신 제사의 양식이 짐승을 잡아 그 피를 제단에 뿌림은(레 1:5) 한 생명이 죽었음을 의미한다. 이때 제물로 쓰이는 짐승의 머리에 손을 얹고 안수함은(레 1:4) 그 제물을 드리는 자의 죄가 그 짐승에게 전가되는 것을 의미하며, 그 제물 된 짐승이 죽는 것은 그 제물을 드린 자를 대신하여 죽는 것을 의미한다.

따라서 이는 "선악을 알게 하는 나무의 실과는 먹지 마라 네가 먹는 날에는 정녕 죽으리라"(창 2:17)의 말씀에 따라 죽어야 하는 죄의 형벌이, 그 제물 된 짐승이 대신 죽음으로 죄의 용서를 받고 하나님과 다시 화목할 수 있도록 마련하신 것이다.

이렇게 죄로 인해 죽어야 하는 당신의 백성들을 대신하여 짐승을 대신 죽게 하시어 당신의 백성의 죽음을 면하게 하시는 이 제사 제도는 "네가 먹는 날에는 정녕 죽으리라"(창 2:17)는 하나님의 말씀에 대한 공의의 실현인 동시에 당신의 백성에 대한 하나님의 사랑을 나타내 보이신 것이다.

(ㄴ) 은혜의 하나님

또한 이러한 제사 제도를 세워 이에 순종케 함으로써 율법의 불순종으로 인해 파기된 언약의 축복을 다시 회복할 수 있는 기회를 주시는 것이다.

즉 하나님께 제사를 드림으로 제사를 드린 자는 하나님으로부터 죄 사함을 받아(레 4:35) 비록 그들이 율법을 지키지 못한 죄를 범하였다 하더라도 율법의 준수자로 인정을 받는다. 그래서 비록 그들이 율법을 지키지 못했다 하더라도 언약에서 약속된 축복을 받을 수 있도록 하시는 것이다.

그러나 문제는, 이렇게 제사를 통하여 죄 사함을 받은 후에도 계속하여 죄를 범한다는 사실이다. 그래서 그들은 해마다 계속하여 짐승을 잡아 하나님께 제사를 드려야 했지만 이렇게 계속하여 제사를 드려도 그들은 계속 범죄하였다.

(ㄷ) 영원한 제물이 되실 예수 그리스도의 상징

"율법은 장차 오는 좋은 일의 그림자요 참 형상이 아니므로 해마다 늘 드리는 바 같은 제사로는 나아오는 자들을 언제든지 온전케 할 수 없느니라"(히 10:1). 히브리서 기자는 제사의 의미를, 죄를 사하게 하는 것보다는 자신의 죄를 깨닫게 하고 죄를 생각나게 하여 이스라엘 백성들로 하여금 하나님의 은혜를 사모하게 함에 있음을 강조하고 있다.

그래서 그는 "하나님께서는 제사와 예물을 원치 아니하시고 나를 예비하셨다"(히 10:5)라는 예수님의 말씀을 인용하면서[40] 제사 제도를 세우신 궁극적인 목적이 제사 자체보다도 예수 그리스도에게 있음을 강조하여, 율법이 죄를 깨닫게 하여 그리스도께 인도하는 몽학선

40) 이 말씀의 인용은 원래 예수님께서 하신 말씀이 아니고 다윗이 시편 40장 6절에서 한 말인데, 이 시는 궁극적으로 구원자 메시아에 대해 예언한 것이므로 히브리서 기자는 이를 바로 그 구원의 메시아인 예수님의 말씀으로 인용한 듯하다.

생인 것처럼(갈 3:24) 제사도 죄를 깨닫게 하여 예수 그리스도의 십자가 은혜로 인도하기 위한 것으로 해석한다.

(3) 절기법(레위기 23장)

(질문 3-2-8) 레위기 23장에 나타난 절기법을 요약하고 그 구속사적 의미를 생각해 보세요.

절기법 - 구원의 일정표

하나님께서는 유대인에게 7가지 절기를 제정하여 하나님의 구원의 일정표를 제시하신다.

① 유월절(The Feast of Passover, 레 23:5; 출 12:3-14)

봄의 보리 추수가 시작되는 니산 월 14일에 유월절을 제정하시어(출 12:6, 1월 14일, 최후의 만찬일, 로마력 3-4월) 애굽의 노예에서 해방될 당시 1년 된 숫 어린 양을 잡아 그 피를 문설주에 바르고, 장자의 재앙을 피하며, 애굽의 노예에서 해방되었던 사실(출 12:3-14)을 기념하게 하신다.

어린 양의 피로 장자의 죽음을 면함(창 12:1–13)

어린 양의 피를 문설주에 바른 이스라엘 백성들이 장자의 죽음을 면하고 애굽의 노예에서 탈출함은, 곧 어린 양 예수 그리스도의 피로 인해 죄의 노예에서 해방되어 사망에서 생명으로 구원받음을 예표한다(칭의).

출 12:1-3 "여호와께서 애굽 땅에서 모세와 아론에게 일러 가라사대 이 달로 너희에게 달의 시작 곧 해의 첫 달이 되게 하고 너희는 이스라엘 회중에게 고하여 이르라 이 달 열흘에 너희 매인이 어린 양을 취할지니 각 가족대로 그 식구를 위하여 어린 양을 취하되"

유월절 밤에 최후의 만찬을 세우심(눅 26:26-28)

언약의 말씀대로 어린 양 예수 그리스도의 살과 피는 죄 사함을 위해 바쳐져서, 이를 믿는 자는 어린 양 예수 그리스도와 믿음으로 하나가 되어(믿음의 의미는 묶다, 매다) 그리스도의 몸과 피와 일치한다(먹고 마심).

마 26:26-28 "저희가 먹을 때에 예수께서 떡을 가지사 축복하시고 떼어 제자들을 주시며 가라사대 받아 먹으라 이것이 내 몸이니라 하시고 또 잔을 가지사 사례하시고 저희에게 주시며 가라사대 너희가 다 이것을 마시라 이것은 죄 사함을 얻게 하려고 많은 사람을 위하여 흘리는 바 나의 피 곧 언약의 피니라"

어린 양 : 창세기 22:8 - 하나님께서 준비하신 어린 양
요한복음 1:29 - 보라 세상 죄를 지고 가는 하나님의 어린 양이로다
베드로전서 1:19 - 오직 흠 없고 점 없는 어린 양 같은 그리스도
요한계시록 13:8 - 죽임을 당한 어린 양(예수 그리스도)의 생명책

유월절 날 운명하심

유월절 만찬 다음날(유대인의 하루는 해질 때부터 다음날 해지기 전까지가 하루이므로 유월절 만찬 다음날 오후 3시는 유월절 날이 됨) 예수 그리스도께서는 십자가에 달려 운명하심으로 예수 그리스도께서 유월절 어린 양이 되어 죽으시어서 우리를 죽음을 면하게 하심.

고전 5:7 "우리의 유월절 양 곧 그리스도께서 희생이 되셨느니라"

② 무교절(The Feast of Unleavened Bread, 레 23:6-8; 출 12:15-20)

유월절 저녁부터(14일) 21일까지 7일간(출 12:18; 레 23:6) 누룩이 없는 빵 무교병을 만들어 먹는 무교절을 세움(레 23:6-8).

누룩 - 발효, 썩힘, 부패, 타락, 죄악(고전 5:8)

무교병을 먹게 하심(출 12:15-20)

출 12:15-16 "너희는 칠일 동안 무교병을 먹을지니 그 첫날에 누룩을 너희 집에서 제하라 무릇 첫날부터 칠일까지 유교병을 먹는 자는 이스라엘에서 끊쳐지리라 너희에게 첫날에도 성회요 제 칠일에도 성회가 되리니 이 두 날에는 아무 일도 하지 말고 각인의 식물만 너희가 갖출 것이니라"

무교병 - 죄가 없는 예수 그리스도, 생명의 양식(고전 5:7), 진리의 말씀(요 17:17), 진리의 성령(요 15:26)

누룩 없는 무교병을 먹음은 흠이 없는 어린 양 되신 예수 그리스도의 몸과 피를 먹고 마심으로(예수 그리스도의 몸과 피를 먹고 마심은 예수 그리스도의 구속의 은혜를 믿어 그리스도와 믿음으로 연합하여 한 몸이 됨을 의미함) 우리의 죄를 용서받고 하나님의 자녀가 됨을 의미한다.

요 6:53-55 "예수께서 이르시되 내가 진실로 진실로 너희에게 이르노니 인자의 살을 먹지 아니하고 인자의 피를 마시지 아니하면 너희 속에 생명이 없느니라 내 살을 먹고 내 피를 마시는 자는 영생을 가졌고 마지막 날에 내가 그를 다시 살리리니 내 살은 참된 양식이요 내 피는 참된 음료로다"

롬 12:5 "이와 같이 우리 많은 사람이 그리스도 안에서 한 몸이 되어 서로 지체가 되었느니라"

쓴 나물을 함께 먹게 하심(출 12:8)

이와 같이 누룩이 없는 무교병을 먹어, 즉 흠 없는 예수 그리스도의 은혜로 죄 사함을 얻어 그리스도와 한 몸이 된 하나님의 백성이 하더라도 7일간 날마다 누룩 없는 무교병을 먹게 하심으로, 누룩 없는 무교병 되시는 예수 그리스도와 함께 죄가 없는 성화의 삶을 계속하여 살아야 함을 가르치신다. 그러나 이때 쓴 나물과 함께 이 무교병을 먹게 하심은(출 12:8) 이러한 누룩(죄) 없는 주님과 동행하는 성화의 삶엔 쓴 나물을 먹는 것과 같은 고통이 따름을 의미한다고 해석할 수 있다.

요 17:17-19 "저희를 진리로 거룩하게 하옵소서 아버지의 말씀은 진리니이다 아버지께서 나를 세상에 보내신 것같이 나도 저희를 세상에 보내었고 또 저희를 위하여 내가 나를 거룩하게 하오니 이는 저희도 진리로 거룩함을 얻게 하려 함이니이다"

③ 초실절(The Feast of Firstfruits, 레 23:9-14)

첫 보리 추수가 시작되는 유월절 후 첫 안식일 다음날(레 23:11) 첫 수확(보리 수확)에 감사하며 1년 된 흠 없는 숫양을 번제로 드린 날이다(레 23:9-14; 렘 34:22).

하나님께서 세우신 초실절 날(신유대력 1월 17일, 구유대력 7월 17일) 예수 그리스도께서 부활하시는데(마 28:1), 이 초실절 날은 성경의 역사상 다음과 같은 새로운 부활의 삶을 상징하고 있다.

노아의 방주가 아라랏 산에 정착(창 8:4)

노아의 방주가 아라랏산에 머문 날이 7월 17일인데(창 8:4), 이스라엘 백성들을 애굽에서 탈출시키기에 앞서 하나님께서는 모세와 아론에게 명하시어 새로운 달력을 정하시고 그 달, 즉 7월을 새해의 첫 달(니산 월)로 부르게 하셨다(출 12:2). 그러므로 초실절, 즉 부활절은 곧 노아의 방주가 아라랏 산에 정착하여 하나님의 새로운 창조의 역사가 시작된 날과 일치하며, 이는 곧 부활한 우리가 새로운 창조의 삶을 시작함을 의미한다.

즉 유월절이 니산 월 14일 저녁이므로(레 23:5) 안식일 이튿날이 되는 이 초실절은(레 23:11)은 니산 월 17일이 되어 노아의 방주가 아라랏 산에 정착한 날이며, 이날은 곧 주님께서 부활하신 날이 된다(마 28:1).

이스라엘 백성들이 홍해를 건넘(출 13:20, 14:2)

그리고 유월절 애굽을 탈출한 이스라엘 백성들이 홍해를 건넌 날이 3일째 되는 날(출 13:20-숙곳, 에담, 출 14:2-바알스본)이므로, 니산 월 17일은 이스라엘 백성들이 홍해를 건넌 날로 죄에서 완전히 해방되어 새로운 삶이 시작되는 부활의 삶을 의미한다고 생각할 수 있다.

약속의 땅에서 첫 소산으로 무교병을 먹음(수 5:10-12)

또 이날은 이스라엘 백성들이 드디어 약속의 땅 가나안에 도착한 후 그 땅의 소산으로 처음으로 누룩 없는 빵(무교병)을 만들어 먹으니 만나가 그쳤다는 사실은(수 5:10-12) 부활한 후 약속의 땅에서 새로운 삶의 시작을 의미한다고 볼 수 있다.

주님께서 부활하신 날(마 28:1)

이 초실절 날, 즉 안식 후 첫날(레 23:11) - 주님께서 부활하심

첫 수확을 기념하는 초실절 날 부활하심 -

주님은 부활의 첫 열매임을 입증(고전 5:20)

첫 열매가 맺히기 시작하면 계속하여 열매가 맺힘

롬 6:5 "만일 우리가 그의 죽으심을 본받아 연합한 자가 되었으면 또한 그의 부활을 본받아 연합한 자가 되리라"

고전 15:19-23 "만일 그리스도 안에서 우리의 바라는 것이 다만 이생뿐이면 모든 사람 가운데 우리가 더욱 불쌍한 자리라 그러나 이제 그리스도께서 죽 자 가운데서 다시 살아 잠자는 자들의 첫 열매가 되셨도다 사망이 사람으로 말미암았으니 죽은 자의 부활도 사

람으로 말미암는도다 아담 안에서 모든 사람이 죽은 것같이 그리스도 안에서 모든 사람이 삶을 얻으리라 그러나 각각 자기 차례대로 되리니 먼저는 첫 열매인 그리스도요 다음에는 그리스도 강림하실 때에 그에게 붙은 자요”

④ 오순절(칠칠절, 맥추절, The Feast of Weeks, 레 23:15-20)

안식일(초실절) 다음날부터 일곱 안식일 다음날까지 50일간(레 23:15-16) 제사를 드리는 절기로, 이 기간은 보리와 밀이 수확되는 계절이므로 맥추절이라고도 부르고(출 23:16), 초실절 다음날부터 7주 즉 7x7=49일 동안 드리므로 칠칠절(출 34:22; 신 16:10)이라고도 부르며, 또 50일간 드린다 하여 오순절이라고도 부른다. 그런데 신약에서 보면 주님께서는 이 오순절 날, 즉 부활하신 후 제 50일째 되는 날(승천하신 지 10일 후) 약속하신 말씀대로(행 1:5) 마가의 다락방에 성령으로 임하셨다(행 2:1-4).

누룩 있는 떡 2개를 흠 없는 어린 양의 번제와 함께 드림(레 23:17-18)

누룩 있는 떡 2개를 만들어 1년 된 흠 없는 어린 양을 잡아 번제로 함께 요제로 드리게 하심은, 비록 우리가 죄 있으나 우리가 하나님의 어린 양 예수 그리스도의 죽으심으로 인해 구원받았으니 주님의 부활을 증거하며 사는 증인의 삶을 살라는 의미로 해석할 수 있다.

즉 성경에서 2라는 숫자는 대개 증인의 숫자로 사용되고 있음을 볼 때(신 17:6; 계 11:3) 초실절(부활절) 다음날부터 누룩 있는 떡 2개를 만들어 요제를 드리게 하심은(요제는 화제나 번제가 아닌 흔들어 드리는 제사),

이제 성령을 받으면 부활의 증인되는 삶을 살라는 의미로 해석할 수 있다. 이러한 견해는 다음의 성경 말씀과도 일치하는 견해가 된다.

행 1:8 "오직 성령이 너희에게 임하시면 너희가 권능을 받고 예루살렘과 온 유대와 사마리아 땅 끝까지 이르러 내 증인이 되리라 하시니라"

⑤ 나팔절(The Feast of Trumpets, 레 23:23-25)

유대인의 7번째 달인 티쉬리 월(로마력 9-10월) 제1일 이날은 유대 옛 달력으로 신년 첫날이므로, 새해의 기쁨을 알리기 위해 나팔을 불고 각종 규례대로 제사를 드리는데(레 23:24; 민 29:2), 이 새해의 첫날을 선포하는 이 나팔절에 성경은 다음과 같이 나팔 소리와 함께 주님께서 재림하실 것을 말하고 있어, 주님의 재림으로 새로운 세계가 시작될 것을 의미한다.

마 24:30-31 "그때에 인자의 징조가 하늘에서 보이겠고 그때에 땅의 모든 족속들이 통곡하며 그들이 인자가 구름을 타고 능력과 큰 영광으로 오는 것을 보리라 저가 큰 나팔 소리와 함께 천사들을 보내리니 저희가 그 택하신 자들을 하늘 이 끝에서 저 끝까지 사방에서 모으리라"

고전 15:51-52 "보라 내가 너희에게 비밀을 말하노니 우리가 다 잠잘 것이 아니요 마지막 나팔에 순식간에 홀연히 다 변화하리니 나팔 소리가 나매 죽은 자들이 썩지 아니할 것으로 다시 살고 우리도 변화하리라"

살전 4:16-17 "주께서 호령과 천사장의 소리와 하나님의 나팔로 친히 하늘로 좇아 강림하시리니 그리스도 안에서 죽은 자들이 먼저 일어 나고 그 후에 우리 살아남은 자도 저희와 함께 구름 속으로 끌어 올려 공중에서 주를 영접하게 하시리니 그리하여 우리가 항상 주와 함께 있으리라"

⑥ 속죄일(The Day of Atonement, 레 23:26-32)

나팔절 후 10일째 되는 날, 즉 유대인의 7월 티쉬리 월(9-10월) 제10일 모든 백성들이 화제로 속죄제를 드려 속죄의 기쁨을 누리며 안식하는 날이다(레 23:27-32, 25:9).

금식하며 자신을 괴롭혀 고난에 참여함(레 23:27)

모세의 율법에 지정된 유일한 금식일(출 30:10)이며, 속죄를 위해 스스로 자신을 괴롭게 한 후 준비된 헌물을 불로 태워 속죄제를 드리게 하심은(레 23:27), 5일 후부터 7일간에 걸쳐 전개될 안식의 초막절에 앞서 누구든지 자신의 죄를 정결케 하지 않고서는 안식을 누릴 수 없음을 상징한다. 금식과 육체적 고통은 "자기 피로 영원한 속죄를 이루사 단번에 우리를 성소에 들어가게 하신"(히 9:12) 주님의 십자가 고난을 상징하는 예표로 해석할 수 있을 것이다.

사 53:5-6 "그가 찔림은 우리의 허물을 인함이요 그가 상함은 우리의 죄악을 인함이라 그가 징계를 받음으로 우리가 평화를 누리고 그가 채찍에 맞음으로 우리가 나음을 입었도다 우리는 다 양 같아서 그릇 행하며 각기 제 길로 갔거늘 여호와께서는 우리 무리의 죄악을 그에게 담당시키셨도다"

히 9:12 "염소와 송아지의 피로 아니하고 오직 자기 피로 영원한 속죄를 이루사 단번에 성소에 들어가셨느니라"

골 1:20-22 "그의 십자가의 피로 화평을 이루사 만물 곧 땅에 있는 것들이나 하늘에 있는 것들을 그로 말미암아 자기와 화목게 되기를 기뻐하심이라 전에 악한 행실로 멀리 떠나 마음으로 원수가 되었던 너희를 이제는 그의 육체의 죽음으로 말미암아 화목게 하사 너희를 거룩하고 흠 없고 책망할 것이 없는 자로 그 앞에 세우고자 하셨으니"

⑦ 초막절 (The Feast of Tabernacle, 장막절, 수장절, 레 23:33-34)

속죄일로 부터 5일 후, 즉 티쉬리 월(로마력 9-10월) 제15일(7월 15일)부터 즉 모든 곡식의 수확을 마친 후 1주일간 온전히 안식하는 절기이다(레 23:39). 장막절, 수장절(출 23:16, 34:22)이라고도 부른다.

7일간 장막에 거하게 하심(레 23:42)

모든 이스라엘 백성들로 하여금 장막에 거하게 하심은(레 23:42) 장막은 하나님을 만나는 곳, 하나님이 임재하신 곳으로 광야의 장막 생활을 기억하며 하나님의 은혜에 감사하고 하나님과 함께 기쁨을 누리며 안식을 누리게 하기 위함인데, 이렇게 7일간 안식을 누리는 이 절기는 주님의 재림 이후 새 하늘과 새 땅에서 주님과 함께 영원히 왕 노릇 하며 사는 천국 삶을 예표하고 있다(계 22:5).

아름다운 나무 실과와 종려나무로 즐김(레 24:40)

7일 동안 아름다운 나무 실과와 종려가지와 무성한 가지와 시내버들을 취하여 즐거워하게 하심은(레 23:40) 바로 열두 가지 실과와 생명나무가 무성한 천국을 예표하는 것이다(계 22:2).

계 22:1-5 "또 저가 수정같이 맑은 생명수의 강을 내게 보이니 하나님과 및 어린 양의 보좌로부터 나서 길 가운데로 흐르더라 강 좌우에 생명나무가 있어 열두 가지 실과를 맺히되 달마다 그 실과를 맺히고 그 나무 잎사귀들은 만국을 소성하기 위하여 있더라 다시 저주가 없으며 하나님과 그 어린 양의 보좌가 그 가운데 있으리니 그의 종들이 그를 섬기며 그의 얼굴을 볼 터이요 그의 이름도 저희 이마에 있으리라 다시 밤이 없겠고 등불과 햇빛이 쓸데없으니 이는 주 하나님이 저희에게 비취심이라 저희가 세세토록 왕 노릇하리로다"

*** 민수기

시내 산에서 언약을 맺고 율법을 지켜 행할 것을 맹세한 이스라엘 백성들이 시내 산을 출발한 후 하나님과의 언약을 배반하고 불순종하여 40여 년 간 광야에서 방황하며 고통 받는 모습을 기록한 책이다.

*** 신명기

신명기는 모세 5경의 마지막 책으로, 하나님의 약속의 말씀대로 이제 약속의 땅 가나안에 들어가기 직전 가나안을 눈앞에 둔 모압 땅에서, 죽음을 앞에 둔 모세가 시내 산 언약을 경험하지 못한 2세들에게 약속의 땅 가나안에 들어간 후 어떻게 살아야 할 것인가를 마지막 유언의 형식으로 설교하는 모세의 유언적 고별 설교 3편을 기록한 책이다.

보다 깊은 질문

*율법과 제사는 단지 장차 오실 그리스도의 예표에 불과한가?

성경을 보면 하나님께서는 아담의 범죄 후에 메시아 예수 그리스도를 통한 인류의 구원을 계획하시고 이를 예표하신 사실을 발견할 수 있다(창 3:15, 21). 또한 율법은 우리를 예수 그리스도께 인도하기 위한 몽학선생이라고 기록하고 있으며(갈 3:24), 구약에 나타난 제사가 장차 오실 메시아의 상징에 불과하다면 "너희는 이 율법을 지켜 행하라 그리하면 너희는 내 백성이 되고 나는 너희의 하나님이 되리라"고 이스라엘 백성들과 언약하시는 하나님의 참된 의도를 과연 어떻게 해석해야 할 것인가?

이스라엘 백성들이 이 언약을 지키지 못할 것을 뻔히 아시고 단지 장차 오실 예수 그리스도의 십자가 보혈의 예표적 의미로만 이 제사 제도를 세우시고 언약을 맺으신다면 "너희는 이 율법을 지켜 행하라 그리하면 너희는 내 백성이 되고 나는 너희의 하나님이 되리라"고 언약하시는 하나님은 이스라엘 백성들을 기만하시는 것이 아닌가?

하나님의 전지성과 시간적 개념의 이해

그렇다. 율법이 비록 이스라엘 백성들을 구원시키지 못하고 단지 그리스도께 인도하는 몽학선생의 역할만을 담당할 것을 미리 아셨다고 하더라도, 하나님께서는 이스라엘 백성들이 온전히 하나님의 말씀에 순종하여 이 언약에 약속된 축복을 누리며 살기를 진정으로 소원하셨다. 그래서 이들의 복된 삶을 통하여 열방까지도 이들과 같이 하나님의 백성으로 구원받아 하나님을 섬기고 복된 삶을 누리며 살기를 진정으로 소원하시며 아브라함과 언약을 맺으셨고, 이스라엘 백성들과 언약을 체결하시는 것이다.

그래서 하나님께서도 생명을 걸고 이 언약에 참여하신 것이며(아브라함의 횃불 언약), 당신의 택한 백성들에게도 생명을 걸고 이 언약에 참여할 것을 요구하시는(아브라함의 할례 언약) 실제적 요구이자 실제적 언약인 것이지 단지 그리스도께 인도하기 위한 상징적 의미로만 언약을 맺으시는 것은 결코 아니다.

이와 마찬가지로 제사도 단지 장차 오실 메시아의 죽음을 상징하는 예표임에는 틀림없으나 단지 이 상징적 예표로만 생각할 수 없다. 제사 제도는 율법을 이루지 못해 누리지 못하는 언약의 축복을 다시 누릴 수 있도록 하나님께서 세우신 죄 사함의 실제적인 은혜요 방편으로 세워 주신 것이지, 단지 장차 올 더 좋은 것의 예표적 의미로만 세우신 것이 아님을 알아야 할 것이다.

만일 이렇게 율법이나 제사를 단지 예표적 의미로만 세우시고, 하나님께서 이스라엘 백성과 "너희는 이 율법을 지켜 행하라 그리하면 너희는 내 백성이 되고 나는 너희의 하나님이 되리라"고 언약하셨다면 이 언약은 일종의 기만일 수밖에 없다. 율법을 단지 그리스도께 인도하기 위한 몽학선생의 의미로만 해석한다면, 그리스도로 인해 율법이 완성된 신약 시대의 구원받은 성도들에게는 더 이상 율법의 요구가 불필요한 것이다. 그러나 예수님은 오히려 제자들에게 바리새인이나 서기관들보다도 더 율법을 준수할 것을 요구하셨다.[41]

하나님의 말씀은 일점일획이라도 그릇됨이 없이 말씀 그대로 항상 진리인 것이다.

완전 순종의 하나님 나라 회복이 목적

하나님께서는 아담과 하와를 창조하시고 그들이 하나님의 말씀에 순종할 때 하나님으로부터 받은 복을 누리며 살게 하신 것과 같이, 이스라엘 백성들도 하나님의 말씀에 순종할 때 복을 누리며 살 수 있도록 그들과 언약을 맺으시고 그들에게 율법을 주셨으며, 그들이 이 율법을 지키지 못하고 죄를 범하여 언약의 복을 누리지 못할 때 그 죄를 사함 받고 언약의 축복을 누릴 수 있도록 하기 위한 실제적 방편으로 이 죄 사함의 제사 제도를 세우셨다. 그러나 거듭되는 인간의 완악함으로 인해 이 언약의 축복을 누리지 못하자 한 번 택한 백성을 끝까지 사랑하시는 신실하신 하나님께서는 더 좋은 새 언약을 세워 하나님 나라 백성으로 삼으시는 것이고, 하나님 나라 백성이 된 후에도 계속하여 이 율법의 완성을 요구하며 언약의 축복을 누리게 하시는 것이다.

---

41) "내가 율법이나 선지자를 폐하러 온 줄로 생각하지 마라 폐하러 온 것이 아니요 완전케 하려 함이로다"(마 5:17)라는 말씀은 율법을 완수하지 못한 죄를 위해 죽으심으로 율법을 완성하셨다는 속죄적 의미의 개념보다는 제자들이 서기관이나 바리새인들보다 더 거룩한 삶을 살아야 할 것을 강조하시는(마 5:20), 즉 더 엄격하고 완전한 율법의 준수를 요구하시는 것으로 해석해야 할 것이다(마 5:22, 28, 39, 44).

그래서 로마서 저자도 비록 율법으로는 하나님의 의(righteousness)를 만족할 수 없어 또 다른 더 좋은 의가 나타났음을 역설하고 있다. 하지만 첫 번째 율법도 하나님의 의를 이루기 위함임을 분명히 밝히고 있으며(롬 7:2, 10:5), 하나님께서는 히브리서 저자를 통하여 다음과 같이 옛 언약인 첫 언약을 지켰더라면 새 언약인 둘째 언약이 필요치 않았음을 분명히 밝히고 있다. 예레미야 선지자를 통하여 새 언약을 세우실 때도 옛 언약이 상징적 의미만 갖는 불충분하거나 불완전해서가 아니라 "내가 그들의 남편이 되었어도 그들이 내 언약을 파하였기 때문"(렘 31:32)이라고 새 언약을 세우시는 의미를 분명히 밝히신다.

히 8:7 "저 첫 언약이 무흠하였더면 둘째 것을 요구할 일이 없었으려니와"

렘 31:31-32 "나 여호와가 말하노라 보라 날이 이르리니 내가 이스라엘 집과 유다 집에 새 언약을 세우리라 나 여호와가 말하노라 이 언약은 내가 그들의 열조의 손을 잡고 애굽 땅에서 인도하여 내던 날에 세운 것과 같지 아니할 것은 내가 그들의 남편이 되었어도 그들이 내 언약을 파하였음이니라"

성경 말씀의 입체적 해석

이와 같이 하나님의 말씀인 성경을 해석할 때는 단면적으로만 해석할 것이 아니라 성경 전체의 구속사적 관점에서 입체적으로 해석해야 한다. 즉 성경의 기록 목적이 영생을 얻게 하려 함이라는 주장, 구원을 얻게 하려 함이라는 주장, 예수 그리스도를 나타내기 위함이라는 주장 등 여러 가지 견해들이 있으나, 이러한 견해들은 모두 성경의 한 단면만을 강조하여 해석한 견해이지 성경 전체를 입체적으로 해석한 견해라고는 볼 수 없다.

성경의 기록 목적이 "하나님의 사람으로 온전케 하려 하심"이라고 디모데후서 3장 7절에 분명히 기록하고 있는데, 하나님의 사람으로 온전케 됨은 하나님 나라 백성의 완성을 의미하며, 이는 곧 하나님 나라의 완성을 의미하는 것이다. 즉 영생이나 죄에서의 구원은 하나님 나라의 특성 중의 일부분이며, 예수 그리스도는 하나님 나라 백성이 되는 유일한 길이요 방편이며 하나님 나라의 주인이요 통치권자요 영광 받으실 유일한 왕인 것이다.[42]

원추형의 물체를 위에서 내려다보면 둥그런 원형이고 앞이나 옆에서 보면 세모꼴인 삼각형일지라도 그 물체의 실형은 둥그런 뿔 모양의 원추형이다.

따라서 노아 언약을 하나님 나라 회복 의지의 선포로 해석하거나, 아브라함 언약이나 모세 언약을 하나님 나라 백성의 모형으로, 여호수아 언약을 하나님 나라 완성의 모형 등으로 해석하는 것은, 하나님 나라 회복이라는 성경의 구속사적 관점에 비추어 이해하기 쉽도록 결과론적으로 설명한 것일 뿐 각각의 언약 하나하나 자체가 독립적인 하나님의 완전한 언약인 것이다.

---

42) W.J Dumbrell은 그의 저서 *Covenant & Creation*에서 (도서출판 크리스챤 역간) 창조와 언약의 목적이 하나님 나라임을 강조하고 있으며, 그레임 골드워드도 그의 저서 《복음과 하나님 나라》(성서유니온 역간)에서 언약과 구원의 목적이 하나님 나라이며 따라서 성경 전체의 통일된 주제는 하나님 나라임을 역설하고 있다.

3) 모압 언약(신명기 29장)

(질문 3-2-9) 모세가 지난 과거의 일들을 회상시키는 목적은 어디에 있다고 생각하나요?

신 29:2-6 "모세가 온 이스라엘을 소집하고 그들에게 이르되 여호와께서 애굽 땅에서 너희 목전에 바로와 그 모든 신하와 그 온 땅에 행하신 모든 일을 너희가 보았나니 곧 그 큰 시험과 이적과 큰 기사를 네가 목도하였느니라 그러나 깨닫는 마음과 보는 눈과 듣는 귀는 오늘날까지 여호와께서 너희에게 주지 아니하셨느니라 주께서 사십년 동안 너희를 인도하여 광야를 통행케 하셨거니와 너희 몸의 옷이 낡지 아니하였고 너희 발의 신이 해어지지 아니하였으며 너희로 떡도 먹지 못하며 포도주나 독주를 마시지 못하게 하셨음은 주는 너희 하나님 여호와이신 줄을 알게 하려 하심이니라"

하나님께서는 이스라엘 백성과 언약을 선포하시기에 앞서 언제나 그러하셨듯이, 이 모압 언약을 선포하시기 전에도 우선 이스라엘 백성들로 하여금 하나님의 신실하심과 그의 은혜를 깨달아 이 언약을 성실하게 지키실 것을 요구하셨다.

그래서 그들을 애굽의 바로 왕 앞에서 기적을 행하시어 그들을 애굽에서 이끌어 내신 일, 그리고 40년간 광야를 방황하였어도 옷이 낡지 않고 신발이 해어지지 않은 사실, 먹을 것이 없었지만 만나와 메추라기로 먹여 살리신 일 등을 상기시켜 그들로 하여금 살아 계셔서 오늘날까지 그들과 함께하시고 그들을 인도하신 여호와 하나님의 은혜와 신실하심을 깨달아 다시 한 번 선포하는 언약을 성실히 지키도록 다음과 같이 요구하시기 위함이다.[43]

언약의 준수 요구

신 29:9 "그런즉 너희는 이 언약의 말씀을 지켜 행하라 그리하면 너희의 하는 모든 일이 형통하리라"

(질문 3-2-10) 모압 언약은 시내 산 언약과 비교할 때 어떤 의미가 있다고 생각하나요?

신 29:9, 12-13 "그런즉 너희는 이 언약의 말씀을 지켜 행하라 그리하면 너희의 하는 모든 일이 형통하리라……너의 하나님 여호와의 언약에 참예하며 또 너의 하나님 여호와께서 오늘날 네게 향하여 하시는 맹세에 참예하여 여호와께서 이왕에 네게 말씀하신 대로

---

43) 하나님으로 번역된 '엘로힘'은 힘과 능력을 상징하는 능력자, 전능자라는 의미를 나타내며, 하나님의 또 다른 이름 '여호와'는 '스스로 있는 자'라는 의미를 갖는데, 이 '여호와'라는 이름은 창세기 2장 4절부터 성경에 기록되고 있지만 모세가 호렙 산의 불붙은 떨기나무 앞에서 하나님으로부터 받은 이름으로(출 3:14) 하나님의 사랑과 언약에 근거하여 하나님의 특별한 관심과 구원의 역사임을 표현할 때 주로 사용되었다(창 15:7; 출 3:14, 17:16, 20:2). 이는 모두 다 하나님의 전능하신 능력으로 하나님의 절대적인 뜻에 따라 역사하시는 하나님의 절대적 주권, 절대적 통치, 절대적 능력을 나타내는 하나님의 이름이다. 그래서 하나님께서는 이스라엘 백성들과 언약을 체결하시기 앞서 자신의 이름이 '여호와'라는 사실을 밝히시면서, 이스라엘 백성들로 하여금 하나님의 신실하심과 전능하심을 믿고 언약을 충실히 지킬 것을 요구하시는 것인데, 하나님께서 이스라엘 백성과 언약을 맺으실 때 이렇게 언약에 앞서 하나님의 신실하심과 전능하심을 드러내시는 모습은 성경 여러 곳에서 발견된다(출 19:3; 신 29:2; 수 24:3).

또 네 열조 아브라함과 이삭과 야곱에게 맹세하신 대로 오늘날 너를 세워 자기 백성을 삼으시고 자기는 친히 네 하나님이 되시려 함이니라

출 19:5-6 "세계가 다 내게 속하였나니 너희가 내 말을 잘 듣고 내 언약을 지키면 너희는 열국 중에서 내 소유가 되겠고 너희가 내게 대하여 제사장 나라가 되며 거룩한 백성이 되리라 너는 이 말을 이스라엘 자손에게 고할지니라"

모압 언약을 요약하면 "너희가 이 언약의 말씀을 지켜 행하면 너희 하나님께서 너희를 자기 백성으로 삼으시고 자기는 친히 네 하나님이 되시리라"는 말씀인데, 이는 곧 "너희가 내 말을 잘 듣고 내 언약을 지키면 너희는 열국 중에서 내 소유가 되겠고 너희가 내게 대하여 제사장 나라가 되며 거룩한 백성이 되리라"(출 19:5-6)는 시내 산 언약과 동일한 내용이다.

시내 산 언약 - 내 언약을 지키면 - 내 소유가 되겠고 제사장 나라가 되며 거룩한 백성이 되리라(출 19:5)

모압 언약 - 이 언약을 지켜 행하면 - 너는 그의 백성이 되고 그는 네 하나님이 되리라(신 29:13)

그런데 이렇게 약속의 땅 가나안을 앞에 두고 모세로 하여금 시내 산 언약과 동일한 모압 언약을 다시 한 번 선포하심은, 시내 산 언약을 직접 경험하지 못한 후손들로 하여금 시내 산 언약을 다시 한 번 상기시켜 하나님의 언약을 충실히 지키게 하기 위한, 시내 산 언약의

재교육적 의미가 있는 것이다.

(질문 3-2-11) 모압 언약이 네 열조 아브라함과 이삭과 야곱에게 맹세한 언약과 동일함을 밝히고 있는데, 이러한 언약에 나타난 궁극적인 하나님의 목표는 무엇이며 이 언약의 동일성을 통해 우리가 발견할 수 있는 것은 무엇일까요?

언약의 동일성

모압 언약이 시내 산 언약의 반복임을 이미 살펴보았지만, 이 모압 언약이 아브라함과 이삭과 야곱에게 맹세한 언약과 동일하다는 사실을 밝힘으로 사실상 모든 언약들이 동일한 언약임을 확증하는 것인데, 우리는 다음과 같이 이들 언약의 동일성을 정리해 볼 수 있다.

아브라함 언약 - 나는 그들의 하나님이 되리라(창 17:7)

시내 산 언약 - 제사장 나라가 되며 거룩한 백성이 되리라(출 19:6)

모압 언약 - 너희를 내 백성으로 삼고 나는 네 하나님이 되리라(신 29:13)

언약의 목적 - 하나님 나라의 회복

각 언약에 나타난 동일성은 '너희는 내 백성이 되고 나는 너희의 하나님이 되겠다'는 언약인데, 이는 너희는 내 말에 순종하는 하나님 나라 백성이 되고 나는 너희의 복된 삶을 책임지는 전능자가 되겠다는 의미이며, 이는 곧 하나님의 말씀에 의해 통치되는 '하나님 나라의 회복'을 의미한다.

하나님의 신실하심과 끈질긴 사랑

따라서 이러한 모든 언약들 가운데 나타나는 언약의 동일성을 통하여 하나님의 신실하심, 하나님의 불변성, 하나님의 끈질긴 사랑 등을 발견할 수 있다.

3. 여호수아 언약

1) 하나님 나라 완성의 선포

(질문 3-3-1) 성경의 기록은 언약의 핵심인 하나님 나라 회복과 어떤 관련이 있다고 생각하는지요?

수 21:43-45 "여호와께서 이스라엘의 열조에게 맹세하사 주마 하신 온 땅을 이와 같이 이스라엘에게 다 주셨으므로 그들이 그것을 얻어 거기 거하였으며 여호와께서 그들의 사방에 안식을 주셨으되 그 열조에게 맹세하신 대로 하셨으므로 그 모든 대적이 그들을 당한 자가 하나도 없었으니 이는 여호와께서 그들의 모든 대적을 그들의 손에 붙이셨음이라 여호와께서 이스라엘 족속에게 말씀하신 선한 일이 하나도 남음이 없이 다 응하였더라"

위에 기록된 말씀들은 다음과 같이 아브라함과 모세를 통해 언약하신 언약의 핵심인 하나님 나라의 회복이 완성되었음을 선포하시는 말씀이다.

열조에게 주마 하신 온 땅을 이와 같이 이스라엘에게 다 주셨다 - 하나님 나라 영토의 완성(창 17:8, 가나안 일경)

열조에게 맹세하신 대로 하셨으므로 그 모든 대적이 그들을 당할 자가 하나도 없으니 이는 여호와께서 그들의 모든 대적을 그들의 손에 붙이셨음이라 - 하나님의 백성의 완성(창 1:28, 9:2의 통치권의 완성)

이스라엘 족속에게 말씀하신 선한 일이 하나도 남음이 없이 다 응하였다 - 언약의 완성 선포

2) 세겜 언약(여호수아 24장)

(1) 입술의 고백을 요구하시는 하나님

(질문 3-3-2) 다음과 같은 믿음의 결단을 요구하시는 하나님의 의도는 무엇인가요?

수 24:14-15 "그러므로 이제는 여호와를 경외하며 성실과 진정으로 그를 섬길 것이라 너희의 열조가 강 저편과 애굽에서 섬기던 신들을 제하여 버리고 여호와만 섬기라 만일 여호와를 섬기는 것이 너희에게 좋지 않게 보이거든 너희 열조가 강 저편에서 섬기던 신이든지 혹 너희의 거하는 땅 아모리 사람의 신이든지 너희 섬길 자를 오늘날 택하라 오직 나와 내 집은 여호와를 섬기겠노라"

약속의 가나안 땅을 하나님 나라 백성들에게 완전히 분배해 주심으로 하나님 나라의 회복을 완수하신 하나님께서는, 이제 약속의 땅에서 하나님 나라 백성으로서 축복을 누리며 열방에게 복의 근원이 되는 삶을 지속할 수 있도록 하시기 위해, 여호수아가 세상을 떠나기 전에 그를 통해 하나님의 언약을 마지막으로 새롭게 갱신(재교육)하기를 원하신다. 그런데 이 언약의 갱신에 앞서 하나님께서는 백성들의 믿음의 결단을 입술을 통해 고백하기를 원하시는 것이다.

(2) 백성의 결단 고백

(질문 3-3-3) 이에 대한 백성들의 태도는 어떠하였나요?

16-18절 "백성이 대답하여 가로되 여호와를 버리고 다른 신들 섬기는 일을 우리가 결단코 하지 아니하오리니 이는 우리 하나님 여호와 그가 우리와 우리 열조를 인도하여 애굽 땅 종 되었던 집에서 나오게 하시고 우리 목전에서 그 큰 이적들을 행하시고 우리가 행한 모든 길에서, 우리의 지난 모든 백성 중에서 우리를 보호하셨음이며 여호와께서 또 모든 백성 곧 이 땅에 거하던 아모리 사람을 우리 앞에서 쫓아내셨음이라 그러므로 우리도 여호와를 섬기리니 그는 우리 하나님이심이니이다"

그러자 백성들은 우리와 우리 열조를 종 되었던 애굽 땅에서 인도해 내시고, 우리의 목전에서 많은 기사와 이적을 베푸시며 광야 생활을 인도하시고 보호하셨을 뿐만 아니라, 이 땅에 살던 모든 아모리 족속을 모두 우리 앞에서 쫓아내시어 우리로 하여금 이 땅을 차지하여 살게 해주신 여호와 하나님을 버리고 우리가 어찌 다른 신을 섬길 수 있겠느냐며, 결단코 그런 일은 있을 수 없으니 우리는 오직 여호와 하나님만 섬기겠다고 그들의 결단을 고백하는 모습을 발견할 수 있다.

(3) 실제적 행동을 요구하시는 하나님

(질문 3-3-4) 다음과 같은 믿음의 실제적 행동을 요구하시는 하나님의 모습에서 우리는 무엇을 발견할 수 있나요?

23절 "여호수아가 가로되 그러면 이제 너희 중에 있는 이방 신들을 제하여 버리고 너희 마음을 이스라엘의 하나님 여호와께로 향하라"

입술의 고백은 물론 증인 선서까지 받으신 하나님께서는 이제 백성들로 하여금 이때까지 자신들이 섬기던 이방 신들을 모두 제거하는 실제적 행동을 요구하시는데, 이는 믿음은 단지 지적 동의나 인정이 아닌 실제적 행동을 수반하는 영혼육의 전인격적인 행위임을 입증하시는 것이다. 그런데 이것이 바로 하나님께서 원하시는 믿음의 산제사라는 사실을 알 수 있다.

(4) 언약 증거식

(질문 3-3-5) 다음과 같이 언약을 다시 세우시는 하나님의 목적은 어디에 있

다고 생각하나요?

25절 "그날에 여호수아가 세겜에서 백성으로 더불어 언약을 세우고 그들을 위하여 율례와 법도를 베풀었더라"

27절 "모든 백성에게 이르되 보라 이 돌이 우리에게 증거가 되리니 이는 여호와께서 우리에게 하신 모든 말씀을 이 돌이 들었음이라 그런즉 너희로 너희 하나님을 배반치 않게 하도록 이 돌이 증거가 되리라"

여호수아를 통한 모세 언약의 재교육

율례 - חֹק(호크) : 율법과 같이 문서로 기록된 규례

법도 - מִשְׁפָּט(미쉬파트) : 문서로 기록되지 않은 규례

따라서 율례와 법도를 베풀었다는 의미는, 여호수아 8장 34-35절에서 여호수아가 축복과 저주가 기록된 율법책을 낭독한 것과 같이 백성들 앞에 이 율법책을 다시 한 번 낭독하고 이에 기록되지 않은 다른 법도까지 훈시하였다는 것이다. 이는 모세가 죽기 전에 모압 평야에서 시내 산 언약을 다시 한 번 재교육한 것과 같이, 여호수아도 그가 죽기 전에 온 이스라엘 백성들에게 모세의 시내 산 언약을 다시 한 번 상기시키고 재교육하는 것이다.

그런데 하나님께서 이렇게 이스라엘 백성들로 하여금 이 언약을 다시 반복함은 물론 그 증거로 돌을 취하여 언약식을 거행함은, 이제 약속의 땅을 차지하여 하나님 나라가 완성되었으니 하나님 나라 백성들이 언약의 말씀을 성실히 지켜 하나님께서 약속하신 모든 축

복을 충만히 누리며 사는 모습을 열방들이 바라보면서, 그들도 그들이 섬기는 신들을 버리고 하나님 나라 백성이 됨으로 '너로 하여금 열방의 아비가 되게 하겠다'라는 아브라함의 언약을 이루시기 위함이라고 해석할 수 있다. 이와 같은 하나님의 목적은 다음과 같이 우리를 구원시키시는 하나님의 목적과 동일함을 발견할 수 있다.

벧전 2:10-12 "너희가 전에는 백성이 아니더니 이제는 하나님의 백성이요 전에는 긍휼을 얻지 못하였더니 이제는 긍휼을 얻은 자니라 사랑하는 자들아 나그네와 행인 같은 너희를 권하노니 영혼을 거스려 싸우는 육체의 정욕을 제어하라 너희가 이방인 중에서 행실을 선하게 가져 너희를 악행한다고 비방하는 자들로 하여금 너희 선한 일을 보고 권고하시는 날에 하나님께 영광을 돌리게 하려 함이라"(요한)

시대에 따라 나타난 언약의 통일성과 그 언약의 의미

	주권적 통치	백 성	영 토	축 복	언약의 의미
아담 언약 (창 1장)	선악과를 먹지 마라	생육, 번성	땅을 정복	다스리라	하나님 나라 창조
노아 언약 (창 9장)	피를 먹지 마라	생육, 번성	땅을 정복	다스리라	하나님 나라 회복의지선언
하란 언약 (창 12장)	떠나라, 가라	큰 민족	지시할 땅 (이 땅)	복의 근원 (이 땅을 네 자손)	하나님 나라 모형의 백성 선택
가나안 언약 (창 13장)	동서남북을 바라보라	티끌같이 많은 자손	보이는 땅	너와 네 자손에게 영원히 주리라	아브라함 격려
횃불 언약 (창 15장)	행하여 완전하라	별과 같이 많은 자손	애굽에서 유브라데	네게 주어 기업이 되게 하겠다	하나님의 생명을 건 언약
할례 언약 (창 17장)	행하여 완전하라	열국의 아비	가나안 일경	너와 네 후손의 하나님이 되리라	백성의 생명을 건 언약의 요구
모라아 산 언약 (창 22장)	이삭을 드리라	별과 모래 같은 자손	가나안 헤브론 땅을 삼	천하만민이 복을 얻음	하나님 나라 백성의 모형
시내 산 언약 (출 19장)	내 말을 듣고 언약을 지키라	제사장 나라	홍해에서 블레셋 바다	내 소유, 거룩한 백성	하나님 나라 백성의 모형 완성
모압 언약 (신 29장)	언약을 지켜 행하라	네 열조와 맹세한 대로	네 열조와 맹세한 땅	너희는 내 백성 나는 네 하나님	2세들을 위한 시내 산 언약 재교육
여호수아 언약 (수 21장)		그 열조에게 맹세한 대로	온 땅을 다 주심	모든 대적을 그들의 손에 붙임	하나님 나라의 모형 완성 선포
세겜 언약 (수 24장)	여호와만 섬기라	백성들의 고백		언약의 증거돌을 세우심(약속 확인)	언약을 완성하신 후 백성들을 재교육

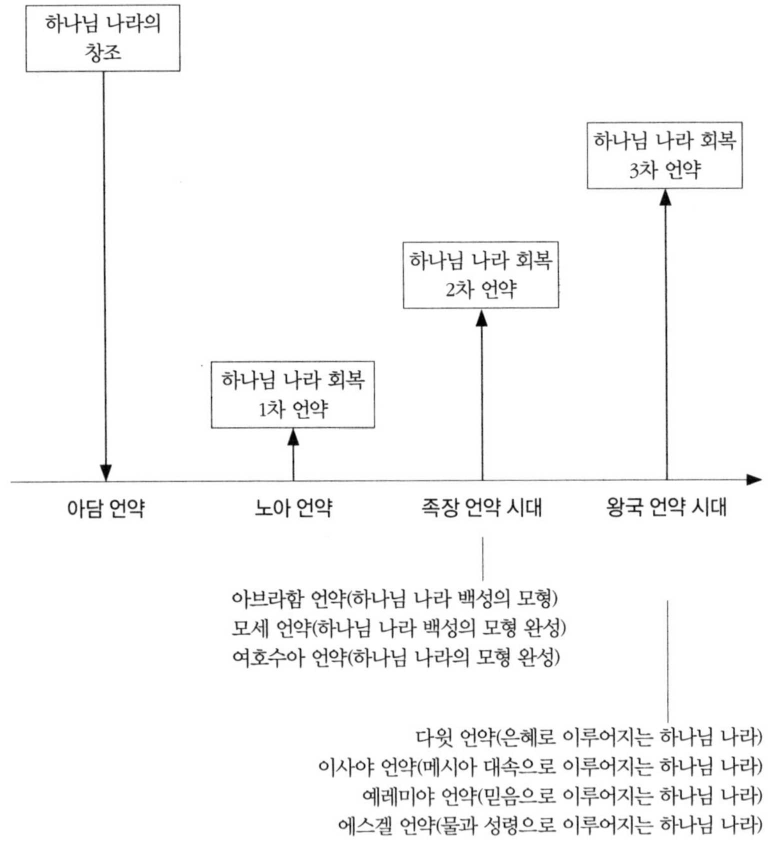

구약에 나타난 언약의 하나님 나라 통일성

보다 깊은 질문

*가나안 땅에 들어간 사람만 구원받는가? 그렇지 않으면 언약의 모든 이스라엘 백성이 구원받는가?

앞의 아브라함 언약에서 이미 살펴본 바와 같이, 언약은 인간의 순종적 책임에 관계없이 불변적인 것이며, 구원은 인간의 행위에 관계없이 언약에 대한 믿음에 의해 받는 것이라면, 시내 산에서 온 이스라엘 백성들이 하나님의 언약에 "여호와의 명대로 우리가 행하리이다"(출 19:8)라고 믿음을 고백하였으므로 모든 이스라엘 백성은 구원받았다고 해석해야 하는가? 그렇지 않으면 가나안은 하나님 나라의 상징이므로 믿음으로 가나안 땅에 들어간 여호수아와 갈렙과 그리고 가나안 땅에 들어간 그 후손들만 구원받았다고 해석해야 하는가?

하나님 나라 모형인 가나안

하나님의 언약이 아브라함 개인과의 언약에서는 문제가 되지 않았으나, 시내 산 언약에서 애굽에서 인도해 낸 이스라엘 민족을 상대로 선포하신 집단적 공동체의 언약에서는 이러한 문제에 봉착함을 부인할 수 없다.

즉 성경은 하나님께서 "아브람이 여호와를 믿으니 이를 의로 여기셨다"(창 15:6)라고 분명히 언급하고 있으나, 시내 산 언약 이후에 이스라엘 백성에 대해서는 언급이 없을 뿐더러 시내 산에서 하나님과 언약을 맺은 이스라엘 백성 중에서 여호수아와 갈렙 이외에는 가나안 땅에 들어간 사람이 없음을 말하고 있으므로, 시내 산 언약으로 구원받은 사람은 여호수아와 갈렙뿐인가? 아니면 시내 산 언약의 당사자들 모두가 언약의 불변성에 의해 구원받았다고 해석해야 하는가? 이런 질문이 생기지 않을 수 없는데, 이 문제에 대해 먼저 출애굽 사건과 가나안 정착의 역사적 사건의 의미에 대해 생각해 보도록 하겠다.

이 문제에 대해 우리가 먼저 이해해야 할 것은, 이스라엘 백성들이 출애굽하였다는 사실 자체가 곧 그들의 구원을 의미하는 것이 아니며, 이스라엘 백성들이 가나안에 도착하였다는 사실 자체가 곧 그들의 구원을 의미하는 것도 아니라는 것이다.

애굽의 노예 생활에서 탈출하였다는 출애굽의 역사적 사건은 죄와 사탄의 노예였던 우리 인간이 하나님의 은혜로 죄와 죽음에서 해방되어 구원받는다는 사실을 영적으로 나타내기 위한 가시적인 예표이며, 이스라엘 백성들이 가나안에 정착하는 역사적 사건은 구원받은 백성들이 새 하늘과 새 땅인 하나님 나라에 들어감을 나타내는 가시적 예표이다.

즉 출애굽 사건이나 가나안 사건은 그 자체가 구원을 의미하는 것이 아니라, 눈으로 볼 수 없는 구원의 비밀을 눈에 보이는 역사적 사건을 통하여 깨닫고 믿게 하시기 위한 가시적 모형에 불과한 것이다.[44)]

따라서 출애굽한 모든 이스라엘 백성들이 구원받았다고도 볼 수 없으며, 가나안에 들어가지 못한 이스라엘 백성들이 모두 구원받지 못했다고도 해석할 수 없다.

우리는 이러한 사실을 성경에서도 발견할 수 있는데, 모세는 비록 가나안에 들어가지 못했지만 하나님 나라에서 예수님과 함께 있다는 사실을 변화산 사건을 통하여 그가 구원받았음을 충분히 알 수 있다(마 17:3).

아브라함이 여호와를 믿으니 여호와께서 이를 의로 여기셨다는(창 15:6) 말씀과 같이 그 당시에도 하나님의 말씀을 그대로 믿은 자는 구

---

44) 가나안 지역에 눈에 보이는 실제적 하나님 나라를 통하여 장차 완성하실 하나님 나라 백성을 확장해 나가시려는 하나님의 계획을 발견할 수 있다. 즉 눈에 보이는 하나님 나라를 통하여 눈에 보이지 않는 영원한 하나님 나라를 확장해 나가시려는 것이다.

원을 받았을 것이고, 믿지 않은 자는 구원받지 못했을 것이다.

언약의 보편적 일반성과 유효적 특수성

구원이 이렇게 하나님 말씀에 대한 믿음에 의한 것이라면, 시내 산에서 "예 우리가 다 행하리이다"(출 19:8)라고 서약한 언약의 대상이 되었던 모든 이스라엘 백성들이 구원받았다고 해석할 수 있을까 하는 문제에 대해 생각해 보자.

그런데 우리는 이 문제를 생각해 보기에 앞서, 앞의 아브라함 언약에서의 언약은 믿음의 기초 위에 세워진다는 사실을 이미 살펴보았다. 즉 아무리 온 이스라엘 백성들 앞에 언약이 선포되었다 하더라도 하나님의 언약은 이 언약을 믿을 것을 전제로 하여 이 언약을 믿는 자에게 언약하시는 것이다.

따라서 하나님께서는 모든 이스라엘 백성들에게 보편적으로 언약을 선포하셨다 하더라도(언약의 보편적 일반성, universal generality of the covenant) 이 언약을 믿고 지킬 사람을 상대로 하여 선포하신 것이지, 믿지 않을 사람을 상대로 하여 선포하신 것이 결코 아니다(언약의 유효적 특수성, effective speciality of the covenant).[45)]

그러므로 비록 시내 산에서 모든 이스라엘 백성들에게 이 언약이 선포되었고 모든 백성들이 이 언약을 준수하겠다고 비록 입으로 맹세하였다 하더라도, 진정으로 이 언약을 믿는 사람들에게만 이 언약의 효력이 나타나는 것이다.

---

45) 본인은 복음의 일반성과 특수성과 같이 언약에서도 동일한 개념을 적용시켜 언약의 보편적 일반성(universal generality of the covenant)과 언약의 유효적 특수성(effective specialty of the covenant)이라고 이름 붙였다.

이러한 언약의 성격을 본인은 언약의 보편적 일반성(universal generality of the covenant)과 유효적 특수성(effective speciality of the covenant)이라고 표현하였는데, 이는 복음이 모든 사람들에게 전파된다 하더라도 이 복음을 믿는 사람들에게만 이 복음의 축복을 누리는 것과 마찬가지인 것이다. 즉 복음이 모든 사람들에게 선포되어 그 복음을 듣고 많은 사람들이 교회에 나와 하나님께 예배드린다 해도 이 모든 사람들이 다 구원을 받았다고는 볼 수 없는 것이다. "물과 성령으로 거듭나지 않고서는 하나님 나라에 들어갈 수 없느니라"(요 3:5)는 말씀과 같이 오직 성령의 능력과 은혜로 하나님의 언약의 말씀을 진정으로 믿고, 예수 그리스도의 십자가 보혈의 은혜를 진정으로 믿는 사람만이 구원의 축복을 누리는 논리와 동일하기 때문이다.[46)]

따라서 비록 모든 백성이 "여호와의 명하신 대로 우리가 다 행하리이다"(출 19:8)라고 이 언약에 응답하였다 하더라도, 이 모든 백성이 이 언약을 진정으로 믿었다고 해석할 수 없다. 이와 같은 사실은 이후에 계속되는 이스라엘 백성들의 불신앙의 모습에서도 발견할 수 있지만, 교회 안에 알곡과 가라지가 있다는 성경의 말씀을 통해서도 충분히 알 수 있다.[47)]

---

46) 복음의 이러한 성격을 신학적 용어로 복음의 일반적 소명(general calling of the gospel)과 유효적 소명(effective calling of the gospel)이라고 분리하여 부른다. 좀 더 자세한 내용은 본인의 syllabus (Cohen University & Seminary 발행) 《인간의 의지와 하나님의 선택》 제2편 "하나님의 부르심(소명)" 편을 참조 바람.

47) 마태복음 3장 12절, 누가복음 3장 17절

제4장 사사 시대

가나안 정착 이후 실패를 거듭하는 사사 통치의 400년
(B.C. 1450-B.C. 1050)
사사기, 룻기, 사무엘상 1장-8장

하나님께서는 언약의 말씀대로 이스라엘 백성들로 하여금 드디어 약속의 땅 가나안에 정착하게 하셨다. 가나안에 들어가면 먼저 그 지역에 살고 있는 모든 이방 족속들을 진멸하라고 명령하셨지만, 이스라엘 백성들은 그들이 두려워 그들과 타협하고 공존하는 불순종의 죄를 범한다. 그래서 그들은 그들이 진멸치 않은 가나안 족속들로부터 끊임없이 침략을 당하는 고초를 겪게 된다.

그들이 고통을 당할 때 하나님께서는 사사를 보내어 하나님의 말씀에 순종케 하시고 그들을 고통에서 구해내시나, 이스라엘 백성들은 또다시 하나님의 말씀에 불순종하여 고통을 받는다.

사사 시대는 가나안에 정착한 이스라엘 백성들이 하나님의 말씀에 불순종할 때는 가나안 지역에 살던 원주민들로부터 고통을 당하고, 하나님의 말씀에 순종할 때는 하나님의 은혜로 축복을 누리며 사는 삶이 반복되는 죄의 악순환의 시기이다.

1. 정결을 요하는 하나님 나라

1) 하나님 나라 백성의 정결

(질문 4-1-1) 다음과 같은 말씀은 하나님 나라와 어떤 의미가 있다고 생각하나요?

신 13:12-15a "네 하나님 여호와께서 네게 주어 거하게 하시는 한 성읍에 대하여 네게 소문이 들리기를 너희 중 어떤 잡류가 일어나서 그 성읍 거민을 유혹하여 이르기를 너희가 알지 못하던 다른 신들을 우리가 가서 섬기자 한다 하거든 너는 자세히 묻고 살펴보아서 이런 가증한 일이 참 사실로 너희 중에 있으면 너는 마땅히 그 성읍 거민을 칼날로 죽이고"

하나님께서 하나님 나라의 영토로 준비하신 가나안 지역은 열 족속이나 되는 민족들이 서로 다투며 이방 신들을 섬기는 지역이었다. 그래서 하나님께서는 그곳 주민들을 철저히 진멸할 것을 요구하시는데, 이는 곧 그들이 섬기는 이방 신들을 섬길까 염려함 때문인 것을 알 수 있다.

하나님 나라는 이와 같이 철저히 하나님만 섬기는 영적 순결이 요구되는데, 이는 하나님 나라 백성에게 요구되는 철저한 순결의 조건이다. 즉 "내가 거룩하니 너희도 거룩하라"는 것이다.

거룩 קָדוֹשׁ(카도시)은 다른 것과 구별되는 유일성이다. 곧 다른 것들과 동화되어서도 안 되고 섞여서도 안 되는, 철저히 다른 것들과 구별되는 순결성을 요구하시는 하나님의 모습을 발견할 수 있다.

2) 하나님 나라 영토의 정결

(질문 4-1-2) 다음과 같은 말씀은 하나님 나라와 어떤 의미가 있다고 생각하나요?

신 3:15b-16 "그 성읍과 그중에 거하는 모든 것과 그 생축을 칼날로 진멸하고 또 그 속에서 빼앗아 얻은 물건을 다 거리에 모아놓고 그 성읍과 그 탈취물 전부를 불살라 네 하나님 여호와께 드릴지니 그 성읍은 영영히 무더기가 되어 다시는 건축됨이 없을 것이니라"

그리고 하나님께서는 그곳 거민들만 진멸할 것이 아니라 그 성읍에 거하는 모든 짐승들까지 진멸하고 그 성읍과 물건들을 모두 불사를 것을 지시하신다. 이는 곧 하나님 나라는 그 백성들만 정결을 요구하는 것이 아니라 하나님 나라의 영토도 정결해야 함을 요구하시는 것이다.

그래서 그 성읍이 다시는 우상을 섬기는 땅으로 다시 회복되는 일이 없도록 하신다.

3) 하나님의 주권적 통치

(질문 4-1-3) 다음과 같은 말씀은 하나님 나라와 어떤 의미가 있다고 생각하나요?

신 3:17 "너는 이 진멸할 물건을 조금도 네 손에 대지 말라 그리하면 여호와께서 그 진노를 그치시고 너를 긍휼히 여기시고 자비를 더하사 너의 열조에게 맹세하심같이 네 수효를 번성케 하실 것이라"

그리고 그들이 소유한 물건까지 손대지 말 것을 요구하시는데, 이 손대지 말라는 뜻은 만지지 말라는 의미가 아니라 그 물건을 자신의 물건으로 취하지 말라, 즉 소유하지 말라는 것이다. 그리하면 하나님께서 너희들을 긍휼히 여기사 자비를 베푸시고 약속의 축복을 허락하신다는 것이다.

즉 모든 재물과 축복, 인간의 생사화복은 하나님께로부터 온다는 하나님의 주권적 통치 사상을 철저하게 가르치고 계신다.

하나님 나라의 성격

하나님께서 가나안에 정착하기 전에 이스라엘 백성들에게 요구하신 사항들은, 곧 하나님 나라의 성격을 잘 설명한 것이며 하나님 나라의 요구사항이다. 하나님 나라는 거룩한 곳이다. 그래서 백성들이 정결해야 하며 그 영토가 정결해야 한다. 따라서 모든 우상을 버리고 하나님만을 공경하여야 하며 다른 것들과 혼합되거나 공존할 수 없는 철저히 분리된 거룩성을 지켜야 한다.

그리고 하나님 나라는 온전히 하나님의 뜻에 의해 다스려지는 하나님의 주권적 통치가 이루어지는 곳이다. 따라서 하나님 나라 백성들은 하나님의 말씀에 절대적으로 순종하는 삶을 살아야 하며, 이렇게 순종하는 삶을 살 때 하나님께서 책임지시고 약속하신 축복을 허락하신다.

2. 불순종하는 백성(삿 1:19-34)

1) 겁먹은 유다 지파

(질문 4-2-1) 가나안에 정착한 유다 지파의 모습은 어떠했나요?

삿 1:19 "여호와께서 유다와 함께 하신 고로 그가 산지 거민을 쫓아내었으나 골짜기의 거민들은 철병거가 있으므로 그들을 쫓아내지 못하였으며"

즉 유다 족속들은 산지의 거민은 쫓아내었으나 골짜기의 거민들은 그들이 철병거를 가지고 있는 강한 군대이므로 그들이 두려워서 대적하여 쫓아내지 못하고 그들과 함께 공존하며 살았음을 알 수 있다.

2) 타협하는 베냐민 지파

(질문 4-2-2) 가나안에 도착한 베냐민 지파의 모습은 어떠했나요?

삿 1:21 "베냐민 자손은 예루살렘에 거한 여부스 사람을 쫓아내지 못하였으므로 여부스 사람이 베냐민 자손과 함께 오늘날까지 예루살렘에 거하더라"

베냐민 지파 족속들은 예루살렘에 거하는 여부스 족속을 진멸하지 못하고 그들과 타협하며 함께 살았음을 알 수 있다.

3) 실패를 거듭하는 백성들

7번 반복되는 실패의 악순환

(1) 범죄하는 백성들(간음하는 신부)

(질문 4-2-3) 가나안에 도착한 이스라엘 백성들의 영적 모습은 어떠했나요?

삿 3:5-7 "이스라엘 자손은 마침내 가나안 사람과 헷 사람과 아모리 사람과 브리스 사람과 히위 사람과 여부스 사람 사이에 거하여 그들의 딸들을 취하여 아내를 삼으며 자기 딸들을 그들의 아들에게 주며 또 그들의 신들을 섬겼더라 이스라엘 자손이 여호와 목전에

악을 행하여 자기들의 하나님 여호와를 잊어버리고 바알들과 아세라들을 섬긴지라"

이방 신을 섬기는 가나안 백성들을 진멸하라는 하나님의 명령을 받았지만 이들이 두려워 진멸하지 못하고 이들과 함께 공존하여 살던 이스라엘 백성들은, 드디어 이들과 함께 결혼하여 한 가정을 이루며 살고 이들이 섬기는 바알과 아세라 등의 이방신들을 섬기기까지 한다.

(2) 진노하시는 하나님

(질문 4-2-4) 그러자 하나님께서는 어떤 조치를 취하시나요?

삿 3:8 "여호와께서 이스라엘에게 진노하사 그들을 메소보다미아 왕 구산 리사다임의 손에 파셨으므로 이스라엘 자손이 구산 리사다임을 팔 년을 섬겼더니"

그러자 하나님께서는 진노하시어 이스라엘 백성들로 하여금 이들 이방 민족의 침략을 받아 고통 받는 삶을 살게 하신다.

(3) 회개하는 백성들

(질문 4-2-5) 그러자 이스라엘 백성들은 어떤 태도를 보이나요?

삿 3:9a “이스라엘 자손이 여호와께 부르짖으매”

그러자 이스라엘 백성들은 회개하고 여호와 하나님을 부르짖으며 구원을 요청한다.

(4) 사사를 세워 구원하시는 하나님

(질문 4-2-6) 그러자 하나님께서는 또 어떤 조치를 취하시나요?

9b-11 “여호와께서 그들을 위하여 한 구원자를 세워 구원하게 하시니 그는 곧 갈렙의 아우 그나스의 아들 옷니엘이라 여호와의 신이 그에게 임하셨으므로 그가 이스라엘 사사가 되어 나가서 싸울 때에 여호와께서 메소보다미아 왕 구산 리사다임을 그 손에 붙이시매 옷니엘의 손이 구산 리사다임을 이기니라 그 땅이 태평한 지 사십 년에 그나스의 아들 옷니엘이 죽었더라”

이스라엘 백성들의 간구를 들으신 사랑의 하나님께서는 능력 있는 사사를 세우고 이스라엘 백성들을 이방 민족의 압제로부터 구해내시어 하나님 말씀에 순종하게 하시는데, 맨 처음 하나님께서 세우신 사사가 바로 옷니엘이다.

(5) 다시 범죄하는 백성들(다시 간음하는 신부)

(질문 4-2-7) 그 후 이스라엘 백성들의 삶의 모습은 어떠하였나요?

12-14절 “이스라엘 자손이 또 여호와의 목전에 악을 행하니라 이스라엘 자손이 여호와의 목전에 악을 행하므로 여호와께서 모압 왕 에글론을 강성케 하사 그들을 대적하게 하시매 에글론이 암몬과 아말렉 자손들을 모아가지고 와서 이스라엘을 쳐서 종려나무 성읍을 점령한지라 이에 이스라엘 자손이 모압 왕 에글론을 십팔 년을 섬기니라”

옷니엘에 의해 40년간을 편안하게 살아가던 이스라엘 백성들은 또 다시 여호와의 목전에서 악을 행한다. 그러자 하나님께서는 이번에는 모압 민족을 통하여 18년간 압제의 고통을 당하게 하신다.

이렇게 이스라엘 백성들이 하나님의 말씀을 반역하며 악을 행할 때마다 하나님께서는 이들로 하여금 고통을 받게 하시어 그 고통을 통하여 회개하고 하나님께 돌아오게 하시고, 이들이 회개하고 하나님께 돌아오면 사사를 세워 이방인들의 압제로부터 해방시켜 고통을 면하게 하신다.

반복되는 회개와 불순종

이렇게 이스라엘 백성들이 하나님을 배반하고 이방인들과 함께 이방 신을 섬기면 이스라엘 백성들은 이방 민족들의 침략을 받아 고통을 받으나, 이들이 회개하면 하나님께서는 사사를 세워 이방인들의 압제로부터 이스라엘 백성들을 구해 내신다.

이러한 죄악과 회개가 7번이나 반복되는 사사 시대는 약 400년간

지속되는데, 그 내용들을 요약해 보면 다음과 같다.[48)]

400년 사사 시대의 개요

성경	정복자	압제 년수	구원자(사사)	평화 기간
3:1-11	메소포타미아	8년	옷니엘	40년
3:12-31	모압	18년	에훗	80년
4:1-5:31	가나안	20년	드보라	40년
6:1-8:32	미디안	7년	기드온	40년
8:33-10:5	자체 내분	부정확	돌라/야일	45년
10:6-12:15	암몬	18년	입다	31년
13:1-16:31	블레셋	40년	삼손	20년

(질문 4-2-8) 이스라엘 백성들의 400년 사사 시대의 삶은 언약과 어떤 관계가 있으며, 이러한 언약이 현재 우리들의 삶과는 어떤 연관이 있다고 생각하나요?

수 24:19-21 "여호수아가 백성에게 이르되 너희가 여호와를 능히 섬기지 못할 것은 그는 거룩하신 하나님이시요 질투하는 하나님이시니 너희 허물과 죄를 사하지 아니하실 것임이라 만일 너희가 여호와를 버리고 이방신들을 섬기면 너희에게 복을 내리신 후에라도 돌

48) 고대 가나안과 이집트 지역의 기록이 담긴 Tel El Amarna 서신(19세기 발견)의 기록에 의하면, 가나안 일경에 '하비루'라는 무리들이 골칫거리로 등장했다는 기록을 볼 때 이 '하비루'는 '히브리' 민족을 뜻하는 듯하다. '히브리'라는 단어는 '침략자' '이방인' 등의 의미를 갖는다. W.J. Dumbrell, *Covenant and Creation*, Thomas Nelson Publishers, 1984, p.202 참조

이켜 너희에게 화를 내리시고 너희를 멸하시리라 백성이 여호수아에게 말하되 아니니이다 우리가 정녕 여호와를 섬기겠나이다"

하나님의 언약은 너희가 내 말을 듣고 내 율례를 지켜 행하면 내가 너희 하나님이 되어 너희를 축복하고 내 말에 순종하지 않을 때는 벌하시겠다는 것인데, 이 언약의 말씀이 사실 그대로 입증된 것이 이스라엘 백성들의 400년 사사시대의 삶이라고 말할 수 있다. 그런데 이러한 하나님의 언약은 현대를 사는 우리 구원받은 백성들에게도 그대로 적용된다.

롬 8:3-4 "율법이 육신으로 말미암아 연약하여 할 수 없는 그것을 하나님은 하시나니 곧 죄를 인하여 자기 아들을 죄 있는 육신의 모양으로 보내어 육신에 죄를 정하사 육신을 좇지 않고 그 영을 좇아 행하는 우리에게 율법의 요구를 이루어지게 하려 하심이니라"

BIBLE

제3부

왕국 언약 시대 (새 언약 선포 시대)

사울 왕 시대부터 - 예수님 탄생 이전까지의 시대
(사무엘상 10장 - 말라기)
(B.C. 1050 - 구약 끝)

•제5장 통일왕국 시대•

사울, 다윗, 솔로몬 왕의 시대 120년
(B.C. 1050-B.C. 930)
다윗 언약 (사무엘하 7장)

•제6장 분열왕국 시대•

남북으로 분열된 이후 남유다 멸망까지
(B.C. 930-B.C. 586)
이사야 언약 (이사야 53장)
예레미야 언약 (예레미야 31장)

•제7장 포로 시대•

남북 이스라엘 멸망 - 구약 끝까지
(B.C. 586-B.C. 340?)
에스겔 언약 (에스겔 36장)

하나님께서는 아브라함과 그 후손들을 통해 언약을 맺으시고 그들의 왕이 되시어 그들을 통치하셨으나, 그들은 하나님의 통치를 거부하고(삼상 8:7) 열방 나라 백성들과 같이 사람으로 왕을 세워 통치를 받는다(삼상 11:15). 그러자 하나님께서는 선지자를 세워 백성들을 통치하시지만(삼상 9:9), 그들은 왕궁에서조차 이방신들을 섬기며(왕상 18:19) 하나님을 배반하고 언약을 파기한다. 그러자 하나님께서는 할 수 없이 그들을 이방 나라의 침략을 받아 나라 잃은 백성으로 만드신 후, 이제는 더 이상 그들을 기대하지 않으시고 은혜로 하나님 나라를 세우시겠다는 새 언약을 선포하신다.

제5장 통일왕국 시대

통일왕국 시대 (B.C. 1050-B.C. 930)
사울, 다윗, 솔로몬 왕의 120년 시대

사울 시대(B.C. 105 0- B.C. 1010)
다윗 시대(B.C. 1010 - B.C. 970)
솔로몬 시대(B.C. 970 - B.C. 930)

역사서

사무엘상 : 사무엘-사울 왕까지의 사건을 기록한 성경
사무엘하, 역대상 : 다윗 왕 시대의 사건을 기록한 성경
열왕기상 1장-11장 : 솔로몬 왕 시대의 사건을 기록
역대상 10장-끝 : 다윗 왕 시대의 사건을 기록
역대하 1장 - 9장 : 솔로몬 왕 시대의 사건을 기록
(사무엘서, 열왕기서의 저자는 미상이며 역대서의 저자는 에스라임)

시가서

시편 - 다윗 외에 약간 명
하나님을 찬양하고 기도하고 감사하는 인간의 감정을 기록한 시를 통해 나타난 하나님의 계시의 말씀
잠언 - 솔로몬
하나님을 경외하는 것이 지혜의 근본임을 가르치는 교훈
전도서 - 솔로몬
하나님을 떠난 인생의 모든 것이 헛됨을 가르치는 교훈

1. 하나님의 통치를 거부하는 백성들

1) 왕을 세우는 백성들

(질문 5-1-1) 다음의 성경 말씀은 하나님의 언약에 어떤 의미가 있나요?

삼상 8:6-7 "우리에게 왕을 주어 우리를 다스리게 하라 한 그것을 사무엘이 기뻐하지 아니하여 여호와께 기도하매 여호와께서 사무엘에게 이르시되 백성이 네게 한 말을 다 들으라 그들이 너를 버림이 아니요 나를 버려 자기들의 왕이 되지 못하게 함이니라"

열방들의 잦은 침략으로 고통을 당하던 이스라엘 백성들은 자기들의 죄를 회개하기는커녕 이제는 사사들에 의해서 다스려지는 하나님의 통치를 거부하고 열방의 나라와 같이 "우리도 왕을 세워 나라를 다스리게 하라"고 요구한다.

그런데 이스라엘 백성들의 이러한 주장은 하나님의 언약을 파기하겠다는 아주 중대한 선언이다. 즉 하나님의 통치를 받지 않고 인간의 통치를 받겠다는 백성들의 이러한 주장은 하나님의 주권적 통치를 거부하는, 즉 "너희는 내 백성이 되리라"는 언약의 근본을 파기하는 아주 중대한 의미를 갖는 것이다.

(질문 5-1-2) 다음의 성경 말씀은 누가 사울을 왕으로 삼았음을 말하고 있나요?

삼상 11:15 "모든 백성이 길갈로 가서 거기서 여호와 앞에 사울로 왕을 삼고 거기서 여호와 앞에 화목제를 드리고 사울과 이스라엘 모든 사람이 거기서 크게 기뻐하니라"

하나님께서는 백성의 요구대로 왕을 세우게 하시어 신정정치에서 왕정정치로 하나님의 통치 방법을 바꾸신다. 이에 백성들은 기름 부음을 받은 사울을 자기들의 왕으로 세워 왕의 통치를 받는다. 그러나 여기서 한 가지 주의를 기울여 살펴야 할 사실은, 사울이 선지자 사무엘로부터 하나님의 명을 받아 기름 부음을 받았지만 하나님은 그를 왕으로 부르지 않았다는 사실이다.

삼상 10:1 "이에 사무엘이 기름병을 취하여 사울의 머리에 붓고 입맞추어 가로되 여호와께서 네게 기름을 부으사 그 기업의 지도자를 삼지 아니하셨느냐"

즉 사무엘이 사울의 머리에 기름 부을 때 하나님께서는 그를 '왕'으로 기름 부어 세우신 것이 아니고 '지도자'의 의미를 갖는 נגיד(나기드)로 기름 부으셨다는 사실이다.

이로 볼 때 하나님께서는 백성들이 원하여 그들의 소견대로 왕을 세우게 하셨지만, 이 왕이라는 직책은 하나님께서 세우신 것이 아니고 백성들이 만들어 부른 것이라는 사실을 알 수 있다.

2) 선지자를 세우시는 하나님

(질문 5-1-3) 성경은 다음과 같이 사무엘 시대를 전후로 선지자를 구분하고 있음을 의도적으로 밝히고 있는데, 그 이유는 무엇이라고 생각하나요?

삼상 9:9 "(옛적 이스라엘에 사람이 하나님께 가서 물으려 하면 말하기를 선견자에게로 가자 하였으니 지금 선지자라 하는 자를 옛적에는 선견자라 일컬었더라)"

즉 선지자라는 개념의 직접적인 출발은 모세로부터 시작된다고 생각할 수 있으나, 이 선지자의 개념이 하나님께서 택하신 백성들과의 언약에 기초하여 그 택하신 백성들에게 당신의 말씀을 전달하기 위해 세우신 직분이라는 사실로 비추어 볼 때 멀게는 아브라함으로부터 시작된다고 생각하지 않을 수 없다. 그래서 우리는 아브라함 이후 모세나 여호수아와 모든 사사들을 선지자로 해석할 수 있는 것이다. 그렇다면 성경은 왜 이렇게 사무엘 이전의 선지자를 선견자로 기록하여 사무엘 이후의 선지자와 구별하고 있는가?

그것은 바로 하나님의 변화된 통치 방법을 의도적으로 나타내시기 위함이다.

즉 하나님께서는 당신의 백성들이 하나님의 통치를 거부하고 열방들과 같이 왕을 세워 왕의 통치를 받겠다고 하자 그들의 소원대로 왕을 세우도록 내버려 두시지만, 신실하신 하나님께서는 당신의 백성들과 맺은 언약에 따라 그들의 하나님이 되심을 포기하지 않으신다.

그래서 하나님께서는, 왕에게는 세상적 통치권만 주시고, 하나님께

서는 선지자를 세우시어 계속하여 당신의 백성들을 말씀으로 통치하시겠다는 의지를 보이시는 것이다.[49]

(질문 5-1-4) 위의 결과로 왕국 언약 시대에 나타나는 하나님의 통치 방법상 특별한 모습을 발견할 수 있는데, 그 가장 큰 특징은 무엇이라고 말할 수 있나요?

선지자 역할의 증대

왕정 시대 이후로 나타나는 성경상의 특징을 살펴보면, 선지자의 역할이 뚜렷하게 증대되었음을 알 수 있다. 그래서 왕이 통치를 그릇되게 할 때는 하나님께서 선지자를 보내어 백성을 올바로 통치하도록 하시는데, 사울 왕 시절의 사무엘 선지자, 다윗 왕 시절의 나단 선지자 등을 필두로 이사야, 예레미야, 에스겔, 엘리야, 엘리사 등 수많은 선지자들을 통하여 자신의 백성들을 말씀으로 통치하시는 모습을 볼 수 있는 것이다.

즉 선지자들의 역할을 더 강화시켜 백성들을 말씀으로 통치하시려는 하나님의 의도를 발견할 수 있다.

---

49) רָאֶה(로에, Seer, 선견자)는 '보다, 관찰하다, 경험하다, 체험하다'의 의미인 ראה(라아)에서 파생된 말이고 נָבִיא(나비, Prophet, 선지자)는 '선포하다'의 의미인 בָנָא(나바)에서 파생된 말이다. רָאֶה(로에, Seer, 선견자)나 נָבִיא(나비, Prophet, 선지자)가 앞에서 언급한 바와 같이 다 같이 하나님의 뜻을 백성들에게 전달하고 알리는 동일한 직분이었던 사실을 부인할 수 없으나, נָבִיא(나비, Prophet, 선지자)는 단지 하나님의 말씀(뜻)을 백성들에게 선포하여 전달하는 역할을 담당한 자로 본다면, רָאֶה(로에, Seer, 선견자)는 족장이나 사사들과 같이 하나님의 말씀(뜻)을 백성들에게 전달함은 물론 그 말씀으로 직접 백성들을 통치하는 통치자적 개념까지 포함한다고 해석할 수 있다. 따라서 선견자의 개념이 선지자의 개념보다 좀 더 폭넓은 권위를 가지고 있다고 생각할 수 있다[성서교재(주), 그랜드 종합주석, 제5권 p.143 참고].

2. 왕의 통치

1) 백성에게 높임 받으려는 사울 왕

(질문 5-2-1) 하나님께서 사울의 왕위를 그치게 하신 동기가 된 사건은 무엇이며, 이 사건이 그렇게도 중요한 실수가 되는 이유는 무엇인가요?

삼상 13:8-14 "사울이 사무엘의 정한 기한대로 이레를 기다리되 사무엘이 길갈로 오지 아니하매 백성이 사울에게서 흩어지는지라 사울이 가로되 번제와 화목제물을 이리로 가져오라 하여 번제를 드렸더니 번제 드리기를 필하자 사무엘이 온지라 사울이 나가 맞으며 문안하매 사무엘이 가로되 왕의 행한 것이 무엇이뇨 사울이 가로되 백성은 나에게서 흩어지고 당신은 정한 날 안에 오지 아니하고 블레셋 사람은 믹마스에 모였음을 내가 보았으므로 이에 내가 이르기를 블레셋 사람은 나를 치러 길갈로 내려오겠거늘 내가 여호와께 은혜를 간구치 못하였다 하고 부득이하여 번제를 드렸나이다 사무엘이 사울에게 이르되 왕이 망령되이 행하였도다 왕이 왕의 하나님 여호와께서 왕에게 명하신 명령을 지키지 아니하였도다 그리하였더면 여호와께서 이스라엘 위에 왕의 나라를 영영히 세우셨을 것이어늘 지금은 왕의 나라가 길지 못할 것이라 여호와께서 왕에게 명하신 바를 왕이 지키지 아니하였으므로 여호와께서 그 마음에 맞는 사람을 구하여 그 백성의 지도자를 삼으셨느니라"

백성들이 왕으로 세운 사울 왕이 처음에는 하나님의 말씀에 순종하며 나라를 잘 이끌어가다, 선지자인 사무엘이 드려야 하는 제사를 자신이 드리는 실수를 범하여 왕위에서 물러나게 되는데, 사울 왕이 범한 이러한 실수는 단순한 실수가 아니라 하나님께서 세워 놓으신 질서를 파괴하는 아주 중대한 범죄이다.

즉 하나님께서는 백성들의 요구에 따라 왕을 세워 이스라엘 백성들을 통치하게 하시되 왕에게는 세상적인 일만 통치하게 하시고 하나님 나라의 일은 따로 선지자를 세우시어 세상 일과 하나님 나라 일을 분명히 분리시켜 놓으셨는데, 사울 왕은 하나님께서 세워 놓으신 이 질서를 무시하고 자기가 제사장을 대신하여 제사를 드렸던 것이다. 그래서 하나님께서는 이렇게 하나님의 질서를 무시하고 불순종한 사울 왕 대신 다른 왕 다윗을 왕으로 세우셨다.

(질문 5-2-2) 사울 왕이 이러한 실수를 범하게 된 근본 동기가 어디에 있다고 생각하나요?

삼상 15:22-24 "사무엘이 가로되 여호와께서 번제와 다른 제사를 그 목소리 순종하는 것을 좋아하심같이 좋아하시겠나이까 순종이 제사보다 낫고 듣는 것이 숫양의 기름보다 나으니 이는 거역하는 것은 사술의 죄와 같고 완고한 것은 사신 우상에게 절하는 죄와 같음이라 왕이 여호와의 말씀을 버렸으므로 여호와께서도 왕을 버려 왕이 되지 못하게 하셨나이다 사울이 사무엘에게 이르되 내가 범죄하였나이다 내가 여호와의 명령과 당신의 말씀을 어긴 것은

내가 백성을 두려워하여 그 말을 청종하였음이니이다

백성들에 의해 왕이 된 사울은 하나님보다도 자기를 왕으로 세운 사람들을 더 두려워하였던 것 같다. 즉 13장의 블레셋과의 전투에서 사무엘 선지자 대신 자기가 제사를 대신 드리게 된 동기도 바로 백성들이 자기를 떠나기 시작한 데 있음을 알 수 있다(13:8). 그런데 아말렉과의 전투에서도 사울이 또다시 하나님의 말씀보다는 백성들의 말을 더 두려워하여 중대한 실수를 범하는 일이 15장에 나온다.

하나님께서는 아말렉을 쳐서 아말렉 사람들뿐만 아니라 짐승들까지 모두 진멸하라고 명하셨으나(15:3), 사울은 아말렉의 아각 왕은 물론 짐승 중에서도 가장 좋은 살찐 양과 소를 남겨두어 하나님으로부터 또다시 큰 책망을 받는다. 그런데 이때 사울 왕은 이 모든 것이 백성들이 원하여 백성들의 뜻을 따라 하였음을 2번씩이나 반복하고 있음을 발견할 수 있다(15:15, 21).

이는 사울이 백성에게 책임을 전가하기 위해서라기보다는 사울이 진정으로 백성들의 여론을 두려워하고(15:24) 백성들로부터 인정받고 존경받기 위해 한 행동임을 15장 27-30절의 말씀에서도 알 수 있다. 사울은 이렇게 하나님보다는 백성들을 의식하여 백성들로부터 인정을 받고 백성들로부터 높임을 받으려고 사무엘의 옷자락까지 붙잡고 애걸하였다(27절).

2) 하나님을 감동시킨 다윗 왕

(질문 5-2-3) 그런가 하면 이스라엘의 두 번째 왕 다윗은 하나님의 마음을 감동시켜 하나님으로부터 내 마음에 합한 자라고 칭찬을 받는데, 다윗이 하나님으로부터 이러한 인정을 받게 된 근본 동기는 어디에 있다고 생각하나요?

삼하 6:15-16 “다윗과 온 이스라엘 족속이 즐거이 부르며 나팔을 불고 여호와의 궤를 메어 오니라 여호와의 궤가 다윗 성으로 들어올 때에 사울의 딸 미갈이 창으로 내다보다가 다윗 왕이 여호와 앞에서 뛰놀며 춤추는 것을 보고 심중에 저를 업신여기니라”

삼하 6:20-23 “다윗이 자기의 가족에게 축복하러 돌아오매 사울의 딸 미갈이 나와서 다윗을 맞으며 가로되 이스라엘 왕이 오늘날 어떻게 영화로우신지 방탕한 자가 염치 없이 자기의 몸을 드러내는 것처럼 오늘날 그 신복의 계집종의 눈 앞에서 몸을 드러내셨도다 다윗이 미갈에게 이르되 이는 여호와 앞에서 한 것이니라 저가 네 아비와 그 온 집을 버리시고 나를 택하사 나로 여호와의 백성 이스라엘의 주권자를 삼으셨으니 내가 여호와 앞에서 뛰놀리라 내가 이보다 더 낮아져서 스스로 천하게 보일지라도 네가 말한 바 계집종에게는 내가 높임을 받으리라 한지라 그러므로 사울의 딸 미갈이 죽는 날까지 자식이 없으니라”

백성들로부터 인정받고 존경을 받으려는 사울 왕과는 반대로 다윗 왕은 하나님을 사랑하고 하나님을 섬기는 일에 통치의 초점을 둔 듯하다.

그래서 다윗은 왕이 되자 하나님 임재의 상징인 법궤를 블레셋 민족에게서 도로 찾아올 것을 추진한다. 그 결과 드디어 20년 동안 블레셋 민족에게 빼앗겼던 법궤를 찾아온 다윗은 얼마나 기분이 좋았던지 왕의 체면과 권위도 잊은 채 춤을 추는데, 자기 옷이 내려가 계집종들 앞에서 알몸이 들어 나는 것도 모르고 기쁘게 춤을 추었던 것이다. 그래서 그의 아내 미갈로부터 책망을 들었지만 비록 내 몸이 이보다 더 비천한 모습이 된다 해도(6:22) 나는 나의 구원주 되시는 여호와 하나님 앞에 춤추며 뛰놀겠다고 고백하는(6:16) 다윗의 이러한 모습은, 백성들로부터 존경받고 인정받으려는 사울과는 정반대로 비록 백성들 앞에서는 천하게 보일지라도 하나님을 영화롭게 하고 하나님 한 분만을 높이려는 다윗의 진실된 마음을 발견하게 하는데, 다윗의 이러한 모습은 계속하여 나오는 7장의 말씀을 통해서도 잘 알 수 있다.

즉 다윗은, 자기는 백향목으로 지은 좋은 궁전에서 살건만, 여호와 하나님은 거하실 곳이 없어 좁은 휘장 안에 계신 것을 한탄하며 하나님의 거하실 성전을 건축할 것을 소원하는 것이다(7:2).

3. 다윗 언약(삼하 7: 8-16)

1) 영원한 왕국 언약(하나님 나라의 특성 1)

(질문 5-2-4) 이러한 다윗에게 하나님께서는 언약으로 응답하시는데 다음의

언약은 아브라함 언약과 어떤 연관성이 있다고 생각하나요?

삼하 7:8-9 "그러므로 이제 내 종 다윗에게 이처럼 말하라 만군의 여호와께서 이처럼 말씀하시기를 내가 너를 목장 곧 양을 따르는 데서 취하여 내 백성 이스라엘의 주권자를 삼고 네가 어디를 가든지 내가 너와 함께 있어 네 모든 대적을 네 앞에서 멸하였은즉 세상에서 존귀한 자의 이름같이 네 이름을 존귀케 만들어 주리라"

백성들 앞에 자신을 높이고자 하나님이 세워 놓으신 질서와 법도를 무시하며 하나님의 말씀에 불순종하였던 사울과는 반대로 다윗은 이렇게 자신이 백성들 앞에 인정받고 높임을 받기보다는 하나님을 높이고 하나님을 영화롭게 하는 데 통치의 초점을 둔다. 그래서 자신은 백향목 궁전에 살면서 하나님께서 거하실 전이 없음을 안타까이 여기어 하나님의 전을 건축할 것을 계획하자 하나님께서는 다윗의 그 마음을 갸륵히 보시어 다윗에게 언약을 선포하시는데 그 첫 번째 언약이 '네 이름을 존귀케 만들어 주겠다'는 언약이다.[50)]

네 이름을 존귀케 만들어 주겠다(영원한 하나님 나라 백성)

'이름을 존귀케 한다'는 말씀의 일반적인 의미는 '이름이 존귀하게 널리 알려지게 한다', '이름이 크게 떨치어 존경을 받게 한다' 등의 의미로 해석할 수 있으나 이는 곧 다음과 같이 '네 이름을 창대케 하겠

50) 사무엘하 7장에서는 '베리트' 즉 언약이란 표현을 직접 사용하지 않았지만 사무엘하 23장 5절에서는 분명히 (베리트)라고 표현하고있으며 사무엘하 6장, 7장의 해설편인 시편 89편 34절, 132편 12절에서도 분명히 (베리트)라는 표현을 사용하고 있음을 우리는 발견할 수 있다.

다', '복의 근원이 되게 하겠다', '열국의 아비가 되게 하겠다', '네 씨로 말미암아 천하 만민이 복을 받으리라'는 아브라함 언약과 동일한 언약으로 해석할 수 있다.

창세기 12장 - 너로 큰 민족을 이루고 네게 복을 주어 네 이름을 창대케 하리니 너는 복의 근원이 될지라(2절)

창세기 17장 - 너로 심히 번성케 하리라(2절), 열국의 아비가 되게 하리라(5절)

창세기 22장 - 네 씨를 하늘의 별과 같이 바다의 모래같이 많게 하리니(17절), 네 씨로 말미암아 천하 만민이 복을 받으리라(18절)

즉 '네 이름을 존귀케 만들어 주겠다'는 다윗 언약은 '네 이름을 창대케 하겠다'는 아브라함 언약과 동일한 언약으로 곧 하나님 나라 백성에 관한 언약인 것이다.

그래서 아브라함을 통하여 언약된 아브라함의 씨(후손)가 받을 축복이 곧 다윗의 후손을 통하여 나타날 것을 의미하는 것으로, 이는 다윗의 후손으로 태어난 메시아 예수 그리스도를 통하여 인류 구원의 축복이 이루어질 것을 약속하시는 것이다.

(질문 5-2-5) 다음의 언약은 아브라함 언약과 어떤 연관성이 있다고 생각하나요?

삼하 7:10-13 "내가 또 내 백성 이스라엘을 위하여 한곳을 정하여 저희를 심고 저희로 자기 곳에 거하여 다시 옮기지 않게 하며 악한 유로 전과 같이 저희를 해하지 못하게 하여 전에 내가 사사를 명하여 내 백성 이스라엘을 다스리던 때와 같지 않게 하고 너를 모든 대적에게서 벗어나 평안케 하리라 여호와가 또 네게 이르노니 여호와가 너를 위하여 집을 이루고 네 수한이 차서 네 조상들과 함께 잘 때에 내가 네 몸에서 날 자식을 네 뒤에 세워 그 나라를 견고케 하리라 저는 내 이름을 위하여 집을 건축할 것이요 나는 그 나라 위를 영원히 견고케 하리라"

네 나라(땅)를 견고케 하리라(영원한 하나님 나라의 영토)

그 다음으로 언약하신 것은 영원히 견고한 나라를 세우겠다는 것이다. 즉 전에는 이방인들의 침략을 받아 땅을 빼앗겨 옮겨 다니는 일이 있었지만, 이제는 전과 같이 옮기지 않고 평안히 살도록 대적을 제하여 그 나라를 영원히 견고케 하시겠다는 이 언약은, 열방의 대적들을 완전히 물리치고 언약에서 약속하신 하나님 나라의 영토를 영원히 견고케 하시겠다는 의미이다. 이는 곧 다음과 같은 아브라함 언약에서 약속하신 하나님 나라의 땅(영토)을 영원히 견고케 하시겠다는 의미인 것이다.

창세기 13장 - 보이는 땅을 너와 네 자손에게 주리라(15절), 그 땅을 네게 주리라(17절)

창세기 15장 - 내가 이 땅을 애굽 강에서부터 그 큰 강 유브라데까지 네 자손에게 주노니(18절)

창세기 17장 - 내가 너와 네 후손에게 너의 우거하는 이 땅 곧 가

나안 일경으로 주어 영원한 기업이 되게 하겠다(8절)

(질문 5-2-6) 다음의 다윗 언약은 아브라함 언약과 어떤 연관성이 있다고 생각하나요?

삼하 7:14-16 "나는 그 아비가 되고 그는 내 아들이 되리니 저가 만일 죄를 범하면 내가 사람 막대기와 인생 채찍으로 징계하려니와 내가 네 앞에서 폐한 사울에게서 내 은총을 빼앗은 것같이 그에게서는 빼앗지 아니하리라 네 집과 네 나라가 내 앞에서 영원히 보전되고 네 위가 영원히 견고하리라 하셨다 하라"

그 아비가 되리라(영원한 하나님의 주권적 통치)

이 언약은 다음과 같이 아브라함 언약이나 모세 언약에서 "나는 네 하나님이 되고"가 "나는 그 아비가 되고"로 표현되었으며, 아브라함이나 모세의 언약에서 '민족'과 '백성'으로 표현되었던 것이 다윗 언약에서는 이보다 더 친밀한 '아들'이란 표현으로 사용되었을 뿐 아브라함 언약이나 모세 언약과 다름이 없는 동일한 언약이다.

아브라함 언약 - 나는 그들의 하나님이 되리라(창 17:7)
시내 산 언약 - 내 나라의 거룩한 백성이 되리라(출 19:6)
모압 언약 - 너희를 내 백성으로 삼고 나는 네 하나님이 되리라(신 29:13)
다윗 언약 - 나는 그 아비가 되고 그는 내 아들이 되리라(삼하 7:14)

이러한 관점에서 볼 때 "나는 그 아비가 되고 그는 내 아들이 되리라"는 표현은, 하나님께서 자기 백성을 하나님의 절대적 주권으로 통치하시되 아비가 자식을 사랑하고 그들의 양육을 책임지는 것과 같이 그들의 삶을 전적으로 책임지겠다는 의미로, 아브라함이나 모세의 언약보다 좀 더 개인적인 친밀성과 사랑의 관계를 강조한 주권적 통치의 언약으로 해석할 수 있다.[51)]

영원한 하나님 나라 왕국의 재확인

15절 "내가 사울에게서 내 은총을 빼앗은 것같이 그에게서는 빼앗지 않겠다."

16절 "네 집과 네 나라가 내 앞에서 영원히 보전되고 네 위가 영원히 견고하리라"

그리고 "내가 사울에게서 내 은총을 빼앗은 것같이 그에게서는 빼앗지 아니하고", "네 집과 네 나라를 영원히 보전하고 네 왕위를 영원히 견고케" 하겠다고 언약하시는데, 이는 곧 위의 14절에서 하나님 나라의 영토를 영원히 견고케 하시겠다는 것과 같은 맥락으로 다윗 왕국의 영원성, 하나님 나라의 통치권이 영원할 것을 다시 한 번 선포하시는 것이다.

51) "너는 내 거룩한 백성이 되고 나는 네 하나님이 되리라"는 언약에서 약속된 하나님의 관계가 이와 같이 다윗 언약에서부터 '아비와 자식의 관계'라는 또 다른 표현이 나타나는데, 이는 메시아가 이 땅에 오시어 구속을 이루신 후에 '성도를 하나님의 자녀'로 표현하고 있어 이 다윗 언약이 실현되었음을 입증한다.

2) 다윗 언약의 특성

(질문 5-2-7) 이상에서 살펴본 다윗 언약을 통해 아브라함 언약이나 모세 언약과 달리 다윗 언약만이 가지고 있는 특성이 있는데, 두 가지만 예로 든다면 어떤 것이 있을까요?

무조건적인 은혜

삼하 7:15 "내가 네 앞에서 폐한 사울에게서 내 은총을 빼앗은 것같이 그에게서는 빼앗지 아니하리라"

이와 같이 다윗 언약 역시 그동안 아브라함과 모세를 통해서 맺어진 언약과 동일한 성격의 언약, 즉 하나님 나라의 회복이라는 동일한 언약이라고 말할 수 있으나 이때까지의 언약과 뚜렷한 차이점이 발견되는데, 그것은 바로 무조건적인 은혜라는 사실이다. 즉 아브라함 언약이나 모세 언약은 언약에 "내 말을 순종하면 너희는 내 백성이 되리라"와 같이 하나님의 말씀에 순종할 때만 이 하나님 나라 백성이 될 수 있는 조건부적인 언약이었는데, 다윗 언약은 사사 시대나(11절) 사울 시대와는 달리(15절) 그들의 행위를 보지 않고 하나님께서 직접 은혜로 하나님 나라를 세우시겠다는 무조건적인 언약인 것이다.

영원한 왕국

삼상 7:16 "네 집과 네 나라가 내 앞에서 영원히 보전되고 네 위가 영원히 견고하리라"

이렇게 은혜로 얻은 하나님 나라의 축복이, 사울이 범죄하여 내 은총을 빼앗은 것같이 비록 네가 범죄하였다 하더라도 내 은총을 빼앗지 않고 "네 나라가 영원히 보전되고 네 위가 영원히 견고하리라"고 언약하심으로, 행위가 아닌 은혜로 이루어지는 이러한 하나님 나라가 영원할 것, 즉 '하나님 나라의 영원성'을 선포하신다.[52)]

보다 깊은 질문

*다윗 왕국은 멸망하지 않았나?

하나님께서는 다윗 왕국이 영원히 견고하리라고 말씀하셨지만 성경을 통해서 볼 때나 이스라엘 역사를 통해서 볼 때 다윗 왕국은 멸망하지 않았나?

(1) 성경의 영적 해석

이러한 문제에 대해 우리가 첫 번째로 생각해야 할 것은 하나님의

---

52) 구속사적 관점에서 볼 때 다윗 언약은 메시아 언약의 기초가 되는 아주 중요한 언약적 의미를 갖는다. 이러한 다윗 언약은 앞에서 선포된 하나님의 언약, 즉 아브라함 언약이나 모세 언약에서 선포된 하나님 나라가 어떻게 구체적으로 이루어질 것인가를 나타내는 언약, 즉 다윗의 후손으로 오실 메시아 예수 그리스도의 은혜로 영원히 이루어질 하나님 나라의 특성을 나타내는 예언적 언약으로 해석할 수 있다. 즉 아브라함 언약이나 모세 언약은 "너희가 내 말을 듣고 내 율례를 지키면 너희는 내 백성이 되리라"와 같이 우리의 행위를 보시는데, 다윗 언약에서는 이러한 행위를 보시는 사울의 때와는 달리 은혜로 영원히 견고케 하시겠다는 것이다.

계시에 대한 이해이다.

하나님께서 하나님의 뜻을 우리 인간에게 나타내 보이시는 계시는 자연 등의 피조물이나 인간의 삶의 역사 등을 통하여 직접적으로 나타내시는 일반계시와 기적이나 말씀 등의 특별한 방법에 의해 나타내 보이시는 특별계시의 두 가지 방법으로 분류하여 설명한다.

그러나 성경은 "창세로부터 그의 보이지 아니하는 것들 곧 그의 영원하신 능력과 신성이 그 만드신 만물에 분명히 보여 알게 하셨지만"(창 1:20) 인간은 죄로 인해 이를 깨닫지 못하고 있으며, 신령한 영적 일은 신령한 것으로나 분별할 수 있다고 말하고 있어(고전 2:13) 눈으로 볼 수 있는 일반계시를 통해서는 하나님의 진정한 뜻을 발견할 수 없음을 말하고 있다.

따라서 어떠한 사건을 통하여 하나님의 뜻과 의도를 발견할 때는 눈으로 보이는 직접적인 외적 현상만을 통하여 판단할 것이 아니라 그 사건을 통하여 나타내시고자 하시는 눈에 보이지 않는 하나님의 영적 의미를 발견하려고 노력해야 하는 것이다.

영적 의미 - 멜기세덱의 영원한 제사장 나라

그렇다면 이러한 다윗 언약을 통하여 나타내시려는 하나님의 영적 의미는 어떤 것일까?

이와 같은 질문에 대한 답, 즉 하나님께서 다윗에게 약속하신 영원히 멸망치 않을 다윗 왕국의 영적 의미를 영원한 다윗 왕국이 어떻게 이루어질 것인가를 설명한, 다윗 언약의 해설편이라고 생각할 수 있는 시편 110편에서 발견할 수 있다. 그런데 시편 기자는 이 영원히 멸망치 않을 다윗 왕국에 대하여 멜기세덱의 반차를 좇은 영원한 제사장에 의해 이루어질 것을 말하고 있다.

시 110:4 "여호와는 맹세하고 변치 아니하시리라 이르시기를 너는 멜기세덱의 반차를 좇아 영원한 제사장이라 하셨도다"

앞에서 이미 언급한 바와 같이 멜기세덱은 아브라함 시대의 살렘 왕이었으며 지극히 높은 하나님의 제사장이었다(창 14:18).

따라서 멜기세덱의 반차를 좇은 제사장은 율법에 나타난 아론의 반차를 좇은 속죄적 제사장의 의미가 아니라 세상의 왕권과 인간과 하나님 사이의 중재자인 축복의 제사장권을 동시에 소유한 '왕 같은 제사장'을 의미하는 것인데, 이는 곧 다윗의 후손으로 오시어 영원한 하나님 나라를 세우실 메시아 예수 그리스도를 의미하는 것이다(히 7:11-17).[53]

그래서 해마다 짐승을 잡아 드려야 하는 아론의 반차를 좇은 율법적 제사가 아니라 더 이상 제사를 드릴 필요가 없이 단번에 드릴 영원한 제사장 예수 그리스도에 의해 세워질 영원한 하나님 나라를 의미하는 것이다.

사실 언약의 말씀을 문자 그대로 해석한다면 당연히 다윗 왕국은 영원히 멸망하지 않아야 하고 이스라엘은 영원히 존속해야 하는 나

---

53) 왕권과 축복의 제사장권을 동시에 소유한 멜기세덱의 반차를 좇은 이와 같은 왕 같은 제사장의 개념은 언약의 관점에서 살펴볼 때, 시내 산에서 이스라엘 백성들과 맺으신 언약의 핵심이요(출 19:5) 신약에 와서 구원받은 백성들과 맺은 언약의 핵심임을 발견할 수 있다(벧전 2:9). 이러한 사실로 볼 때 이스라엘 백성을 택하신 목적이나 당신이 친히 왕 같은 제사장이 되시어 우리를 구원하신 목적이 모두다 하나님의 말씀에 순종하는 삶을 통하여 세상을 다스리고 하나님 나라를 더욱더 확장해 나감으로 복의 근원의 사명을 감당케 하시려는 하나님의 의도를 발견할 수 있다.

라임에 틀림없는 것이다.

그러나 성경에서 보면 B.C. 586년에 바벨론 제국의 침략을 받은 후 이스라엘 나라는 지상에 존재하지 않았으며, 비록 현재는 이스라엘 나라가 회복되었다 하더라도 다윗 왕국은 이미 멸망된 것이다.

따라서 우리는 성경을 해석할 때 성경의 말씀을 단지 문자 그대로 역사적 사건으로만 해석해서는 안 되며, 이 책의 서론에서 언급한 바와 같이 성경은 인간을 죄로부터 구원시키시어 하나님 나라를 회복하시려는 하나님의 뜻을 기록한 책이므로 이러한 구속사적 관점에서 성경을 해석해야 한다.

그래서 다윗 언약도 이러한 구속사적 관점에서 해석할 때 다윗 왕국은 다윗의 후손으로 태어날 메시아 예수 그리스도에 의해 세워질 영원한 하나님 나라로 해석해야 할 것이다.

(2) 언약의 양면성

위에서 살펴본 바와 같이 다윗과 맺은 하나님의 언약은, 그들의 행위에 관계없이 은혜를 베푸시겠다는 무조건적인 언약이라는 사실을 알 수 있지만, 다른 한편으로 성경은 다음과 같이 조건부적인 축복의 언약이란 사실 또한 기록하고 있음을 발견할 수 있다.

왕상 2:4 "여호와께서 내 일에 대하여 말씀하시기를 만일 네 자손이 그 길을 삼가 마음을 다하고 성품을 다하여 진실히 내 앞에서 행하면 이스라엘 왕위에 오를 사람이 네게서 끊어지지 아니하리라 하신 말씀을 확실히 이루게 하시리라"

왕상 8:25 "이스라엘 하나님 여호와여 주께서 주의 종 내 아비 다윗에게 말씀하시기를 네 자손이 자기 길을 삼가서 네가 내 앞에서 행한 것같이 내 앞에서 행하기만 하면 네게로 좇아나서 이스라엘 위에 앉을 사람이 내 앞에서 끊어지지 아니하리라 하셨사오니 이제 다윗을 위하여 그 허하신 말씀을 지키시옵소서"

위의 열왕기상 2장 4절의 말씀은 다윗이 임종 전에 솔로몬에게 남긴 유언의 말이며, 열왕기상 8장 25절의 말씀은 솔로몬 왕이 성전 봉헌식 때 하나님께 드린 기도의 내용인데, 이러한 말씀은 하나님께서 다윗과 직접 맺은 언약의 내용과는 분명히 상반된다는 사실을 발견할 수 있다.

즉 사무엘상 7장 15절에서는 무조건적인 왕권 보장인 반면에 열왕기의 기록을 보면 조건부적인 왕권 보장임을 알 수 있다. 그렇다면 이 두 개의 상반되는 개념 중 하나는 거짓인가? 이 상반되는 두 개념을 어떻게 해석해야 할 것인가?

조건적 축복과 무조건적인 은혜

하나님께서 이스라엘 백성을 선택하신 이유는, 이스라엘 백성들만을 구원하시려는 의도가 아니라 완악한 이스라엘 백성들을 통하여 다른 이방 민족들도 구원하시려는 것이 그 근본 목적이라는 사실을 앞에서 살펴본 바가 있다.

이스라엘 백성들을 택하시고 그들에게 말씀을 주시어 그 말씀대로 순종할 때 누리는 눈에 보이는 축복된 삶과 불순종할 때 당해야 하는 고난을 통하여, 이스라엘 백성들은 물론 이방 민족들로 하여금 하나님의 살아 계심을 믿고 하나님의 은혜를 사모하게 하시는 것이다. 즉 눈에 보이는 하나님 나라를 통하여 눈에 보이지 않는 영원한 하나님 나라를 확장해 가시려는 것이다.

그래서 다윗 언약에 나타난 다윗 왕국에는 다윗의 육신적 후손을 통해서 눈에 보이는 축복으로 나타날 조건적 다윗 왕국이 있는가 하면, 하나님의 무조건적인 은혜로 세워질 눈에 보이지 않는 영원한 다윗 왕국이 있다는 언약의 양면성을 발견할 수 있다.[54)]

그래서 비록 눈에 보이는 조건적 다윗 왕국은(왕상 2:4, 8:25) 이스라엘 백성들이 하나님의 말씀에 불순종하여 멸망하고 그들 백성들은 나라를 잃고 노예로 끌려가 고통을 받게 되지만, 눈에 보이지 않는 메시아를 통한 영원한 다윗 왕국은 언약의 말씀대로 세세토록 영원할 것을 성경은 말하고 있다(계 22:5).

---

54) 이러한 다윗 언약의 양면성은 메시아에 의해 구속이 이루어진 신약 시대에 와서 좀 더 구체적으로 나타나는데, 그것은 바로 무조건적인 하나님의 은혜로 받는 칭의에 의한 구원과(엡 2:8) 구원받은 자가 자기의 행한 행위의 성화로 받는 현세에서의 축복이나(롬 8:28; 벧전 2:9) 장차 천국에서 받을 상급(고전 3:8-15) 등으로 나타나고 있다.

제6장 분열왕국 시대

남북으로 분열된 이후 남유다 멸망까지
(B.C. 930-B.C. 586)

B.C. 930년 - 솔로몬 사망 후 남북 이스라엘로 분열
B.C. 722년 - 앗수르에 의해 북이스라엘 멸망
B.C. 586년 - 바벨론에 의해 남유다 멸망

역사서

열왕기상 12장-끝 : 왕국 분열, 북의 아합 왕, 엘리야 시대를 기록
열왕기하 : 엘리사와 남북 이스라엘 왕의 시대를 기록
역대하 10장-끝 : 남유다 왕의 시대를 기록

대선지서 - 이사야서(B.C. 740-680), 예레미야서(B.C. 627-580) - 남유다 선지서
소선지서 - 에돔 선지서 - 오바댜(B.C. 840)
남유다 선지서 - 요엘(B.C. 835), 미가(B.C. 735-710), 스바냐(B.C. 630), 하박국(B.C. 607)
북이스라엘 선지서 - 아모스(B.C. 760-753), 호세아(B.C. 755-710)
니느웨 선지서 - 요나(B.C. 760), 나훔(B.C. 660)

1. 분열된 왕국

1) 타락하는 솔로몬 왕

(질문 6-1-1) 다윗의 뒤를 이어 왕위에 오른 솔로몬의 말년의 통치 모습은 어떠하였나요?

왕상 11:1-8 "솔로몬 왕이 바로의 딸 외에 이방의 많은 여인을 사랑하였으니 곧 모압과 암몬과 에돔과 시돈과 헷 여인이라 여호와께서 일찍이 이 여러 국민에게 대하여 이스라엘 자손에게 말씀하시기를 너희는 저희와 서로 통하지 말며 저희도 너희와 서로 통하게 말라 저희가 정녕코 너희의 마음을 돌이켜 저희의 신들을 좇게 하리라 하셨으나 솔로몬이 저희를 연애하였더라 왕은 후비가 칠백인이요 빈장이 삼백인이라 왕비들이 왕의 마음을 돌이켰더라 솔로몬의 나이 늙을 때에 왕비들이 그 마음을 돌이켜 다른 신들을 좇게 하였으므로 왕의 마음이 그 부친 다윗의 마음과 같지 아니하여 그 하나님 여호와 앞에 온전치 못하였으니 이는 시돈 사람의 여신 아스다롯을 좇고 암몬 사람의 가증한 밀곰을 좇음이라 솔로몬이 여호와의 눈앞에서 악을 행하여 그 부친 다윗이 여호와를 온전히 좇음같이 좇지 아니하고 모압의 가증한 그모스를 위하여 예루살렘 앞산에 산당을 지었고 또 암몬 자손의 가증한 몰록을 위하여 그와 같이 하였으며 저가 또 이족 후비들을 위하여 다 그와 같이 한지라 저희가 자기의 신들에게 분향하며 제사하였더라"

하나님의 전을 건축하며 하나님을 잘 섬기던 솔로몬 왕은 나라가 부흥하고 견고히 서자 이제는 자신의 육체적 향락을 위하여 여생을 즐긴다.

하나님께서는, 가나안 땅에 들어가면 그들이 섬기던 신들을 섬기지 못하도록 모든 이방 족속들을 진멸할 것이며(신 13장) 그들과 서로 통하지 말지니, 이는 그들이 섬기는 신을 너희들이 섬길까 함이라고(왕상 1장) 이스라엘 백성들로 하여금 이방 신들을 섬기지 말 것을 철저히 경고하셨다. 하지만 솔로몬 왕은 이방 여자들을 아내로 맞이하여(왕상 3:1) 무려 1,000명의 아내를 거느릴 뿐만 아니라(왕상 11:4) 이들 후궁들이 섬기던 각 민족들의 신, 즉 시돈의 여신 아스다롯(번식과 풍요를 상징하는 달의 여신)과 암몬의 밀곰(아이를 제물로 드리는 몰렉, 몰록이라고도 부름), 그리고 모압의 그모스(전쟁의 태양 신) 등 여러 이방 민족들이 섬기는 신들에게 분향하며 제사 드림으로 육체적 행음뿐만 아니라 종교적 영적 행음까지 저지르는 범죄를 행한다(왕상 11:8).[55]

2) 왕국의 분열

(질문 6-1-2) 그래서 하나님께서는 어떤 조치를 취하시나요?

---

55) 솔로몬 왕이 이방 신들에게 제사 드렸다고 하여 하나님께 제사 드리는 것을 그치고 이방 신들에게 제사 드렸다고 해석할 수는 없고, 하나님께 제사 드림은 물론 이방 신들에게도 제사드렸다고 생각할 수 있다. 하나님께서는 이러한 종교적 혼용을 음행으로 간주하시며(왕하 9:22; 겔 16:20) 철저히 질책하시는데, 이러한 종교적 혼용은 현대에 와서 모든 종교는 궁극적으로 동일하다는 종교다원주의의 모습으로 나타나고 있는 사실에 주의를 기울여야 할 것이다.

왕상 11:9-13 “솔로몬이 마음을 돌이켜 이스라엘 하나님 여호와를 떠나므로 여호와께서 저에게 진노하시니라 여호와께서 일찍이 두 번이나 저에게 나타나시고 이 일에 대하여 명하사 다른 신을 좇지 말라 하셨으나 저가 여호와의 명령을 지키지 않았으므로 여호와께서 솔로몬에게 말씀하시되 네게 이러한 일이 있었고 또 네가 나의 언약과 내가 네게 명한 법도를 지키지 아니하였으니 내가 결단코 이 나라를 네게서 빼앗아 네 신복에게 주리라 그러나 네 아비 다윗을 위하여 네 세대에는 이 일을 행치 아니하고 네 아들의 손에서 빼앗으려니와 오직 내가 이 나라를 다 빼앗지 아니하고 나의 종 다윗과 나의 뺀 예루살렘을 위하여 한 지파를 네 아들에게 주리라 하셨더라”

그래서 하나님께서는 이렇게 언약을 파기하고 하나님의 법도를 지키지 아니한 솔로몬의 왕위를 그의 신하가 차지하게 하신다. 그의 부친 다윗을 생각하여 그의 생전에는 참으시고 성전이 있는 예루살렘을 특별히 구분하여 유다 지파의 구역을 그의 아들에게 주시겠다고 약속하심으로 사실상 이스라엘 나라가 둘로 갈라질 것을 말씀하신다. 솔로몬이 죽은 후 B.C. 930년에 남북으로 분열되는데, 솔로몬의 부하였던 여로보암이 북이스라엘의 왕이 되고 솔로몬의 아들 르호보암이 남유다의 왕이 되어 사실상 하나님의 말씀 그대로 되었다.

2. 이사야 언약

1) 메시아 대속 언약(하나님 나라 특성2) - 이사야 53:5-6

(질문 6-2-1) 이사야서에 나타난 다음의 언약은 다윗 언약과 어떤 연관이 있다고 생각하나요?

사 53:5-6 "그가 찔림은 우리의 허물을 인함이요 그가 상함은 우리의 죄악을 인함이라 그가 징계를 받음으로 우리가 평화를 누리고 그가 채찍에 맞음으로 우리가 나음을 입었도다 우리는 다 양 같아서 그릇 행하며 각기 제 길로 갔거늘 여호와께서는 우리 무리의 죄악을 그에게 담당시키셨도다"

통일왕국 시대에 선포하신 다윗 언약을 통하여 우리의 행위를 보시지 않고 은혜로 하나님의 백성을 만드시겠다는 하나님께서는, 분열왕국 시대에 와서는 이 다윗 언약이 어떻게 실현될 것인가를 구체적으로 말씀하시는데, 그 첫 번째가 바로 이사야 선지자를 통하여 말씀하신 언약이다.

즉 평화의 왕으로 인류 구원을 위하여 이 땅에 오실 메시아가(사 2:4) 죄 없이 처녀의 몸에서 탄생할 것을 말씀하신 하나님께서는(사 7:13), 이 메시아가 우리의 죄로 인해 창에 찔리고 매를 맞아 상처를 입고 마지막에는 죽기까지 하는 징계를 받게 되는데, 우리 죄를 대신하여 징계 받으시는 메시아의 이러한 고난을 통해 우리가 죄에서 해방되고 죄로 인해 하나님과 단절되었던 관계가 다시 하나님과 평화를 누릴 수 있는 관계로 회복된다는 것이다.

따라서 이사야 언약은 은혜로 하나님 나라를 세우시겠다고 약속하신 다윗 언약이 어떻게 실제적으로 실현될 것인가를 말씀하시는 다윗 언약의 구체적 실현 언약인 것이다.[56)]

(질문 6-2-2) 이러한 이사야 언약을 아브라함 언약이나 모세 언약과 비교해 볼 때 어떤 새로운 특성이 있으며, 이러한 특성은 이들 옛 언약과 어떤 연관성이 있다고 생각하나요?

그런데 우리는 여기서 종전의 아브라함 언약이나 모세 언약과는 전혀 다른 새로운 언약적 특징을 발견할 수 있다.

즉 이때까지의 언약은 '~하라 그리하면 너희는 내 백성이 되고 나는 너희의 하나님이 되리라'였는데, 이제부터는 너희들은 도저히 어찌할 수 없는 구제불능이니 너희들이 하지 못하는 그 죗값을 내가 대신 치르고 '내가 너희를 백성으로 만들겠다'라는 의미로 해석할 수 있는 은혜의 언약인 것이다.

옛 언약 - 행위의 법 : ~하면 너희는 내 백성이 되리라.

새 언약 - 은혜의 법 : 너희는 도저히 못하니 내가 대신 죽어 너희

---

56) '나음을 입었다', '담당시키셨다' 등으로 표현된 히브리어의 원어는 모두 현재완료형으로 되어 있는데, 이렇게 앞으로 일어날 일들이 완료형으로 표현된 까닭은 확실한 미래 사실임을 나타내기 위한 히브리어의 문법적 표현에 기인된 것이다.

들의 죗값을 치르고 너희들을 내 백성으로 삼겠다.

따라서 이러한 은혜의 이사야 언약은 아브라함 언약이나 모세 언약의 옛 언약을 지키지 못한 죗값을 메시아를 통해 치르시게 함으로 옛 언약을 완성한 것과 같은 자격을 얻게 하시는 것이므로, 이사야 언약은 옛 언약의 완성으로 해석할 수 있다.

신약의 실현

요 19:30 "예수께서 신 포도주를 받으신 후 가라사대 다 이루었다 하시고 머리를 숙이시고 영혼이 돌아가시니라"

벧전 2:24 "친히 나무에 달려 그 몸으로 우리 죄를 담당하셨으니 이는 우리로 죄에 대하여 죽고 의에 대하여 살게 하려 하심이라 저가 채찍에 맞음으로 너희는 나음을 얻었나니"

히 10:10-14 "이 뜻을 좇아 예수 그리스도의 몸을 단번에 드리심으로 말미암아 우리가 거룩함을 얻었노라 제사장마다 매일 서서 섬기며 자주 같은 제사를 드리되 이 제사는 언제든지 죄를 없게 하지 못하거니와 오직 그리스도는 죄를 위하여 한 영원한 제사를 드리시고 하나님 우편에 앉으사 그 후에 자기 원수들로 자기 발등상이 되게 하실 때까지 기다리시나니 저가 한 제물로 거룩하게 된 자들을 영원히 온전케 하셨느니라"

2) 왕국 언약(이사야 61장)

(질문 6-2-3) 이사야서에 나타난 다음의 말씀은 메시아의 대속 언약과 어떤 연관이 있으며 이 아름다운 소식은 결국 무엇을 말하는 것인가요?

사 61:1-3 "주 여호와의 신이 내게 임하였으니 이는 여호와께서 내게 기름을 부으사 가난한 자에게 아름다운 소식을 전하게 하려 하심이라 나를 보내사 마음이 상한 자를 고치며 포로 된 자에게 자유를, 갇힌 자에게 놓임을 전파하며 여호와의 은혜의 해와 우리 하나님의 신원의 날을 전파하여 모든 슬픈 자를 위로하되 무릇 시온에서 슬퍼하는 자에게 화관을 주어 그 재를 대신하며 희락의 기름으로 그 슬픔을 대신하며 찬송의 옷으로 그 근심을 대신하시고 그들로 의의 나무 곧 여호와의 심으신 바 그 영광을 나타낼 자라 일컬음을 얻게 하려 하심이니라"

메시아 대속의 결과 - 하나님 나라의 회복

이사야서는 이상에서 살펴본 바와 같이, 메시아 예수 그리스도께서 이 땅에 오시어 우리의 죄를 대신하여 죽으심으로 인해 언약의 궁극적 목적인 하나님 나라가 이 땅에 시작될 것을 선포하고 있다.

(ㄱ) 마음이 상한 자를 고치며

마음이 상한 자 - 심령이 상한 자, 애통하는 자(마 5:4)

마 5:4 - 애통하는 자는 복이 있나니 저희가 위로를 받을 것임이요

직접적으로는 나라를 잃은 이스라엘 백성들의 상한 마음을 치유

한다는 의미일 것이나 메시아이신 예수 그리스도의 십자가 죽음 이후에 나타날 치유와 회복의 역사를 의미한다.

(ㄴ) 포로된 자에게 자유를

포로된 자 - 직접적으로는 바벨론 포로를 의미하겠으나 궁극적으로는 메시아이신 예수 그리스도의 십자가 죽음으로 인해 죄의 포로에서 해방될 것을 의미한다.

(ㄷ) 갇힌 자에게 놓임을

갇힌 자 - 직접적으로는 바벨론의 세력에 갇힌 자를 의미하겠으나 궁극적으로는 메시아이신 예수 그리스도의 십자가 죽음으로 인해 사탄의 세력에서 해방된 것을 의미한다.

(ㄹ) 하나님 나라의 건설

사 61:3 "무릇 시온에서 슬퍼하는 자에게 화관을 주어 그 재를 대신하며 희락의 기름으로 그 슬픔을 대신하며 찬송의 옷으로 그 근심을 대신하시고 그들로 의의 나무 곧 여호와의 심으신 바 그 영광을 나타낼 자라 일컬음을 얻게 하려 하심이니라"

시온은 예루살렘, 화관은 기쁨과 승리, 재는 회개로 인한 슬픔과 애통의 상징이므로(삼하 13:19) 죄로 인해 슬퍼하며 애통하는 자에게 승리의 기쁨을 주고 의의 나무, 여호와의 영광을 나타낼 자로 일컬음을 얻는다는 의미는, 직접적으로는 시온 즉 예루살렘의 회복을 의미하나, 이는 곧 예수 그리스도의 십자가 죽음과 부활로 인해 장차 나타날 구원받을 성도와 하나님 나라의 회복을 의미하는 것이다.

즉 "그들로 의의 나무 곧 여호와의 심으신 바 그 영광을 나타낼 자라 일컬음을 얻게 하려 하심이니라"는 말씀의 의미는, 예수 그리스도의 십자가를 통해 구원하신 성도들이 하나님의 말씀에 순종하여 하나님께 영광을 드리는 자가 되게 하려 하심이라는 것인데, 이는 곧 언약의 궁극적 목적인 하나님 나라의 건설, 즉 하나님의 말씀에 순종되는 나라, 하나님의 뜻에 의해 통치되는 하나님 나라의 회복을 의미하는 것이다.

(질문 6-2-4) 하나님께서는 왜 이러한 하나님 나라를 회복시키신다고 말씀하고 있나요?

사 61:8 "대저 나 여호와는 공의를 사랑하며 불의의 강탈을 미워하여 성실히 그들에게 갚아 주고 그들과 영영한 언약을 세울 것이라"

대저 - כִּי(키) : 왜냐하면(for), 앞의 사실에 대한 설명으로 사용되는 접속사

즉 앞에서 메시아 예수 그리스도의 죽음에 의해 하나님 나라를 회복시키는 이유를 다음과 같이 세 가지로 설명하고 있다.

(ㄱ) 공의를 사랑하기 때문

나 여호와 하나님은 공의를 사랑하기 때문이라는 것이다. 즉 언약

의 불이행으로 죽어야 할 백성들의 죄를 결코 묵인하지 않겠다는 것이다. 그러나 그 죄의 값을 백성들에게 묻지 않고 하나님께서 대신 치르기 위해 십자가에서 죽으시겠다는 것이다.

(ㄴ) 불의를 징계하시기 위해

그리고 두 번째로 불의를 미워하기 때문에 그 불의한 세력을 철저히 징계하시겠다는 것이다. "여자의 후손이 네 머리를 상하게 할 것이요"(창 3:15)라는 약속의 말씀대로, 처녀의 몸에서 여자의 후손으로 태어나 십자가에서 죽으심으로 인해 불의한 사탄의 세력을 멸하시고, 마지막에는 이 모든 사탄의 세력을 지옥불에 던지시는 것이다.

(ㄷ) 영원한 언약을 세우기 위해

그리고 마지막으로 이렇게 십자가에 죽으시어 하나님 나라를 회복시키심은 하나님께서 맺으신 영원한 언약을 세우시기 위함이라는 것이다. 이는 앞에서 이미 언급한 바와 같이 예수 그리스도의 죽으심은 더 이상 언약을 지키지 못한 죄 때문에 하나님의 백성이 죽어야 할 필요가 없도록 영원히 언약을 완성하시기 위함이라는 것이다. 따라서 예수 그리스도의 죽음은 언약의 핵심이요 예수 그리스도의 죽음은 곧 언약의 완성이란 사실을 분명히 밝히신 아주 중요한 말씀인 것이다. 그래서 예수 그리스도께서 마지막 운명하실 때 "다 이루었다"(요 19:30)라는 말씀을 하신 것이다.

(질문 6-2-5) 다음에 계속되는 말씀은 어떤 의미가 있으며, 이러한 언약의 말

쓰은 옛 언약과 어떤 연관이 있다고 생각하나요?

사 61:11 "땅이 싹을 내며 동산이 거기 뿌린 것을 움돋게 함같이 주 여호와께서 의와 찬송을 열방 앞에 발생하게 하시리라"

교회를 통해 확장될 하나님 나라

땅이 싹을 내며 동산에 뿌린 씨가 싹이 남같이 이렇게 예수 그리스도의 죽으심으로 세워질 하나님 나라가 싹이 트고 자라 많은 열매를 맺을 것을 예언하는 것인데, 이는 예수 그리스도께서 세우신 하나님 나라 즉 교회가 점점 확산될 것을 말하는 것이다.

그래서 열방 앞에서 여호와의 의와 찬송이 나타나게 하실 것이라는 것인데, 이러한 하나님 나라를 상징하는 교회가 예루살렘에서 시작하여 온 세계의 열방에 널리 퍼져 세상의 모든 민족들이 여호와 하나님의 의를 찬송하게 하시겠다는 것이다. 이는 곧 다음과 같은 옛 언약들의 실현을 의미한다.

아담 언약의 실현 - 생육하고 번성하여 땅에 충만하라"(창 1:28)
아브라함 언약의 실현 - "너는 복의 근원이 될지라"(창 12:2)
"너는 열국의 아비가 될지라"(창 17:4)
"그로 열국의 어미가 되게 하리라"(창 17:16)
모세 언약의 실현 - "너희가 내게 대하여 제사장 나라가 되며"(출 19:6)

3. 예레미야 언약

1) 심비(믿음)의 새 언약 (하나님 나라의 특성 3) - 예레미야 31:31-37

(질문 6-3-1) 예레미야를 통하여 선포하시는 이 언약을 왜 새 언약이라고 말씀하시나요?

렘 31:31-32 "나 여호와가 말하노라 보라, 날이 이르리니 내가 이스라엘 집과 유다 집에 새 언약을 세우리라 나 여호와가 말하노라 이 언약은 내가 그들의 열조의 손을 잡고 애굽 땅에서 인도하여 내던 날에 세운 것과 같지 아니할 것은 내가 그들의 남편이 되었어도 그들이 내 언약을 파하였음이니라"

하나님께서는 메시아 예수 그리스도를 통한 구속의 날이 다가옴을 선지자 예레미야의 입을 통하여 이스라엘 집과 유다 집에, 즉 전 이스라엘에 '새 언약'을 세우실 것을 선포하신다. 그런데 '새 언약'이라고 부르는 이유는, 이 언약이 과거에 이스라엘 백성들을 애굽 땅에서 인도해 낼 때 세운 언약, 즉 시내 산에서 세운 모세의 언약과 같지 않기 때문에 '새로운 언약'이라고 부르는 것이다.

(질문 6-3-2) 하나님께서 이 새 언약을 선포하시는 이유는 무엇인가요?

32절b “내가 그들의 남편이 되었어도 그들이 내 언약을 파하였음이니라”

이어서 이 새 언약을 세우시는 이유에 대해서 말씀하시는데, 내가 너희들의 남편이 되었어도 나와 맺은 언약을 파기하였기 때문이라는 것이다.

여기서 하나님께서는 모세와 맺은 시내 산 언약을 이스라엘 백성과의 결혼식으로 해석하신다. 그래서 목숨을 걸고 맺은 이 언약을(결혼) 파기하고 다른 남편을(이방 신) 섬김으로 할 수 없이 이 새 언약을 선포하신다는 것이다. 즉 생명을 걸고 맺은 언약을 파기하였으므로 죽을 수밖에 없는 아내를 그 죽음에서 구하기 위해 이 새 언약을 세우신다는 것이다.

(질문 6-3-3) 이 새 언약의 내용은 어떤 것이며 옛 언약과 다른 점은 무엇인가요? (심비 언약)

33절 “나 여호와가 말하노라 그러나 그날 후에 내가 이스라엘 집에 세울 언약은 이러하니 곧 내가 나의 법을 그들의 속에 두며 그 마음에 기록하여 나는 그들의 하나님이 되고 그들은 내 백성이 될 것이라”

돌비가 아닌 마음 비에 기록함(믿음의 언약)

새 언약의 그 첫 번째 특성은 돌비에 새겨진 옛 언약과는 달리 새 언약은 그들의 속에, 즉 마음에 기록하여 둔다는 것이다.

즉 옛 언약은 하나님의 법을 돌판에 기록하여(신 4:13, 5:22) “너희는 내 앞에 행하여 완전하라"(창 17:1), "너희가 내 말을 잘 듣고 내 언약을 지키면 너희는 열국 중 내 소유가 되겠고 너희가 내게 대하여 제사장 나라가 되며 거룩한 백성이 되리라"(출 19:5)는 말씀과 같이, 이 기록된 말씀을 행위를 통하여 온전히 지킬 때 하나님의 백성이 되었으나, 이제 선포되는 새 언약은 그렇지 않다는 것이다.

즉 새 언약은 옛 언약과 같이 돌비에 기록하는 것이 아니라 사람의 마음속에 기록하여 그들이 내 백성이 되고 나는 그들의 하나님이 되시겠다는 것인데, 이에 대해 사도 바울은 다음과 같이 기록하고 있다.

고후 3:3 "너희는 우리로 말미암아 나타난 그리스도의 편지니 이는 먹으로 쓴 것이 아니요 오직 살아 계신 하나님의 영으로 한 것이며 또 돌비에 쓴 것이 아니요 오직 육의 심비에 한 것이라"

옛 언약 - 먹으로 기록 - 돌비에 기록
새 언약 - 영으로 기록 - 심(心)비에 기록

(질문 6-3-4) 마음에 기록할 내용은 어떤 것인가요?

34절 "그들이 다시는 각기 이웃과 형제를 가리켜 이르기를 너는 여호와를 알라 하지 아니하리니 이는 작은 자로부터 큰 자까지 다 나를 앎이니라 내가 그들의 죄악을 사하고 다시는 그 죄를 기억지 아니하리라 여호와의 말이니라"

죄 사함의 은혜를 기록함

그래서 그들이 다시는 사람들에게 나를 알라 말하지 않으시겠다는 것인데, 이는 이미 그들이 내가 누구인지를 알기 때문이라는 것이다. 그것은 바로 하나님께서 그들의 죄를 이미 다 사하시고 다시는 기억조차 하지 않으신다는 사실이다.

34절은 33절에서 언급한 내용, 즉 그 마음에 기록한 내용이 무엇인가를 설명하고 있는데, 그것은 곧 이미 이사야 예언에서 언급하신 메시아 예수 그리스도를 통하여 우리의 죄악을 다 사하신다는 사실과(사 53:5), 다시는 그 죄를 기억하지 않으시는 하나님이라는 사실을 마음에 기록하여 알게 된다는 것이다.

그런데 여기서 '안다'(야다)는 단순히 지적으로 깨달아 안다는 의미가 아니라, 개인적 친분관계에서 인격적으로 서로 교제가 이루어지는 관계를 말한다. 따라서 여기서 '하나님을 안다'라는 말의 의미는 이러한 하나님, 즉 나의 죄를 용서해 주신 하나님임을 알고 그러한 하나님에 대해 나의 전인격적으로, 즉 나의 모든 지정의를 통하여 감사하며 존경하는 마음까지 포함하는 것이다. 이는 곧 우리의 죄를 대신하여 죽으신 메시아 예수 그리스도의 은혜를 마음에 믿고(칭의), 그 은혜가 감사하여 그의 말씀에 순종하며 사는 삶(성화)까지를 의미하는 것이다.

옛 언약 - 먹물로 기록 - 돌비에 기록 - 율법의 요구를 행위로 완성하지 못함

새 언약 - 영으로 기록 - 심(心)비에 기록 - 은혜를 믿고 행위로 순종함

신약의 증언

고후 3:3 "너희는 우리로 말미암아 나타난 그리스도의 편지니 이는 먹으로 쓴 것이 아니요 오직 살아 계신 하나님의 영으로 한 것이며 또 돌비에 쓴 것이 아니요 오직 육의 심비에 한 것이라"

고후 3:6-9 "저가 또 우리로 새 언약의 일꾼 되기에 만족게 하셨으니 의문으로 하지 아니하고 오직 영으로 함이니 의문은 죽이는 것이요 영은 살리는 것임이니라 돌에 써서 새긴 죽게 하는 의문(儀文)의 직분도 영광이 있어 이스라엘 자손들이 모세의 얼굴의 없어질 영광을 인하여 그 얼굴을 주목하지 못하였거든 하물며 영의 직분이 더욱 영광이 있지 아니하겠느냐 정죄의 직분도 영광이 있은즉 의의 직분은 영광이 더욱 넘치리라

옛 언약 - 돌비에 기록 - 먹, 의문으로 기록 - 죽이는 것 - 영광이 있었음

새 언약 - 심(마음) 비에 기록 - 영으로 기록 - 살리는 것 - 더 큰 영광이 넘침

2) 예레미야 언약의 특성

(질문 6-3-5) 그렇다면 예레미야 언약과 이사야 언약은 어떤 연관이 있다고 생각할 수 있나요?

이사야 대속 언약의 구체적 적용(칭의)

이러한 예레미야 언약은 앞에서 이미 언급한 이사야의 대속 언약을 어떻게 각 개인에게 구체적으로 적용시킬 것인가를 나타내는 언약으로 해석할 수 있다.

즉 인간은 죄로 인해 스스로가 자신의 행위로 하나님의 의를 만족하여 하나님 백성으로 구원받을 수 없으므로, 이러한 인간의 죄를 대신하여 메시아 예수 그리스도께서 십자가에 달려 죽게 하심으로 인간을 하나님 백성으로 구원시키시는데, 이러한 사실을 마음에 믿음으로 기록하게 하여 구원에 이르게 하신다는 것이다. 이에 대해 사도 바울은 로마서에서 사람이 마음으로 믿어 의에 이르고 그 믿음을 입술로 고백하고 시인하여 구원을 얻는 것이라고 기록하고 있다.

롬 10:10 "사람이 마음으로 믿어 의에 이르고 입으로 시인하여 구원에 이르느니라"

그래서 사도 바울은 하나님의 백성으로 구원받는 것이 옛 언약과 같이 형식적인 문서로 기록된 율법을 준수함으로 받는 것이 아니라, 온전히 하나님의 은혜로 받는 하나님의 선물이라는 것을 에베소서에서 언급하는 것이다.

엡 2:8-9 "너희가 그 은혜를 인하여 믿음으로 말미암아 구원을 얻었나니 이것이 너희에게서 난 것이 아니요 하나님의 선물이라 행위에서 난 것이 아니니 이는 누구든지 자랑치 못하게 함이니라"

제7장 포로 시대

남북 이스라엘의 멸망 - 구약 끝까지

B.C. 722년 - 북이스라엘 멸망
B.C. 586년 - 남유다 멸망
B.C. 537년 - 포로 1차 귀환(스룹바벨) 후
B.C. 536년 - 성전 재건 착수
B.C. 516년 - 성전 재건 완공(B.C. 586년 성전 파괴 70년 후)
B.C. 458년 - 포로 2차 귀환(에스라)
B.C. 444년 - 포로 3차 귀환(느헤미야), 성벽 공사 완공

역사서 - 열왕기하(25장)
에스라(B.C. 538-516, 458-457), 느헤미야(B.C. 444-425) - 포로 귀환 후 예루살렘에서 기록
에스더(B.C. 483-473) - 바벨론에서 기록

선지서 - 에스겔(B.C. 570), 다니엘(B.C. 535) - 바벨론에서 기록
나훔(B.C. 663-612) - 니느웨에서 기록
학개(B.C. 520), 스가랴(B.C. 519-518), 말라기(B.C. 430) - 포로 귀환 후 유다에서 기록

1. 왕국의 멸망

1) 북이스라엘의 멸망

(질문 7-1-1) 북이스라엘이 앗수르에 멸망한 원인이 어디에 있다고 성경은 말하고 있나요?

왕하 18:11-12 "앗수르 왕이 이스라엘을 사로잡아 앗수르에 이르러 할라와 고산하볼 하숫가와 메대 사람의 여러 성읍에 두었으니 이는 저희가 그 하나님 여호와의 말씀을 준행치 아니하고 그 언약을 배반하고 여호와의 종 모세의 모든 명한 것을 거스려 듣지도 아니하며 행치도 아니하였음이더라"

언약을 파기하고 이방 신들을 섬김

남유다의 히스기야 왕 9년, 북이스라엘의 호세아 왕 9년에(B.C. 722년) 앗수르의 침략을 받아 북이스라엘 백성들이 앗수르의 포로로 끌려가 앗수르의 여러 지방에 흩어져 노예 생활을 하게 된 사실을 기록하고 있는데, 이와 같이 북이스라엘이 앗수르에 멸망당한 이유가 바로 언약을 배반했기 때문이라고 밝히고 있다.

그런데 성경은 북이스라엘 백성들이 이렇게 하나님의 언약을 지키지 않았음은 물론 다음과 같이 이방 신들을 섬겼기 때문에 멸망당했음을 말하고 있다.

왕하 17:15-18 "여호와의 율례와 여호와께서 그 열조로 더불어 세우신 언약과 경계하신 말씀을 버리고 허무한 것을 좇아 허망하며 또 여호와께 서명하사 본받지 말라 하신 사면 이방 사람을 본받아 그 하나님 여호와의 모든 명령을 버리고 자기를 위하여 두 송아지 형상을 부어 만들고 또 아세라 목상을 만들고 하늘의 일월성신을 숭배하며 또 바알을 섬기고 또 자기 자녀를 불 가운데로 지나가게 하며 복술과 사술을 행하고 스스로 팔려 여호와 보시기에 악을 행하여 그 노를 격발케 하였으므로 여호와께서 이스라엘을 심히 노하사 그 앞에서 제하시니 유다 지파 외에는 남은 자가 없으니라"

이스라엘 백성들이 섬긴 이방 신들

두 송아지 형상 - 북이스라엘 백성들이 두 송아지 형상을 만들어 단과 벧엘에 두고 섬긴 사실을 지적하고 있는데, 이러한 사실이 성경의 다른 곳에서도 기록되고 있다(호 8:5, 10:5, 13:2; 암 8:14).

아세라 목상 - '아세라' 신은 바벨론 최고의 신 '엘'의 아내이며 '바알' 신의 어머니 신이었는데, 항상 목상을 만들어 바알 신상과 함께 같이 숭배되는 신이었다. 베니게 나라의 공주 이세벨이 북이스라엘 아합 왕의 아내가 되면서 가나안 지역에서 섬기던 바알과 아세라 신의 숭배 사상이 북이스라엘에 전해진 듯한데, 아합 왕 당시 왕궁의 이세벨 상에서 함께 먹은 아세라 선지자가 400명이나 된다고 성경은 기록하고 있다(왕상 18:19).

천주교의 마리아 숭배 사상도 바로 이 바벨론의 아세라 여신 숭배 사상이 페르시아 제국 시대와 헬라 제국 시대를 거쳐 로마 시대까지 전승되었다가 기독교가 갑자기 로마 제국의 국교로 선포되면서 기독

교 안에 들어오게 된 것이다.[57]

자녀를 불 가운데로 지나게 하며 - 어린 자녀를 불에 태워 몰렉 신에게 제사 드렸던 가나안 지역의 인신(人身) 제사 행위를 지적하는 것이다.

인신(人身) 제사 - 어린 자녀를 불에 태워 '몰렉' 신에게 드리는 제사로, 원래 가나안 족속들의 제사 방법이었으나(레 18:21) 그 후 모압 족속이나(왕하 3:27) 암몬 족속들에 의해 행해진 것으로 알려지고 있다. 그런데 이스라엘 백성들도 이러한 어린 자녀들의 인신 제사를 드린 사실을 지적하고 있는 것인데, 남유다에서도 게헨나(γεεννα)라는 예루살렘 남쪽의 힌놈 골짜기에서 아하스, 므낫세 등의 사악한 왕들이 어린아이들을 제물로 사용하여 몰렉 신에게 제사 드리던 사실을 성경은 기록하고 있다(대하 28:3, 33:6).

복술 - 신들의 의지나 뜻을 알아낸다는 방법의 일종으로 우리나라에서도 '점'(占)이라는 표현으로 현재까지 사용되고 있다.

사술 - 개인의 기술로 사람을 현혹시키는 현대의 '마술'과 같은 것을 의미하는데, 이러한 복술과 사술이 이스라엘 사람들에게는 율법으로 금지되었다(출 22:18; 레 19:26, 31:20).

---

57) 보다 상세한 내용은 본인의 저서 《천주교와 기독교의 차이 그 원인의 역사적 고찰》 p.176 참조 요함.

2) 남유다의 멸망

(질문 7-1-2) 남유다가 바벨론 제국에 멸망한 원인이 어디에 있다고 성경은 말하고 있나요?

대하 36:11-17 “시드기야가 위에 나아갈 때에 나이 이십일 세라 예루살렘에서 십일 년을 치리하며 그 하나님 여호와 보시기에 악을 행하고 선지자 예레미야가 여호와의 말씀으로 일러도 그의 앞에서 겸비치 아니하였으며 느부갓네살 왕이 저로 그 하나님을 가리켜 맹세케 하였으나 저가 배반하고 목을 곧게 하며 마음을 강퍅케 하여 이스라엘 하나님 여호와께로 돌아오지 아니하였고 제사장의 어른들과 백성도 크게 범죄하여 이방 모든 가증한 일을 본받아서 여호와께서 예루살렘에 거룩하게 두신 그 전을 더럽게 하였으며 그 열조의 하나님 여호와께서 그 백성과 그 거하시는 곳을 아끼사 부지런히 그 사자들을 그 백성에게 보내어 이르셨으나 그 백성이 하나님의 사자를 비웃고 말씀을 멸시하며 그 선지자를 욕하여 여호와의 진노로 그 백성에게 미쳐서 만회할 수 없게 하였으므로 하나님이 갈대아 왕의 손에 저희를 다 붙이시매”

말씀에 불순종하고 이방 신을 섬기며 선지자를 멸시함

하나님께서는 하나님의 사자(선지자)들을 백성들에게 보내어 심판이 있을 것을 선포하며 죄에서 회개하고 여호와께 돌아올 것을 촉구하였으나, 왕이나 백성들은 이러한 하나님의 사자(선지자)를 비웃고 멸시하며 욕하고 때로는 죽이려까지 하였으며(렘 18:18) 왕들은 목을 곧게 세워 여호와께 돌아오지 않았다. 심지어는 제사장들까지도 이방 신들을 섬기며 여호와의 전을 더럽히고 있음을 성경은 지적하고 있다.

하나님께서는 더 이상 이들에게 회복의 가망이 없자 이들을 갈대아 왕의 손에 붙이신다. 그래서 북이스라엘이 앗수르에 멸망한 후 136년이 지난 B.C. 586년 드디어 남유다마저도 바벨론의 침략을 받아 멸망함으로, 하나님께서 특별히 이스라엘 민족을 사랑하시고 택하시어 세우신 약속의 땅 이스라엘 나라가 없어지고 그 민족들은 열방의 포로로 끌려가 종살이를 하게 되었다.

(질문 7-1-3) 하나님께서는 다윗 왕국이 영원히 멸망치 않게 하시겠다고 언약하셨는데, 다윗 왕국이 이렇게 멸망한 사실에 대해 어떻게 생각하나요?

앞의 보다 깊은 질문을 통하여 살펴본 바와 같이, 다윗은 다음과 같이 양면성이 있음을 발견하였다.

삼하 7:15-16 "내가 네 앞에서 폐한 사울에게서 내 은총을 빼앗은 것같이 그에게서는 빼앗지 아니하리라 네 집과 네 나라가 내 앞에서 영원히 보전되고 네 위가 영원히 견고하리라 하셨다 하라"

왕상 8:25 "이스라엘 하나님 여호와여, 주께서 주의 종 내 아비 다윗에게 말씀하시기를 네 자손이 자기 길을 삼가서 네가 내 앞에서 행한 것같이 내 앞에서 행하기만 하면 네게로 좇아나서 이스라엘 위에 앉을 사람이 내 앞에서 끊어지지 아니하리라 하셨사오니 이제 다윗을 위하여 그 허하신 말씀을 지키시옵소서"

즉 동일한 다윗 언약에 대해 사무엘하 7장에서는 하나님의 은혜로 주시는 무조건적인 언약임을 말씀하시지만, 열왕기상 8장에서는 행위에 따라 주시는 조건부적인 언약임을 말씀하신다.

눈에 보이는 하나님 나라와 눈에 보이지 않는 하나님 나라

하나님께서 이스라엘 백성을 선택하신 이유는 이스라엘 백성들을 통하여 다른 이방 민족들도 구원하시려는 것이 그 근본 목적이라는 사실을 우리는 앞에서 살펴본 바가 있다. 즉 이스라엘 백성들을 택하시고 그들에게 말씀을 주시어 그 말씀대로 순종할 때 누리는 눈에 보이는 축복된 삶과 불순종할 때 당해야 하는 고난을 통하여 이스라엘 백성들은 물론 이방 민족들이 하나님 앞에 돌아오게 하시는 것이다.

그래서 언약으로 세워진 영원히 견고한 눈에 보이지 않는 다윗 왕국이 있지만, 말씀에 순종할 때 축복된 삶으로 이 세상에 나타나는 눈에 보이는 다윗 왕국도 세우시는 것이다(왕상 2:4, 8:25).

그러나 이스라엘 백성들은 이 하나님의 언약을 파기하고 하나님의 말씀에 불순종하여 눈에 보이는 행위에 의한 조건부 다윗 왕국은 멸망하고 그들 백성들은 나라를 잃고 노예로 끌려가 고통을 받게 되었다. 따라서 우리는 여기서, 우리가 행하는 행위에 따라 받는 눈에 보이는 조건부적인 하나님 나라와, 우리의 행위에 관계없이 오직 메시아의 은혜로만 받는 무조건적인 하나님 나라의 서로 다른 언약의 양면성을 발견할 수 있다.[58]

---

58) 이러한 다윗 언약의 양면성은 메시아에 의해 구속이 이루어진 신약 시대에 와서 좀 더 구체적으로 나타나는데, 그것은 바로 무조건적인 하나님의 은혜로 받는 칭의에 의한 구원과

이러한 사실로 볼 때, 눈에 보이는 다윗 왕국 이스라엘 나라는 행위의 결과로 나타나는 조건부적 하나님 나라의 모형이며, "네 집과 네 나라를 영원히 견고케 하리라"(삼하 7:16)는 다윗 언약은 눈에 보이는 다윗 왕국이 아니라 구원받은 백성에 의해 건설될 영원한 하나님의 나라를 의미한다는 사실을 우리는 다시 한 번 깨달아 알 수 있다.

(질문 7-1-4) 약속의 땅 이스라엘의 멸망과 현재 우리의 삶은 어떤 연관성이 있다고 생각하나요?

이와 같이 하나님께서 이스라엘 민족을 택하시어 이스라엘 나라를 세우신 까닭은, 이들이 하나님의 말씀에 순종할 때 누리는 하나님 나라의 축복을 통해 열방 민족들로 하나님을 섬기며 하나님 나라의 축복을 누리게 하심인데, 이러한 하나님의 의도는 현재 구원받은 성도들을 동일하게 나타내는 것이다.

눈에 보이는 하나님 나라(성도)

눅 17:21 "하나님의 나라는 너희 안에 있느니라"
롬 14:17 "하나님의 나라는 먹는 것과 마시는 것이 아니라 오직 성령 안에서 의와 희락과 평강이니라"

(엡 2:8) 구원받은 자가 자기의 행한 행위의 성화로 받는 현세에서의 축복이나 장차 천국에서 받을 상급(고전 3:8-15)으로 해석할 수 있을 것이다.

우리가 예수를 믿고 구주로 영접할 때 보이는 하나님 나라가 우리 안에 세워지는 것이며, 이 구원받은 백성들의 모임인 교회를 통해 보이는 하나님 나라가 세워지는 것이다. 따라서 현대의 교회는 보이는 하나님 나라의 상징인 이스라엘 나라요, 현대의 성도들은 보이는 하나님 나라 백성의 상징인 이스라엘 백성들과 동일하다고 말할 수 있다.

따라서 우리 교회와 우리 성도들도 하나님의 말씀에 순종하지 않을 때, 비록 보이지 아니하는 하나님 나라 백성됨에는 멸망당하지 않는다 하더라도 이스라엘 나라가 멸망하고 이스라엘 백성들이 포로로 끌려가 고통 받음과 같이, 교회는 무너지고 하나님께서 주시고자 하는 이 땅에서 나타나는 눈에 보이는 하나님 나라의 축복을 상실하고 말 것이다.

성도를 통해 확장되는 하나님 나라

마 28:19-20 "그러므로 너희는 가서 모든 족속으로 제자를 삼아 아버지와 아들과 성령의 이름으로 세례를 주고 내가 너희에게 분부한 모든 것을 가르쳐 지키게 하라 볼지어다 내가 세상 끝 날까지 너희와 항상 함께 있으리라 하시니라"

벧전 2:10-12 "너희가 전에는 백성이 아니더니 이제는 하나님의 백성이요 전에는 긍휼을 얻지 못하였더니 이제는 긍휼을 얻은 자니라 사랑하는 자들아 나그네와 행인 같은 너희를 권하노니 영혼을 거스려 싸우는 육체의 정욕을 제어하라 너희가 이방인 중에서 행실을 선하게 가져 너희를 악행한다고 비방하는 자들로 하여금 너희 선한 일을 보고 권고하시는 날에 하나님께 영광을 돌리게 하려 함이라"

하나님께서 이스라엘 백성을 택하신 목적이나 현재 우리를 구원하시어 하나님 나라 백성으로 삼으신 목적은, 보이는 하나님 나라를 통하여 보이지 않는 하나님 나라, 즉 실제의 하나님 나라를 확장해 나가시려는 것이다. 따라서 우리는 하나님의 이러한 목적을 위하여 하나님 말씀에 온전히 순종하는 삶을 삶으로, 하나님께서 우리에게 주시고자 하시는 눈에 보이는 하나님 나라의 모든 축복을 마음껏 누리며, 이 축복을 다른 사람들에게 전함으로 하나님 나라를 점점 확장해 나가는 사명을 감당해야 할 것이다.

2. 에스겔 언약(겔 36 : 24-28)

1) 물과 성령 언약 (하나님 나라의 특성 4)

(질문 7-2-1) 물로 정결케 하시겠다는 다음의 에스겔 언약의 의미는 무엇인가요?

겔 36:24-25 "내가 너희를 열국 중에서 취하여 내고 열국 중에서 모아 데리고 고토에 들어가서 맑은 물로 너희에게 뿌려서 너희로 정결케 하되 곧 너희 모든 더러운 것에서와 모든 우상을 섬김에서 너희를 정결케 할 것이며"

죄의 회개로 정결케 하심(회개)

구약에서 정결케 하는 예식에 물을 사용한 예는 많은 곳에서 발견할 수 있다(출 30:20; 레11:32; 민 19:19, 31:21). 하나님께서는 이스라엘 백성들을 열국의 포로 된 땅에서 데리고 나와 고토(옛 땅), 즉 이스라엘 본토로 데리고 들어간 후 그들이 행한 모든 더러움을 정결케 하시겠다는 것이다. 즉 직접적으로는 이스라엘 백성들을 포로에서 귀환시켜 그들의 죄를 모두 사하시겠다는 약속의 말씀이지만, 다음의 요한일서 1장 9절의 말씀과 같이 자신을 하나님의 말씀인 물에 비추어 자신이 죄인임을 깨닫고 자신의 죄를 회개하며 하나님께 고백함으로 하나님으로부터 죄 사함을 받는 것을 의미한다.[59)]

요일 1:9 "만일 우리가 우리 죄를 자백하면 저는 미쁘시고 의로우사 우리 죄를 사하시며 모든 불의에서 우리를 깨끗게 하실 것이요"

즉 "나는 물로 세례를 주려니와"(마 3:11; 요 1:26) "내 뒤에 오시는 성령으로 세례를 주는 이인 줄을 알라"(마 3:11; 요 1:33)는 세례 요한의 말씀대로 여기서 언급하는 물로 정결케 한다는 말의 의미는, 세례 요한이 회개하는 자에게 물로 세례를 베풀었던 것처럼 하나님의 말씀을 듣고 자신의 죄를 깨달아 회개하는 자를 용서하시어 정결케 하시겠다는 의미이다.

---

59) 이 말씀을 물로 세례를 받는 물세례 예식으로 해석하는 학자도 있으나, 물세례 예식은 회개하고 믿음을 고백한 사람임을 교회가 공포하는 외적 의식에 불과할 뿐 이 물세례 자체가 죄 사함을 가져온다고는 볼 수 없으므로, '맑은 물로 정결케 한다'는 이 말씀의 해석은, 구약의 제사장이 물두멍에 자신의 모습을 살피고 손을 씻어 정결케 했던 것과 같이 하나님의 말씀을 듣고 자신이 죄인임을 깨닫고 회개하여 하나님으로부터 죄 사함 받은 것을 의미한다고 해석해야 할 것이다.

(질문 7-2-2) 새 영을 너희 속에 두고 부드러운 새 마음을 너희에게 주시겠다는 다음의 에스겔 언약의 의미는 무엇인가요?

겔 36:26 "또 새 영(靈)을 너희 속에 두고 새 마음을 너희에게 주되 너희 육신에서 굳은 마음을 제하고 부드러운 마음을 줄 것이며"

성령의 은혜로 믿음을 주심(칭의)

그런데 여기서 언급된 새 영(רוּחַ 르아흐)은 예수님께서 승천하실 때의 약속대로 보내 주신 성령(πνευμα, 프뉴마) 을 의미하는 것인데, 성령을 우리 안에 주신다는 것이다. 그래서 이 성령을 통하여 육신의 죄로 인해 굳어졌던 우리의 마음을 부드러운 새 마음으로 변화시키신다는 말씀인데 '부드러운 마음'이란 자신의 죄를 회개하고 예수 그리스도를 구주로 영접하는 믿음을 의미한다. 즉 앞에서 살펴본 예레미야의 칭의 언약을 성령의 능력으로 이루시겠다는 것이다.

"신령한 일은 신령한 것으로 분별하며"(고전 2:13) "성령으로 아니하고는 누구든지 예수를 주(主)시라 할 수 없느니라"(고전 12:3)라는 말씀과 같이, 우리가 하나님의 말씀을 통하여 죄인임을 깨닫고 예수 그리스도의 구속의 은혜를 믿고 그를 우리의 구주로 영접하는 믿음은 성령의 은혜가 아니고서는 나타날 수 없기 때문이다.

그래서 세례 요한이나 주님의 말씀과 같이, 회개의 물과 성령에 의한 믿음으로 하나님의 백성이라는 새로운 피조물로 다시 태어나는 것이다.

마 3:11 "나는 너희로 회개케 하기 위하여 물로 세례를 주거니와 내 뒤에 오시는 이는 나보다 능력이 많으시니 나는 그의 신을 들기도 감당 치 못하겠노라 그는 성령과 불로 너희에게 세례를 주실 것이요"

행 1:5 "요한은 물로 세례를 베풀었으나 너희는 몇 날이 못 되어 성령으로 세례를 받으리라"

요 3:5 "예수께서 대답하시되 진실로 진실로 네게 이르노니 사람이 물과 성령으로 나지 아니하면 하나님 나라에 들어갈 수 없느니라"

고후 5:17 "그런즉 누구든지 그리스도 안에 있으면 새로운 피조물이라 이전 것은 지나갔으니 보라 새것이 되었도다"

(질문 7-2-3) 내 신을 너희 속에 두어 내 율례를 행하게 하시겠다는 다음의 에스겔 언약의 의미는 무엇인가요?

겔 36:27 "또 내 신(神)을 너희 속에 두어 너희로 내 율례를 행하게 하리니 너희가 내 규례를 지켜 행할지라"

성령의 은혜로 행하게 하심(성화)

하나님께서는 이렇게 성령의 능력으로 우리 마음을 부드럽게 하여 우리가 죄를 고백하고 예수를 구주로 영접하게 하여 하나님 나라의 백성으로 다시 태어나게 하실 뿐만 아니라, 이러한 성령을 계속 우리 마음속에 두시어(성령의 내주) 우리로 하여금 하나님의 율례(율법)를 행하게 하시고 하나님의 규례(말씀의 법)를 지키게 하시겠다는 것이다(성화의 삶).

성령의 은혜로 하나님의 백성이라는 새로운 피조물로 탄생하는 것을 성령의 인치심으로 표현한 바울은, 이러한 성령의 사역이 인 치심으로 끝나는 것이 아니라 우리 안에 내주하시어 우리로 하여금 하나님의 영광을 찬미하게 하려 함이라고 말하고 있는데, 이렇게 하나님의 영광을 찬미하는 것은 곧 하나님의 말씀에 순종하여 하나님께 영광을 드리는 하나님 나라 백성의 삶을 말하는 것이다.

고후 1:21-22 "우리를 너희와 함께 그리스도 안에서 견고케 하시고 우리에게 기름을 부으신 이는 하나님이시니 저가 또한 우리에게 인치시고 보증으로 성령을 우리 마음에 주셨느니라"

엡 1:13-14 "그 안에서 너희도 진리의 말씀 곧 너희의 구원의 복음을 듣고 그 안에서 또한 믿어 약속의 성령으로 인치심을 받았으니 이는 우리의 기업에 보증이 되사 그 얻으신 것을 구속하시고 그의 영광을 찬미하게 하려 하심이라"

그래서 사도 바울은 다음과 같이 우리를 구원하시는 하나님의 목적이 하나님의 말씀을 행하게 하심이라고 선언하고 있다.

롬 6:4 "그러므로 우리가 그의 죽으심과 합하여 세례를 받음으로 그와 함께 장사되었나니 이는 아버지의 영광으로 말미암아 그리스도를 죽은 자 가운데서 살리심과 같이 우리로 또한 새 생명 가운데서 행하게 하려 함이니라"

2) 에스겔 언약의 특성

(질문 7-2-4) 내가 너희를 내 백성이 되게 하겠다는 다음의 에스겔 언약은 아브라함 언약이나 모세 언약의 옛 언약과 비교할 때 어떤 연관성이 있다고 생각하나요?

겔 36:28 "내가 너희 열조에게 준 땅에 너희가 거하여 내 백성이 되고 나는 너희 하나님이 되리라"

옛 언약의 완성

이 말씀도 직접적으로는 이스라엘 백성들이 바벨론 포로에서 돌아와 약속의 땅에 거할 것을 말씀하는 것이지만 궁극적으로는 하나님의 말씀에 의해 통치되는 하나님 나라의 회복을 의미하는 것이다. 즉 너희 열조에게 준 땅은 물론 직접적으로는 가나안 땅을 말하지만, 가나안 땅은 하나님의 언약에서 약속된 땅 천국의 모형으로 궁극적으로는 구원받을 성도가 하나님과 함께 영원히 왕 노릇 하며 살아갈 하나님 나라를 의미한다.

그래서 하나님께서는 하나님의 신(성령)을 우리 마음에 두시어 우리로 하여금 하나님의 말씀(율례)을 지켜 행하게 하심으로 궁극적으로 우리를 하나님 나라 백성으로 완성하시겠다는 것인데, 이는 곧 다음과 같은 아브라함 언약이나 모세 언약의 완성을 의미한다.

옛 언약

시내 산 언약 - 내 말을 잘 듣고 언약을 지키면 -

내 소유가 되겠고 내 나라의 거룩한 백성이 되리라 (출 19:5)

새 언약

에스겔 언약 - 새 영을 너희 속에 두어 부드러운 마음으로 구원시킨 후(겔 36:26)

- 내 신을 너희 마음속에 두어 내 율례를 행하게 하여 (겔 36:27)
- 너희가 내 백성이 되고 나는 네 하나님이 되리라(겔 36:28)

시내 산 옛 언약은 "내 언약을 지키면 너희가 내 백성이 되리라"였는데, 에스겔 새 언약은 "내가 먼저 너희를 내 백성 삼은 후 내 율례를 지켜 행하게 하겠다"는 것이다. 즉 구제불능인 우리 인간의 힘에 맡기지 않으시고, 당신이 친히 성령으로 우리 안에 오시어 하나님 나라 백성으로 만드시겠다는 것이다.

그래서 언약의 궁극적인 목적인 하나님의 말씀에 의해 통치되는 '하나님 나라'와 하나님의 말씀에 순종하는 '하나님 백성'을 완성하시겠다는 것인데, 이러한 에스겔 언약은 구속사적 언약의 관점에 있어서 아주 중요한 의미를 차지하고 있다. 이에 다시 정리해 보면 다음과 같다.

(ㄱ) 물로 정결케 하고 성령으로 새로운 피조물을 만드심(칭의, 겔 36:26).

(ㄴ) 성령을 우리 마음에 두어 율례와 규례를 지켜 행하게 하심(성화, 겔 36:27).

(ㄷ) 너희가 내 백성이 되고 나는 네 하나님이 되리라(백성의 완성, 겔 36:28).

즉 이러한 에스겔 언약은 아브라함 언약이나 모세 언약들의 옛 언약을 폐하는 것이 아니라, 옛 언약으로는 완성할 수 없었던 언약을 에스겔의 성령 언약을 통하여 옛 언약을 완성하시겠다는 것이다.

(질문 7-2-5) 이러한 에스겔 언약은 신약에 와서 어떻게 나타나나요?

물과 성령으로 구원시키심

요 3:5 "예수께서 대답하시되 진실로 진실로 네게 이르노니 사람이 물과 성령으로 나지 아니하면 하나님 나라에 들어갈 수 없느니라"

엡 2:8-9 "너희가 그 은혜를 인하여 믿음으로 말미암아 구원을 얻었나니 이것이 너희에게서 난 것이 아니요 하나님의 선물이라 행위에서 난 것이 아니니 이는 누구든지 자랑치 못하게 함이니라"

에스겔 언약의 말씀대로 예수님께서도 우리가 물과 성령으로 구원받는다고 말씀하셨는데, 물과 성령으로 구원받는다는 의미는 에스겔 언약의 말씀대로 주의 영을 우리 마음에 두시어 완악했던 우리 마음을 부드럽게 하심으로 우리가 죄인임을 깨닫고 회개하게 하시고, 성령의 능력으로 예수 그리스도의 십자가 구속의 은혜를 믿어 구원을 얻게 하신다는 말씀임을 알 수 있다.

말씀에 순종케 하심

롬 6:4 "그러므로 우리가 그의 죽으심과 합하여 세례를 받음으로 그와 함께 장사되었나니 이는 아버지의 영광으로 말미암아 그리스도를 죽은 자 가운데서 살리심과 같이 우리로 또한 새 생명 가운데서 행하게 하려 함이니라"

엡 2:8-10 "너희가 그 은혜를 인하여 믿음으로 말미암아 구원을 얻었나니 이것이 너희에게서 난 것이 아니요 하나님의 선물이라 행위에서 난 것이 아니니 이는 누구든지 자랑치 못하게 함이니라 우리는 그의 만드신 바라 그리스도 예수 안에서 선한 일을 위하여 지으심을 받은 자니 이 일은 하나님이 전에 예비하사 우리로 그 가운데서 행하게 하려 하심이니라"

벧전 2:9-12 "오직 너희는 택하신 족속이요 왕 같은 제사장들이요 거룩한 나라요 그의 소유된 백성이니 이는 너희를 어두운 데서 불러내어 그의 기이한 빛에 들어가게 하신 자의 아름다운 덕을 선전하게 하려 하심이라 너희가 전에는 백성이 아니더니 이제는 하나님의 백성이요 전에는 긍휼을 얻지 못하였더니 이제는 긍휼을 얻은 자니라 사랑하는 자들아 나그네와 행인 같은 너희를 권하노니 영혼을 거스려 싸우는 육체의 정욕을 제어하라 너희가 이방인 중에서 행실을 선하게 가져 너희를 악행한다고 비방하는 자들로 하여금 너희 선한 일을 보고 권고하시는 날에 하나님께 영광을 돌리게 하려 함이라 그리고 "내 신을 너희 마음에 두어 내 율례를 행하게 하겠다"(겔 36:37)는 에스겔 언약의 말씀대로, 우리를 구원시키신 하나님께서는 우리를 구원시키시는 것으로 그치지 아니하시고, 구원시키신 우리를 하나님의 말씀대로 행하게 하심으로 하나님께 영광을 드리게 하신다. 또한 이러한 우리의 영광을 통하여 우리를 악하다고 비방하는 사람들도 우리와 함께 하나님께 영광을 드리게 하심이라고 말씀하심으로, 에스겔 언약이 현대의 우리에게 그대로 적용되고 있음을 알 수 있다.

우리를 구원하시어 하나님 백성으로 삼으심은 하나님의 말씀을 행하게 하려 하심이라는 것인데, 이는 에덴동산에서 선포하신 하나님 나라에서 요구되는 인간의 순종적 책임의 요구이다. 다시 말해 "너희가 내 언약을 지키면 내 소유가 되겠고 제사장 나라가 되며 거룩한 백성이 되리라"는 옛 언약에서 요구되는 인간의 순종적 책임의 요구이며, 이는 곧 "내 신(神)을 너희 속에 두어 너희로 내 율례를 행하게 하리니 너희가 내 규례를 지켜 행할지라"는 새 언약에서 요구되는 인간의 순종적 책임의 요구를 감당하게 하시겠다는 것이다.

곧 하나님 말씀에 절대적으로 순종해야 하는 옛 언약의 요구는 예수 그리스도께서 이 땅에 오시어 새 언약을 이루신 후에도 그대로 요구된다. 그래서 성경은 다음과 같이 비록 우리가 믿음으로 하나님의 백성이 되었다 하더라도 결코 율법을 폐하는 것이 아니라 오히려 율법을 더욱 굳게 세워야 함을 역설하고 있다.

롬 3:31 "그런즉 우리가 믿음으로 말미암아 율법을 폐하느뇨 그럴 수 없느니라 도리어 율법을 굳게 세우느니라"

그러나 옛 언약과의 차이는 성령을 우리 마음속에 두어 성령의 능력으로 감당케 하시겠다는 것이다. 따라서 구원받은 이후의 삶이 구원받기 이전의 삶과 다를 바가 없다면 성령으로 거듭났다고 말할 수가 없다.

<u>왕국 언약 시대에 나타난 언약의 의미</u>

다윗 언약	삼하 7:8-16	"내가 네 앞에서 폐한 사울에게서 내 은총을 빼앗은 것같이 그에게서는 빼앗지 아니하리라"(15절) "네 집과 네 나라가 네 앞에서 영원히 보전되고 네 위가 영원히 견고하리라"(16절)	은혜로 되는 하나님 나라, 영원히 보장되는 하나님 나라
이사야 언약	사 53:5-6	"그가 찔림은 우리의 허물을 인함이요 그가 상함은 우리의 죄악을 인함이라 그가 징계를 받음으로 우리가 평화를 누리고 그가 채찍에 맞음으로 우리가 나음을 입었도다"(5절) "우리는 다 양 같아서 그릇 행하여 각기 제 갈 길로 갔거늘 여호와께서는 우리 무리의 죄악을 그에게 담당시키셨도다"(6절)	메시아의 고난으로 이루어지는 하나님 나라 (메시아의 대속 언약)
예레미야 언약	렘 31:31-34	"내가 나의 법을 그들의 속에 두며 그 마음에 기록하여 나는 그들의 하나님이 되고 그들은 내 백성이 될 것이라"(33절)	이전과는 다른 새로운 법(메시아 대속의 은혜)을 마음에 기록하여 내 백성이 되게 함(칭의 언약)
에스겔 언약	겔 36:21-27	"새 영을 너희 속에 두고 새 마음을 너희에게 주되 너희 육신에서 굳은 마음을 제하고 부드러운 마음을 줄 것이며"(26절) "또 내 신을 너희 속에 두어 너희로 내 율례를 행하게 하리니"(27절)	성령으로 믿게 하고(부드러운 마음) 성령으로 순종하게 함(성령 언약)

BIBLE

제4부

신약 시대 (새 언약 실현 시대)

예수님 초림 - 예수님 재림

•제8장 하나님 나라의 시작•

예수님 초림 시대

사복음서

•제9장 하나님 나라의 확장•

교회 시대 – 성령 시대

사도행전, 서신서

•제10장 하나님 나라의 완성•

요한계시록

재림 언약

(막 13:26–27; 마 26:64; 눅 21:27–28)

심판 언약

(마 25:31–33)

이상에서 우리는 구약의 모든 언약들이 하나님 나라의 회복이라는 통일된 주제로 점진적으로 발전해 간 사실을 발견하였다.

그러던 중에 하나님께서는 드디어 계획하신 때가 되매 구약에서 언약하신 하나님 나라를 건설하시기 시작하시는데, 신약성경은 바로 구약에서 약속하신 이 하나님 나라가 어떻게 시작되었으며, 또 이 하나님 나라가 이 땅에서 어떻게 확장되어 나가며 앞으로 어떻게 완성될 것인가를 기록한 책이다.

신약(27권)의 분류

	분류	성 경
복음서		마태복음, 마가복음, 누가복음, 요한복음
역사서		사도행전
바울서신	교회서신	로마서, 고린도전후서, 갈라디아서, 데살로니가전후서
	목회서신	디모데전후서, 디도서
	옥중서신	에베소서, 빌립보서, 골로새서, 빌레몬서
일반서신		히브리서, 야고보서, 베드로전후서, 요한 1·2·3서, 유다서
예언서		요한계시록

제8장 하나님 나라의 시작(예수 그리스도의 초림 시대)

사복음서
(마태복음, 마가복음, 누가복음, 요한복음)

피의 새 언약

드디어 이 땅에 하나님 나라가 시작된다. 하나님께서는 메시아 예수 그리스도를 이 땅에 보내시어 구약에서 약속하신 하나님 나라가 시작되었음을 선포하신다.

본 장에서는 이 땅에서 세워지는 하나님 나라가 어떻게 시작되었으며, 이 땅에 세워진 하나님 나라가 어떤 의미와 특성을 가지는지 살펴보도록 하겠다.

1. 하나님 나라의 선포

1) 세례 요한의 선포

(질문 8-1-1) 다음과 같은 세례 요한의 선포는 구약에 나타난 언약과 어떤 연관이 있다고 생각하나요?

마 3:1-2 "그때에 세례 요한이 이르러 유대 광야에서 전파하여 가로되 회개하라 천국이 가까웠느니라 하였으니"

하나님 나라 임박의 선포

우리는 앞에서 구약에 나타난 언약들이 하나님 나라의 회복에 대한 통일성을 갖고 있음을 이미 살펴보았다. 그런데 지금 세례 요한은 구약의 언약들에서 언급된 그 하나님 나라가 가까이 왔음을 선포하고 있는 것이다.

즉 세례 요한은 하나님께서 메시아 예수 그리스도를 이 땅에 보내기에 앞서 먼저 이 땅에 보내신 하나님의 구속 사역에서 아주 중요한 역할을 담당한 마지막 선지자인데, 세례 요한을 통하여 하나님 나라가 가까웠으니 회개하라고 선포케 하심으로 구약에서 언급된 언약들의 실현이 임박했음을 선포하시는 것이다.

다른 복음서에서는 '하나님 나라'(βασιλεία θεός, 바실레이아 데오스)로 기록하고 있으나 유난히 마태는 '천국'(βασιλεία οὐρανός, 바실레이아 우라노스)이라는 표현을 사용하였는데, 이는 마태가 기록한 이 성경은 유대인을 상대로 기록한 것이기 때문인 듯하다.

즉 유대인들은 '하나님'이란 표현을 좀처럼 사용하지 않기 때문에 '하나님 나라'라는 표현 대신에 '천국'이란 표현을 사용한 듯한데, 이러한 천국이란 표현이 현재에는 너무나 당연하고 익숙한 표현이지만, '하늘나라'라는 천국이란 표현은 구약에서 이미 살펴본 바와 같이 하나님의 주권적 통치가 실현되는 곳을 의미한다. 이러한 하나님 나라가 임박했음을 선포함은 구약에서 언급된 언약들의 실현이 임박했음을 의미하는 것이다.

(질문 8-1-2) 다음과 같은 세례 요한의 선포는 구약의 언약과 어떤 연관이 있다고 생각하나요?

마 3:11-12 "나는 너희로 회개케 하기 위하여 물로 세례를 주거니와 내 뒤에 오시는 이는 나보다 능력이 많으시니 나는 그의 신을 들기도 감당치 못하겠노라 그는 성령과 불로 너희에게 세례를 주실 것이요 손에 키를 들고 자기의 타작마당을 정하게 하사 알곡은 모아 곡간에 들이고 쭉정이는 꺼지지 않는 불에 태우시리라"

예수 그리스도가 메시아이심의 선포

그리고 이어서 계속되는 세례 요한의 선포는, 내 뒤에 오실 한 사람이 있는데 그는 능력이 많은 분으로 심판의 주인이며, 그가 바로 이때까지 예언되어 왔던 '메시아'임을 선포하고 있는 것이다.

이스라엘 백성들이 그렇게도 기다리던 메시아가 바로 이 예수 그리스도라는 아주 중요한 사실을 선포하는데도 이스라엘 백성들은 이를 믿지 않고 결국은 그를 죽이기까지 하였다.

따라서 세례 요한의 선포 내용을 정리해 보면 다음과 같다.

- 천국이 가까웠다(구약 언약의 핵심)
- 회개하라(에스겔 언약)
- 내 뒤에 오실 이(예수 그리스도)는 메시아인데 그는 성령과 불로 세례를 베풀 것이다(에스겔 언약)

2) 예수님의 선포

(질문 8-1-3) 다음의 말씀은 예수님께서 사역하실 때 최초로 선포하신 말씀인데 이를 통해 우리가 발견할 수 있는 중요한 사실은 무엇이라고 생각하나요?

막 1:15 "가라사대 때가 찼고 하나님 나라가 가까웠으니 회개하고 복음을 믿으라 하시더라"

하나님 나라의 회복을 위해 오신 예수님

예수님의 길을 예비하기 위해 먼저 보내신 세례 요한이 잡히어 죽자 드디어 예수님께서 사역을 시작하시는데, 예수님이 그의 사역 첫 번째로 선포하신 내용도 바로 '하나님 나라'이다.

그리고 이와 같이 하나님 나라 회복이 예수님이 이 땅에 오신 근본 목적이며, 하나님 나라의 회복이 우리를 구원하시는 근본 목적이란 사실을 예수님의 제자들에게 행하신 첫 번째 가르침에서도 발견할 수 있다.

마 5:3-10 "심령이 가난한 자는 복이 있나니 천국이 저희 것임이요 애통하는 자는 복이 있나니 저희가 위로를 받을 것임이요 온유한 자는 복이 있나니 저희가 땅을 기업으로 받을 것임이요 의에 주리고 목마른 자는 복이 있나니 저희가 배부를 것임이요 긍휼히 여기는 자는 복이 있나니 저희가 긍휼히 여김을 받을 것임이요 마음이 청결한 자는 복이 있나니 저희가 하나님을 볼 것임이요 화평케 하는 자는 복이 있나니 저희가 하나님의 아들이라 일컬음을 받을 것임이요 의를 위하여 핍박을 받은 자는 복이 있나니 천국이 저희 것임이라"

예수님께서는 제자들을 세우신 후 그 제자들을 산으로 데리고 올라가 제자들에게 가르치시기 시작하시는데, 그때 제자들에게 가르치신 첫 번째 말씀도 바로 '천국'(하나님 나라)에 관한 가르침이라는 사실을 볼 때, 예수님께서 이 땅에 오신 목적이 하나님 나라의 회복에 있다는 사실을 발견할 수 있다.

그런데 무엇보다도 더 확실한 사실은, 예수님의 사역이 시작됨으로 천국이 시작되었다는 예수님의 직접적인 선포를 통하여, 예수님의 오신 목적이 하나님 나라의 회복이란 사실이다.

눅 4:18-21 "주의 성령이 내게 임하셨으니 이는 가난한 자에게 복음을 전하게 하시려고 내게 기름을 부으시고 나를 보내사 포로 된 자에게 자유를 눈먼 자에게 다시 보게 함을 전파하며 눌린 자를 자유케 하고 주의 은혜의 해를 전파하게 하려 하심이라 하였더라 책을 덮어 그 맡은 자에게 주시고 앉으시니 회당에 있는 자들이 다 주목하여 보더라 이에 예수께서 저희에게 말씀하시되 이 글이 오늘날 너희 귀에 응하였느니라 하시니"

이 말씀은 예수님께서 고향 나사렛에 오시어 행하신 첫 번째 설교인데, 예수님은 하나님 나라가 시작되었음을 선포하시는 것이다.

즉 예수님께서는 이사야 61장 1절의 말씀을 인용하신 후 "이 글이 오늘날 너희 귀에 응하였느니라"(눅 4:21)고 선언하심으로 이사야 선지자를 통하여 언약하신 하나님 나라의 회복이 예수 그리스도께서 친히 이 땅에 오심으로 다시 회복되었음을 선포하시는 것이다.[60]

이와 같이 '하나님 나라'는 복음서의 공통된 주제일 뿐만 아니라 성경의 주제요 우리 인간의 창조 목적이며, 주님께서 이 땅에 오신 목적이고 우리를 구원하시는 구원의 목적이며 언약의 핵심인 것이다.

(질문 8-1-4) 다음과 같은 예수님의 선포는 구약에 나타난 어떤 언약과 연관이 있으며 세례 요한의 선포와는 어떤 연관이 있다고 생각하나요?

막 1:15 "가라사대 때가 찼고 하나님 나라가 가까웠으니 회개하고 복음을 믿으라 하시더라"

60) 이사야 61장 1절 이하의 말씀에 대한 해설은 앞의 이사야 언약을 참고하기 바람.

하나님 나라의 조건

이 말씀은 앞에서 이미 언급한 바와 같이 예수님께서 갈릴리에서 공생애를 시작하실 때 맨 처음 선포하신 말씀인데, 이 말씀은 "회개하라 천국이 가까웠느니라"(마 3:2)는 세례 요한의 선포와 같은 의미이나, 세례 요한보다 '복음을 믿으라'는 한 가지 내용이 더 추가되었다. 그런데 이는 곧 하나님 나라 백성이 되기 위한 조건을 말씀하신 것으로 에스겔 언약의 실현으로 해석할 수 있다.

에스겔 언약 : 물로 정결케 함(겔 36:24)
새 영으로 부드러운 마음을 줌(겔 36:26)
예수님 선포 : 회개하라(마 1:15) 복음을 믿어라(마 1:15)
요한의 선포 : 나는 물로 세례를 주고 그는 성령으로 세례를 주리라(막 1:8)

(가) 회개하라

세례 요한이나 예수님이나 공히 하나님 나라가 가까웠음을 선포하신 후 '회개하라'고 촉구하신다. 따라서 우리는 하나님 나라에 들어가려면 먼저 회개가 요구된다는 사실을 알 수 있는데 '회개하라'는 말의 내용을 살펴보도록 하자.

회개하라(μετανοέω, 메타노에오) = 메타(달리) + 노에오(생각하다)

달리 생각하라, 즉 생각을 바꾸라는 의미인데, 직접적으로는 유대인들을 향하여 그들의 고정관념, 즉 아브라함의 후손으로 태어난 하나님 나라 백성이라는 선민사상을 버리고 오히려 하나님의 말씀대로 살지 못한 죄인임을 깨달아 더욱 겸손히 하나님의 은혜를 사모하라는 것이다. 자신이 죄인임을 깨닫지 못하는 세상의 모든 사람들을 향하여 자신이 죄인임을 고백하며 겸손히 하나님의 은혜를 사모하라는 것이다. 이것이 바로 이사야 언약에 선포된 '가난한 자'들이요, 마태복음 5장 1절에 나타난 '마음이 가난한 자'이다.

(나) 복음을 믿어라

복음(εὐαγγέλιον, 유앙겔리온) - '기쁜 소식'이란 의미를 갖는 '유앙겔리온'은 구약에서 약속된 언약들이 실제로 실현되는 기쁜 소식, 즉 하나님 나라가 실제로 이 땅에서 이루어지는 데에 근거된 기쁜 소식임을 뜻한다. "너희가 내 언약을 지켜 행하면 너희는 내 백성이 되리라"(출 19:5)는 옛 언약을 실패한 백성들이 예수 그리스도의 은혜로 회개하고 이 기쁜 소식을 믿기만 하면 하나님 나라 백성이 될 수 있으니 정말로 기쁜 소식이 아닐 수 없다.

이와 같이 유대인뿐만 아니라 세상의 모든 사람들이 하나님의 말씀대로 살 수 없는 죄인이지만, 이 복음을 믿기만 하면 하나님 나라 백성이 될 수 있으니 정말 기쁜 소식이 아닐 수 없는 것이다.

물세례와 성령세례

그런데 "나는 너희에게 물로 세례를 주었거니와 그는 성령으로 너희에게 세례를 주시리라"(막 1:8)는 말씀과 "나는 너희로 회개하기 위하여 물로 세례를 주거니와 내 뒤에 오시는 이는 나보다 능력이 많으시니 나는 그의 신을 들기도 감당치 못하겠노라 그는 성령과 불로 너희에게 세례를 주실 것이라"(마 3:11)의 말씀을 종합해 볼 때, 요한은 복음을 믿기에 앞서 회개한 자에게 물로 세례를 주고, 예수님께서 전하신 복음을 듣고 이를 성령의 능력으로 믿는 사건을 성령세례라는 사실은 알 수 있다.

성경은 "성령으로 아니하고는 누구든지 예수를 주(主)시라 할 수 없느니라"(고전 12:3)고 말씀하심으로, 우리가 예수를 나의 구주로 믿고 영접하는 것이 우리의 지혜와 의지로 되는 것이 아니고 오직 성령의 능력으로만 가능하다고 하기 때문이다.

따라서 이상과 같은 세례 요한과 예수님의 선포를 정리해 볼 때, 하나님 나라 백성이 되는 조건을 다음과 같이 요약해 볼 수 있다.

회개하라 - 요한의 물세례 - 회개의 사건
회개하고 복음을 믿어라 - 예수님의 성령세례 - 회개하고 복음을 믿는 사건

이와 같이 회개하고 복음을 믿어야 하나님 나라 백성이 될 수 있다는 조건은, 예수님께서 선포하신 말씀 즉 "물과 성령으로 거듭나지 않고는 하나님 나라에 들어갈 수 없다"(요 3:5)는 말씀과 동일한 내용으로 다음과 같이 정리할 수 있다.[61]

회개하라 - 물로 거듭나라 - 물세례 - 회개하고 죄 사함을 받는 사건
복음을 믿어라 - 성령으로 거듭나라 - 성령세례 - 복음을 믿고 하나님의 자녀가 되는 사건

---

61) 물세례와 성령세례에 관해서는 뒤에서 좀 더 자세히 살펴보도록 하겠다.

2. 하나님 나라의 시작

(질문 8-2-1) 예수님께서 선포하신 다음의 말씀은 언약과 어떤 연관이 있다고 생각하나요?

눅 4:18-21 "주의 성령이 내게 임하셨으니 이는 가난한 자에게 복음을 전하게 하시려고 내게 기름을 부으시고 나를 보내사 포로 된 자에게 자유를 눈먼 자에게 다시 보게 함을 전파하며 눌린 자를 자유케 하고 주의 은혜의 해를 전파하게 하려 하심이라 하였더라 책을 덮어 그 맡은 자에게 주시고 앉으시니 회당에 있는 자들이 다 주목하여 보더라 이에 예수께서 저희에게 말씀하시되 이 글이 오늘날 너희 귀에 응하였느니라 하시니"

하나님 나라 회복의 선언

이상의 말씀은 예수님께서 갈릴리 사역을 마치시고 고향 나사렛에 오시어 선포하신 첫 번째 말씀인데, 이사야 61장 1절 이하의 말씀을 인용하신 후 이렇게 예언된 하나님 나라가 실제로 이 땅에 시작되었음을 선포하셨다.

즉 구약의 언약을 통해 약속된 하나님 나라의 회복이 예수님의 사역을 통하여 실제적으로 시작된 사실을 선포하시는 것이다.

(질문 8-2-2) 예수님의 선포된 이 말씀을 통하여 우리는 이 땅에서 시작된

하나님 나라의 성격을 어떻게 설명할 수 있을까요?

이상에서 선포된 예수님의 말씀을 중심으로 하나님 나라의 성격을 살펴볼 때 다음과 같이 정리해 볼 수 있다.

1) 마귀의 세력에서 해방

하나님 나라에 가장 대적하는 것은 마귀 사탄과 그의 졸개인 귀신들이다. 하나님께서 에덴동산에 세우신 하나님 나라를 파괴한 것도 마귀 사탄이요, 때가 차매 예수님을 이 땅에 보내시어 하나님 나라를 회복하시려는 사역을 시작하실 그때 맨 처음 그 길을 방해한 것도 바로 마귀 세력이다(마 4장). 따라서 예수님께서는 이 땅에 하나님 나라를 세우시기 위하여 먼저 당신이 친히 마귀의 세력을 물리치신 후, 이 땅에서 마귀의 권세에 눌리어 억압당하는 사람들을 그 마귀의 권세에서 해방시키시어 하나님 나라를 건설하시는 것이다.

마 12:28 "그러나 내가 하나님의 성령을 힘입어 귀신을 쫓아내는 것이면 하나님의 나라가 이미 너희에게 임하였느니라"

눅 11:20 "그러나 내가 만일 하나님의 손을 힘입어 귀신을 쫓아내는 것이면 하나님의 나라가 이미 너희에게 임하였느니라"

이와 같이 하나님 나라는, 성령의 능력으로 귀신(사탄, 마귀)의 세력이 물러갈 때 임한다는 사실을 예수님의 말씀을 통해서도 알 수 있다. 예수님을 믿지 않는 사람들이 지옥 가는 것은 예수를 믿지 않은 죄 때문에 지옥에 가는 것이 아니라, 이렇게 날 때부터 원죄로 인해 마귀의 권세 아래 마귀의 자녀로 태어나서 마귀의 소욕을 따라 살기 때문이다(요 8:44).

그래서 예수님이 이 땅에 오시어 사탄의 세력을 멸하시고 하나님 나라를 세우시는 것이다.

마귀의 세력에서 해방된 삶은 하나님 말씀에 순종하는 삶

마귀의 권세에서 해방된 삶은 하나님의 말씀에 순종하는 삶을 의미한다.

요일 3:7-10 "자녀들아 아무도 너희를 미혹하지 못하게 하라 의를 행하는 자는 그의 의로우심과 같이 의롭고 죄를 짓는 자는 마귀에게 속하나니 마귀는 처음부터 범죄함이니라 하나님의 아들이 나타나신 것은 마귀의 일을 멸하려 하심이니라 하나님께로서 난 자마다 죄를 짓지 아니하나니 이는 하나님의 씨가 그의 속에 거함이요 저도 범죄치 못하는 것은 하나님께로서 났음이라 이러므로 하나님의 자녀들과 마귀의 자녀들이 나타나나니 무릇 의를 행치 아니하는 자나 또는 그 형제를 사랑치 아니하는 자는 하나님께 속하지 아니하니라"

즉 예수님께서 이 땅에 오신 목적은, 우리로 하여금 죄를 범하게 하는 마귀의 권세를 멸하여 하나님 나라를 회복하시기 위함인데, 죄를 범하게 하는 사탄의 세력이 멸망될 때 하나님의 말씀에 순종하게

된다. 따라서 마귀의 세력 아래 있는 사람은 죄를 범하고, 하나님의 권세 아래 있는 사람은 하나님의 말씀에 순종하여 서로 사랑하며 의를 향하는 것이다.

그래서 "하나님의 나라는 말에 있지 아니하고 오직 능력에 있다"(고전 4:20)는 말씀과 같이, 하나님의 나라는 우리를 멸하려는 마귀의 유혹을 물리치고 하나님의 말씀에 순종하는 삶의 능력에서 나타나는 것이다.

2) 죄의 눌림에서 해방

눅 5:17-21 "하루는 가르치실 때에 갈릴리 각 촌과 유대와 예루살렘에서 나온 바리새인과 교법사들이 앉았는데 병을 고치는 주의 능력이 예수와 함께하더라 한 중풍병자를 사람들이 침상에 메고 와서 예수 앞에 들여놓고자 하였으나 무리 때문에 메고 들어갈 길을 얻지 못한지라 지붕에 올라가 기와를 벗기고 병자를 침상채 무리 가운데로 예수 앞에 달아 내리니 예수께서 저희 믿음을 보시고 이르시되 이 사람아 네 죄 사함을 받았느니라 하시니 서기관과 바리새인들이 의논하여 가로되 이 참람한 말을 하는 자가 누구뇨 오직 하나님 외에 누가 능히 죄를 사하겠느냐"

예수님께서 이 땅에 오신 목적은 죄를 사하는 것이다.

즉 하나님 나라는 위에서 살펴본 바와 같이 사탄의 세력에서 해방되어 하나님의 말씀에 순종하는 삶에서 나타남을 알 수 있다. 옛 언약이나 새 언약 모두에서 하나님 나라에 들어가려면 우선 죄가 없이 정결함이 요구된다. "너희는 내 앞에서 행하여 완전하라"(창 17:1), "너희가 내 말을 잘 듣고 내 언약을 지키면 너희는 열국 중에서 내 소유가 되겠고 너희가 내게 대하여 제사장 나라가 되며 거룩한 백성이 되리라"(출 19:5-6)는 옛 언약의 말씀이나 "내가 율법이나 선지자를 폐하러 온 줄로 생각지 말라 폐하러 온 것이 아니요 완전케 하려 함이로다"(마 5:17)라는 새 언약의 말씀과 같이, 옛 언약이나 새 언약 모두에서 우리가 죄에서 깨끗하고 하나님의 말씀에 절대 순종이 요구되는 것이다.

그러나 이 세상에는 이렇게 하나님의 말씀에 절대적으로 순종하여 죄에서 깨끗한 사람이 한 사람도 없다. 그래서 성경은 "모든 사람이 죄를 범하여 하나님의 영광에 이르지 못한다"(롬 3:23)고 기록하고 있는 것이다. 그리하여 예수 그리스도께서 이 땅에 오시어 이렇게 말씀으로 직접 죄를 사해 주셨고, 또한 십자가에 달리어 죽으심으로 이를 믿는 모든 사람의 죄를 사해 주시어 하나님 나라 백성이 되게 하시며, 우리가 우리의 죄를 자백하기만 하면 언제든지 다음과 같이 우리를 죄에서 해방시켜 깨끗게 해주신다.

요일 1:9 "만일 우리가 우리 죄를 자백하면 저는 미쁘시고 의로우사 우리 죄를 사하시며 모든 불의에서 우리를 깨끗케 하실 것이요"

3) 육체적 불완전에서 해방

눅 4:40-41 "해질 적에 각색 병으로 앓는 자 있는 사람들이 다 병인을 데리고 나아오매 예수께서 일일이 그 위에 손을 얹으사 고치시니 여러 사람에게서 귀신들이 나가며 소리질러 가로되 당신은 하나님의 아들이니이다 예수께서 꾸짖으사 저희의 말함을 허락지 아니하시니 이는 자기를 그리스도인 줄 앎이니라"

이와 같이 예수님께서는 각종 육체적 질병이나 정신적 질병으로 고통 받는 자들을 고치시고, 소경 되어 앞을 보지 못하는 자들이 눈을 떠 세상을 보게 하셨다. 또 날 때부터 앉은뱅이 되어 걷지 못하는 자들을 일으키시어 걷고 뛰게 하심으로, 하나님 나라는 육체적이나 정신적으로도 완전한 나라임을 입증하셨다. 그래서 궁극적으로는 "모든 눈물을 그 눈에서 씻기시매 다시 사망이 없고 애통하는 것이나 곡하는 것이나 아픈 것이 다시 있지 아니하리니 처음 것들이 다 지나갔음이러라"(계 21:4)의 말씀과 같이, 하나님 나라는 이 세상의 모든 눈물, 고통, 질병, 사망이 모두 사라진 완전한 나라인 것이다.[62)]

62) 예수님의 사역을 시작으로 이 땅에 하나님 나라가 시작되었지만 아직도 구원받은 하나님의 백성이 육체적 질병으로 고통당하고 있는 것은, 이 땅에 시작된 하나님 나라는 단지 하나님 나라의 일부분이고 모형일 뿐 완전한 하나님 나라의 완성이 아니기 때문이다.

3. 새 언약의 선포

이렇게 당신이 친히 사탄 마귀의 권세를 물리치시고, 많은 사람을 각종 질병과 죄의 눌림에서 해방시켜 이 땅에 하나님 나라를 세우신 예수님께서는, 이제 복음을 믿는 모든 하나님의 백성들을 통하여 이 땅에 하나님 나라가 더욱 확장되게 하시기 위해 새 언약을 세우신다. 예수님에 의해 세워진 신약의 새 언약들을 요약해 보면 다음과 같다.

<u>예수님에 의해 세워진 신약의 대표적 새 언약</u>

피의 새 언약 - 마 26:27-28; 막 14:22-24,
성령 언약 - 요 16:7-13; 눅 4:49; 행 1:5,7-8
재림 언약 - 마 16:27, 25:31, 26:64; 요 14:2-3; 계 22:12

1) 피로 세우신 새 언약

(질문 8-3-1) 예수님께서 세우신 피의 새 언약은 앞에서 선포된 예수님의 선포와 어떤 연관이 있다고 생각하나요?

마 26:26-28 "저희가 먹을 때에 예수께서 떡을 가지사 축복하시고 떼어 제자들을 주시며 가라사대 받아 먹으라 이것이 내 몸이니라 하시고 또 잔을 가지사 사례하시고 저희에게 주시며 가라사대 너희가 다 이것을 마시라 이것은 죄 사함을 얻게 하려고 많은 사람을 위하여 흘리는 바 나의 피 곧 언약의 피니라"

막 14:22-24 "저희가 먹을 때에 예수께서 떡을 가지사 축복하시고 떼어 제자들에게 주시며 가라사대 받으라 이것이 내 몸이니라 하시고 또 잔을 가지사 사례하시고 저희에게 주시니 다 이를 마시매 가라사대 이것은 많은 사람을 위하여 흘리는 바 나의 피 곧 언약의 피니라"

예수님이 선포하신 복음의 내용

예수님께서 세우신 세 가지 언약 중에서 첫 번째가 바로 예수님의 피로 세우신 새 언약이다. 그런데 예수님께서 피로 세우신 이 새 언약은 예수님께서 "하나님 나라가 가까웠으니 회개하고 복음을 믿으라"고 선포하신 바로 그 '복음의 내용'이다.

즉 예수님의 피로 세우신 새 언약이라 함은 피는 생명을 의미하므로(신 12:23) 예수님의 생명을 바쳐 세우신 언약이다. 예수님의 생명을 하나님 나라 백성들의 죄의 값으로 바치시겠다는 것이다. 그래서 이 언약의 피를 마시는 자는, 즉 이 언약을 믿고 이 성찬의 잔을 마시는 자는 예수님께서 언약하신 대로 죄 사함을 받아 하나님 나라 백성이 되게 하신다는 것인데, 이 기쁜 소식을 바로 복음(εὐαγγέλιον, 유앙겔리온)이라 부른다.

(질문 8-3-2) 예수님께서 세우신 이 피의 새 언약은 구약의 어떤 언약과 연

관이 있으며, 이 언약의 의미를 어떻게 정의할 수 있을까요?

이사야 언약의 실현

그런데 예수님께서 세우신 이 피의 새 언약은 하나님의 구속사의 절정으로 많은 선지자들을 통하여 예언되어 온 사실이지만, 이러한 피로 세울 새 언약을 가장 구체적이고 분명하게 드러내신 것을 우리는 이사야 선지자와 세례 요한을 통하여 선포하신 예언의 말씀에서 발견할 수 있다.

따라서 이 피의 새 언약의 의미를 우리는 이사야 언약의 실현으로 정의할 수 있다.

사 53:5-6 "그가 찔림은 우리의 허물을 인함이요 그가 상함은 우리의 죄악을 인함이라 그가 징계를 받음으로 우리가 평화를 누리고 그가 채찍에 맞음으로 우리가 나음을 입었도다 우리는 다 양 같아서 그릇 행하여 각기 제 길로 갔거늘 여호와께서는 우리 무리의 죄악을 그에게 담당시키셨도다"

세례 요한을 통하여 예언된 피의 새 언약

요 1:29 "이튿날 요한이 예수께서 자기에게 나아오심을 보고 가로되 보라 세상 죄를 지고 가는 하나님의 어린 양이로다"

2) 새 언약의 필요성

(질문 8-3-3) 다음에 기록된 히브리서 말씀을 통하여 살펴볼 때 예수님께서 새 언약을 세우셔야 하는 필요성을 무엇이라고 말할 수 있나요?

히 8:7-8 "저 첫 언약이 무흠하였더면 둘째 것을 요구할 일이 없었으려니와 저희를 허물하여 일렀으되 주께서 가라사대 볼지어다 날이 이르리니 내가 이스라엘 집과 유다 집으로 새 언약을 세우리라"

옛 언약을 지키지 못했기 때문

그리고 히브리서에서는 이러한 피의 새 언약을 세우시지 않으면 안 되는 새 언약의 필요성에 대하여 설명하고 있는데, 그것은 바로 옛 언약을 지키지 못했기 때문이라는 것이다.

첫 언약이 무흠하였더면, 즉 옛 언약이 흠이 없었더라면 둘째 것 즉 새 언약을 요구할 일이 없었겠지만, 이 첫 언약 곧 옛 언약을 지키지 못하였기 때문에 새 언약을 세운다는 것이다.

4. 피의 새 언약 성취

(질문 8-4-1) 십자가 위에서 나타난 다음의 사건은 언약과 어떤 연관이 있다고 생각하나요?

요 19:28-30 "이후에 예수께서 모든 일이 이미 이룬 줄 아시고 성경으로 응하게 하려 하사 가라사대 내가 목마르다 하시니 거기 신 포도주가 가득히 담긴 그릇이 있는지라 사람들이 신 포도주를 머금은 해융을 우슬초에 매어 예수의 입에 대니 예수께서 신 포도주를 받으신 후 가라사대 다 이루었다 하시고 머리를 숙이시고 영혼이 돌아가시니라"

1) 피의 새 언약 성취

최후의 만찬에서 제자들과 함께 피의 새 언약을 세우신 예수님께서는 그 언약의 말씀대로 우리들이 죽어야 할 죗값을 치르시기 위하여 십자가에서 죽으셨다. 그래서 마지막 숨을 거두실 때 "이제 다 이루었다"(요 19:30)라고 말씀하신 것은, 바로 우리들의 죄를 위해 내 피를 바치겠다는 언약의 말씀을 이제 다 완성하셨다는 말씀인 것이다.

그러므로 그는 "그가 찔림은 우리의 허물을 인함이요 그가 상함은 우리의 죄악을 인함이라 그가 징계를 받음으로 우리가 평화를 누리고 그가 채찍에 맞음으로 우리가 나음을 입었도다 우리는 다 양 같아서 그릇 행하여 각기 제 길로 갔거늘 여호와께서는 우리 무리의 죄악을 그에게 담당시키셨도다"(사 53:5-6)라는 이사야 선지자에 의해 선포된 새 언약의 말씀을 완성하셨으며, "이튿날 요한이 예수께서 자기에게 나아오심을 보고 가로되 보라 세상 죄를 지고 가는 하나님의 어린 양이로다"(요 1:29)라는 세례 요한의 선포를 실제로 성취하신 것이다.

그래서 그는 "한 사람의 순종치 아니함으로 많은 사람이 죄인 된 것같이 한 사람의 순종하심으로 많은 사람이 의인이 되리라"(롬 5:19)는 말씀과 같이, 아담의 불순종으로 인해 많은 사람이 죄인 되었으나 예수님의 십자가 죽으심의 순종을 통하여 많은 사람을 의인 되게 하는 피의 새 언약을 성취하신 것이다.

2) 옛 언약과 새 언약의 관계

(질문 8-4-2) 다음의 히브리서 말씀은 통하여 살펴볼 때, 옛 언약에 대한 새 언약의 기능을 어떻게 정의할 수 있을까요?

> 히 9:12, 15 "염소와 송아지의 피로 아니하고 오직 자기 피로 영원한 속죄를 이루사 단번에 성소에 들어가셨느니라……이를 인하여 그는 새 언약의 중보니 이는 첫 언약 때에 범한 죄를 속하려고 죽으사 부르심을 입은 자로 하여금 영원한 기업의 약속을 얻게 하려 하심이니라"

옛 언약의 완성인 새 언약

옛 언약에서는 이스라엘 백성들이 언약을 파기하고 범죄하였을 때 그 죄를 사해 주시기 위해 염소와 송아지의 피로 제사 드리게 하는 제사 제도를 세우셨지만, 이스라엘 백성들이 계속하여 범죄함으로 하나님께서는 염소와 송아지의 피로써는 죄의 문제를 해결할 수 없음을 아시고, 흠이 없는 예수 그리스도의 피(생명)로 단번에 제사드리게 하심으로 영원한 기업의 약속을 얻게 하신 것이다.

즉 이스라엘 백성들이 실패한 염소나 송아지의 피로 세운 옛 언약을 예수 그리스도의 피로 새운 새 언약으로 완성하신 것이다. 따라서 우리는 피로 세운 새 언약을 옛 언약의 완성으로 정의할 수 있다. 그래서 성경은 다음과 같이 우리를 죄인으로 구속하고 속박하던 의문에 쓴 증서(문서의 형식으로 기록된 증서, 즉 돌비에 기록된 율법)인 옛 언약을 십자가의 새 언약으로 도말하시고 완성하셨다고 말하고 있다.

> 골 2:13-15 "또 너희의 범죄와 육체의 무할례로 죽었던 너희를 하나님이 그와 함께 살리시고 우리에게 모든 죄를 사하시고 우리를 거스리고 우리를 대적하는 의문에 쓴 증서를 도말하시고 제하여 버리사 십자가에 못 박으시고 정사와 권세를 벗어버려 밝히 드러내시고 십자가로 승리하셨느니라"

보다 깊은 질문 1

*옛 언약(율법)은 이제 불필요한 것인가?

새 언약(복음)으로 인해 옛 언약(율법)이 완성되었다면 옛 언약인 율법은 이제 불필요한 것이 아닌가 하는 문제에 접하게 되는데, 이에 대한 문제를 다음과 같이 두 가지로 분류하여 생각해 보도록 하겠다. 우선 새 언약에 대한 옛 언약의 역할과 기능을 살펴본 후, 옛 언약에 대한 새 언약의 역할과 기능을 분리하여 살펴보도록 하겠다.

1. 새 언약에 대한 옛 언약(율법)의 역할

1) 옛 언약은 죄인임을 깨닫게 하기 위함이다

롬 3:20 "그러므로 율법의 행위로 그의 앞에 의롭다 하심을 얻을 육체가 없나니 율법으로는 죄를 깨달음이니라"

이와 같이 성경은 이 세상 어디에도 율법을 온전히 지켜 스스로 의롭다 함을 받을 육체가 하나도 없음을 말하고 있다. 그런데 하나님께서 이 율법을 주신 목적은, 율법을 통하여 자신이 의로운 사람이 아니라 죄인임을 깨닫게 하기 위함이라고 말하고 있다.

2) 새 언약인 그리스도에게로 인도하는 몽학선생의 역할을 한다

갈 3:24-25 "이같이 율법이 우리를 그리스도에게로 인도하는 몽학(夢學) 선생이 되어 우리로 하여금 믿음으로 말미암아 의롭다 함을 얻게 하려 함이니라 믿음이 온 후로는 우리가 몽학선생 아래 있지 아니하도다"

율법은 우리를 그리스도께로 인도하는 선생님의 역할을 한다는 것이다. 즉 율법을 통하여 우리가 죄인임을 깨닫고, 우리의 죄를 위해 십자가에서 죽으신 예수 그리스도의 은혜를 사모하며 믿게 하고 또한 그 은혜로 인하여 의롭다 함을 얻게 되므로, 결과적으로 율법은 그리스도의 은혜로 인도해 주는 유치원 선생과 같은 역할을 한다는 것이다.

3) 옛 언약은 곧 그리스도를 말한다

갈 3:15-16 "형제들아 사람의 예대로 말하노니 사람의 언약이라도 정한 후에는 아무나 폐하거나 더하거나 하지 못하느니라 이 약속들은 아브라함과 그 자손에게 말씀하신 것인데 여럿을 가리켜 그 자손들이라 하지 아니하시고 오직 하나를 가리켜 네 자손이라 하셨으니 곧 그리스도라"

그러면서 성경은 이러한 새 언약으로 인해 옛 언약이 폐지된 것이 아니라 옛 언약에서 말한 아브라함의 자손은 곧 그리스도를 말한 것임을 밝힘으로 옛 언약과 새 언약의 일관성을 말하고 있다. 따라서 하나님께서 아브라함과 그의 자손에게 약속하신 축복은 아브라함의 혈통에 따른 육신적 후손이 아니라 예수 그리스도를 통한 믿음의 후손을 의미한다는 사실을 알 수 있다.

4) 옛 언약(율법)은 새 언약(그리스도)의 그림자이다

히 10:1 "율법은 장차 오는 좋은 일의 그림자요 참 형상이 아니므로 해마다 늘 드리는 바 같은 제사로는 나아오는 자들을 언제든지 온전케 할 수 없느니라"

히 10:10-14 "이 뜻을 좇아 예수 그리스도의 몸을 단번에 드리심으로 말미암아 우리가 거룩함을 얻었노라 제사장마다 매일 서서 섬기며 자주 같은 제사를 드리되 이 제사는 언제든지 죄를 없게 하지 못하거니와 오직 그리스도는 죄를 위하여 한 영원한 제사를 드리시고 하나님 우편에 앉으사 그 후에 자기 원수들로 자기 발등상이 되게 하실 때까지 기다리시나니 저가 한 제물로 거룩하게 된 자들을 영원히 온전케 하셨느니라"

즉 옛 언약인 율법은 새 언약인 그리스도에 의한 복음의 그림자이다. 그래서 그림자에 불과한 옛 언약인 제사를 통해서는 해마다 드려도 우리를 온전케 할 수 없었지만, 그 실체인 새 언약인 그리스도를 통해 드려진 단번의 제사는 우리를 죄에서 사하시는 영원한 제사가 되어, 옛 언약을 통해서는 온전케 될 수 없었던 우리가 그리스도로 인한 새 언약을 통해서 영원히 거룩하고 온전케 된다.

2. 옛 언약(율법)에 대한 새 언약(복음)의 역할

그러면 이제는 옛 언약(율법)에 대한 새 언약(복음)의 역할에 대해 생각해 보자.

옛 언약인 율법은 새 언약인 복음의 그림자에 불과하며 새 언약에 의해 옛 언약이 완성되었다. 즉 새 언약을 위한 옛 언약의 임무가 완성된 것이다. 그러므로 이제 옛 언약인 율법은 그 존재 가치를 상실한 불필요한 것으로 무시되어야 함이 마땅하지 않은가 하는 문제를 생각해 보자.

1) 옛 언약을 완성한 새 언약

골 2:14 "우리를 거스리고 우리를 대적하는 의문에 쓴 증서를 도말하시고 제하여 버리사 십자가에 못 박으시고"

그렇다! 새 언약에 의해 옛 언약이 완수된 것은 사실이다. 그래서 성경은 이렇게 예수 그리스도의 십자가 위에서 흘리신 피의 새 언약으로 인해 문서로 기록된 율법의 옛 언약이 도말된 사실을 분명히 언급하고 있다. 그러나 여기서 율법이 도말되었다는 말의 의미는, 그 옛 언약인 율법이 폐지되었다는 의미가 아님을 우리는 다른 성경의 말씀을 통하여 알 수 있다(롬 3:31). 즉 2장 14절의 '도말하시고 제하여 버리셨다'라는 표현의 의미는, 옛 언약인 율법 자체를 도말하고 제하여 버렸다는 의미가 아니라, 율법의 행위로 얻어지는 의로움이나 율법을 준수하지 못해 받아야 하는 죄의 저주를(롬 3:10) 도말하시고 율법의 멍에를(행 15:10) 제하여 버렸다는 것이다.

2) 옛 언약(율법)을 굳게 세우는 새 언약(은혜)

롬 3:31 "그런즉 우리가 믿음으로 말미암아 율법을 폐하느뇨 그럴 수 없느니라 도리어 율법을 굳게 세우느니라"

우리가 의롭게 된 것이 옛 언약인 율법의 행위에 있는 것이 아니라 새 언약에 약속된 믿음에 의한 것이라면 이제 우리는 이 옛 언약인 율법을 폐하여야 하는가? 성경은 절대로 그럴 수 없다는 것이다. 오히려 새 언약인 복음은 옛 언약인 율법을 더욱 굳게 세우는 역할을 한다는 것이다.

여기서 율법을 굳게 세운다는 의미는, 칭의의 개념으로 해석하여 온전히 지키지 못한 율법을 온전히 지킨 것으로 간주하여 의롭다고 불러준다는 의미로도 해석할 수 있다. 그러나 여기에서 율법을 굳게 세운다는 표현의 의미는, 이러한 칭의의 개념보다도 더 적극적인 개념으로 해석함이 타당할 것이다.

즉 새 언약인 그리스도의 십자가 공로로 은혜를 입은 성도는, 옛 언약인 율법을 더욱더 능동적이고 적극적으로 준수하고 하나님의 말씀에 순종해야 한다는 의미로 해석함이 더욱 적절한 해석일 것이다. 단지 칭의의 개념으로만 해석한다면 사실상 새 언약 시대에 와서는 율법의 존재 의미는 더 이상 무의미하기 때문이다. 그러나 사도 바울이 여기서 언급하고자 하는 것은 이와는 정반대의 개념으로, 비록 새 언약으로 인해 옛 언약이 완성되었다 하더라도 옛 언약인 율법을 더욱 굳게 지켜야 함을 말하고 있다.

3) 예수 그리스도 안에서 행하게 하시는 새 언약

골 2:6-7 "그러므로 너희가 그리스도 예수를 주로 받았으니 그 안에서 행하되 그 안에 뿌리를 박으며 세움을 입어 교훈을 받은 대로 믿음에 굳게 서서 감사함을 넘치게 하라"

그러면서 사도 바울은 골로새서에서도 이와 같은 문제를 언급하고 있는데, 비록 새 언약으로 인해 의문의 법인 옛 언약을 도말하여 제하였다 하더라도 너희가 받은 교훈, 즉 율법을 그대로 지켜 행해야 함을 말하고 있다. 즉 우리가 율법을 지키지 못해 범한 죄를 위하여 예수 그리스도께서 십자가에 달려 죽으심으로 모두 용서되었다 하더라도 우리는 믿음 위에 굳게 서서 감사함으로 하나님의 율법을 지켜야 한다는 것이다.

그런데 여기서 사도 바울은 우리가 옛 언약의 말씀들을 지켜 행하되 그 안에서, 즉 예수 그리스도를 주로 믿는 믿음 안에서 행할 것을 언급함으로, 의롭다 함을 얻기 위해 지켜야 했던 옛 언약이 이제는 예수 그리스도를 믿는 믿음 안에서 즉 전에는 내가 의롭다 함을 얻어 구원받기 위해 율법을 지키는 것으로 바뀌었음을 말하고 있다. 이제는 예수 그리스도의 은혜를 믿는 믿음에 뿌리를 박고 그 믿음 위에 굳게 서서 감사함으로 율법의 교훈을 지켜 행해야 한다는 것이다. 그래서 옛 언약에서는 죄를 짓지 않기 위해 율법의 교훈을 행하였지만, 이제는 우리의 죄를 용서해 주신 새 언약의 그 은혜가 감사하여 더욱 능동적이고 적극적으로 율법의 교훈을 지켜야 한다는 것이다.

여기서 '뿌리를 박으며'는 과거 수동형이고 '굳게 서서', '행하되', '넘치게 하라' 등이 현재 능동형으로 기록되어 있는 것을 볼 때, 예수 그리스도의 은혜를 믿는 믿음으로 말미암아 구원받은 사실은 이미 이루어진 과거의 사실이라 하더라도(칭의), 하나님의 백성들은 이 이미 받은(과거형) 믿음의 뿌리 위에 굳게 서서(현재형) 행하되(현재형, 성화) 감사가 넘치도록 해야 한다는 사실을 알 수 있다.

이와 같이 새 언약의 은혜로 말미암아 우리가 지킬 수 없었던 옛 언약의 율법이 비록 완성되었다 하더라도, 우리가 받은 옛 언약의 말씀을 지켜야 한다는 사실은 믿음에 의한 이신득의 사상과 하나님의 은혜를 철저히 강조하는 바울이라 하더라도 일반적으로 주장된 이론인데, 이러한 이론적 근거는 다음과 같은 로마서를 통해서도 알 수 있다.

롬 6:4 "그러므로 우리가 그의 죽으심과 합하여 세례를 받음으로 그와 함께 장사되었나니 이는 아버지의 영광으로 말미암아 그리스도를 죽은 자 가운데서 살리심과 같이 우리로 또한 새 생명 가운데서 행하게 하려 함이니라"

4) 언약의 통일성 - 하나님 나라의 회복

이와 같이 은혜의 새 언약 시대에서도 율법의 옛 언약이 오히려 더 적극적으로 필요함은, 다음과 같은 예수님의 말씀에서도 발견할 수 있다. 옛 언약이나 새 언약이나 모두 하나님의 말씀에 순종하는 삶, 즉 하나님의 말씀으로 통치되는 하나님 나라의 회복이라는 언약의 통일성을 다시 한 번 확인할 수 있다.

마 5:17-20 "내가 율법이나 선지자를 폐하러 온 줄로 생각하지 말라 폐하러 온 것이 아니요 완전하게 하려 함이라 진실로 너희에게 이르노니 천지가 없어지기 전에는 율법의 일점 일획도 결코 없어지지 아니하고 다 이루리라 그러므로 누구든지 이 계명 중의 지극히 작은 것 하나라도 버리고 또 그같이 사람을 가르치는 자는 천국에서 지극히 작다 일컬음을 받을 것이요 누구든지 이를 행하며 가르치는 자는 천국에서 크다 일컬음을 받으리라 내가 너희에게 이르노니 너희 의가 서기관과 바리새인보다 더 낫지 못하면 결코 천국에 들어가지 못하리라"

보다 깊은 질문 2

*구약 시대에는 구원받은 사람이 없는가?

이와 같이 율법을 통해서는 구원받을 사람이 없고, 단지 자신이 죄인임을 깨닫게 하고 구원의 실체이신 예수 그리스도에게로 인도하는 선생님에 불과하다면, 율법인 옛 언약 아래에 있던 구약 시대에서는 구원받은 사람이 없는가?

믿음으로 얻는 구원

롬 3:28 "그러므로 사람이 의롭다 하심을 얻는 것은 율법의 행위에 있지 않고 믿음으로 되는 줄 우리가 인정하노라"

엡 2:8-9 "너희가 그 은혜를 인하여 믿음으로 말미암아 구원을 얻었나니 이것이 너희에게서 난 것이 아니요 하나님의 선물이라 행위에서 난 것이 아니니 이는 누구든지 자랑치 못하게 함이니라"

이와 같이 성경은 우리가 구원받아 하나님 나라 백성이 되는 것은 율법을 지켜 행한 우리의 행위에 의한 것이 아니요, 새 언약의 주인이신 예수 그리스도의 은혜를 믿는 믿음에 의한 것임을 분명히 밝히고 있다. 그러나 성경은 다음과 같이 구약에서도 분명히 구원받은 백성들이 있음을 밝히고 있는데, 그들이 모두 믿음으로 구원받았음을 말하고 있다.

1) 믿음으로 구원받은 아브라함

롬 4:2-3 "만일 아브라함이 행위로써 의롭다 하심을 얻었으면 자랑할 것이 있으려니와 하나님 앞에서는 없느니라 성경이 무엇을 말하느뇨 아브라함이 하나님을 믿으매 이것이 저에게 의로 여기신 바 되었느니라"

갈 3:5-6 "너희에게 성령을 주시고 너희 가운데서 능력을 행하시는 이의 일이 율법의 행위에서냐 듣고 믿음에서냐 아브라함이 하나님을 믿으매 이것을 그에게 의로 정하셨다 함과 같으니라"

이와 같이 성경은 구약 시대에도 구원받은 백성이 있음을 아브라함의 예를 들어 설명하고 있는데, 그가 의롭다 함은 얻어 하나님의 백성이 된 근거가 율법을 지킨 율법적 행위로 얻은 것이 아니라 하나님을 믿는 믿음에 의한 것이란 사실을 또한 밝히고 있다.

그리고 소위 믿음 장이라고 부르는 히브리서 11장에서도 구약 시대에 구원받은 하나님의 백성을 구체적으로 예를 들어 설명하고 있는데, 이들 모두가 다 한결같이 믿음에 의해 구원받은 사실을 언급하고 있음을 발견할 수 있다.

2) 믿음의 조상인 아브라함

갈 3:7-8 "그런즉 믿음으로 말미암은 자들은 아브라함의 아들인 줄 알지

어다 또 하나님이 이방을 믿음으로 말미암아 의로 정하실 것을 성경이 미리 알고 먼저 아브라함에게 복음을 전하되 모든 이방이 너를 인하여 복을 받으리라 하였으니"

그러므로 성경은 믿음으로 말미암아 구원받은 자들은 모두가 다 아브라함의 아들이라고 밝히고 있다.

즉 혈통적인 유대인으로 태어나서 율법을 지키며 살아가는 유대 민족이 아브라함의 후손이 아니라, 새 언약(복음)을 믿고 믿음으로 다시 태어난 자들이 아브라함의 후손이란 사실을 성경은 밝히고 있는 것이다.

따라서 하나님께서 아브라함과 맺은 언약 즉 "내가 너로 큰 민족을 이루고 네게 복을 주어 네 이름을 창대케 하리니 너는 복의 근원이 될지라 너를 축복하는 자에게는 내가 복을 내리고 너를 저주하는 자에게는 내가 저주하리니 땅의 모든 족속이 너를 인하여 복을 얻을 것이니라"(창 12:2-3)에서 언급한 아브라함의 후손이나 네 민족의 개념은 혈통적 유대인이 아닌 믿음의 후손들이다.

그러므로 하나님께서 아브라함과 맺으신 이 언약에 나타난 '민족'이라 함은 믿음으로 구원받은 하나님 나라 백성을 의미하는 것이며, '복'이라 함은 믿고 구원은 하나님 나라 백성들이 누리는 하나님의 은혜를 의미하는 것이며, '복의 근원이 됨'은 아브라함이 믿음의 조상이 된다는 의미로 해석할 수 있다.

3) 마음의 할례자가 참된 아브라함의 후손(유대인)

롬 2:28-29 "대저 표면적 유대인이 유대인이 아니요 표면적 육신의 할례가 아니라 오직 이면적 유대인이 유대인이며 할례는 마음에 할지니 신령에 있고 의문에 있지 아니한 것이라 그 칭찬이 사람에게서가 아니요 다만 하나님에게서니라"

그래서 유대인, 즉 아브라함의 후손의 개념은 혈통을 통해서 나타난 표면적 유대인이 참된 유대인이 아니요 믿음이라는 내적 요소를 통해서 난 이면적 유대인이 참된 유대인이라는 것이다.

그러므로 참된 유대인(하나님 백성)이 되려면 표면적으로 나타나는 육신의 할례가 아니라 마음의 할례를 받아야 하는데, 이러한 마음의 할례는 문서로 된 율법에 따른 사람의 행위로 난 것이 아니라 오직 하나님의 은혜로 난 것이므로 사람을 칭찬할 이유가 하나도 없다는 것이다.

4) 믿음으로 구원받은 이방인

그래서 구약 시대에 구원받은 인물들이 구체적으로 기록된 히브리서 11장을 보면, 이들 중에는 아브라함의 육신적 혈통이 아닌 이방인들도 포함되어 있다는 사실을 발견할 수 있다.

즉 믿음으로 기생 라합은 정탐꾼을 평안히 영접하였으므로 순종치 아니한 자와 함께 멸망치 아니하였다고 기록하고 있어(히 11:31), 비록 그가 이방인이었지만 구원받은 사실을 알 수 있다. 특히 그는 여리고의 이방 여인이었지만 그 후손에서 인류의 구세주 예수 그리스도가 탄생되는(보아스의 어머니, 마 1:5) 영광을 누리게 됨을 성경을 통하여 알 수 있다.

그리고 이방 여인이 받은 이러한 영광은 모압 지방의 이방 여인 이었던 룻에게도 나타나는데, 그는 이방 여인이지만 보아스의 아내가 되어 다윗 왕의 할아버지인 오벳을 낳아(마 1:5) 그 후손에서 예수 그리스도가 탄생하는 영광을 누리게 됨을 또한 성경을 통하여 발견할 수 있다.

5) 그리스도께 속한 자가 아브라함의 자손

그래서 성경은 예수 그리스도의 은혜를 마음으로 믿고 그를 구주로 영접하여 그리스도께 속한 자들을 아브라함의 자손으로 표현하고 있다.

> 갈 3:29 "너희가 그리스도께 속한 자면 곧 아브라함의 자손이요 약속대로 유업을 이을 자니라"

제9장 하나님 나라의 확장 (교회 시대-성령 시대)

사도행전
서신서
[로마서, 고린도전후서, 갈라디아서, 에베소서, 빌립보서]
[골로새서, 데살로니가전후서, 디모데전후서, 디도서, 빌레몬서]
[히브리서, 야고보서, 베드로전후서, 요한1 2 3서, 유다서]

성령 언약

3년 동안의 사역을 통하여 하나님 나라를 이 땅에 시작하신 예수 그리스도께서는 피의 새 언약을 완성하심으로 모든 믿는 자들을 통하여 하나님 나라가 확장되어 나가게 하시는데, 이러한 하나님 나라의 확장이 바로 약속하신 성령을 통하여 성령의 능력으로 이루어진 사실을 사도행전이나 서신서들을 통하여 알 수 있다. 즉 복음서를 통하여 하나님 나라가 어떻게 이 땅에 시작되었는가를 알게 하신 하나님께서는, 사도행전이나 서신서들을 통하여 이 땅에서 시작된 그 하나님 나라가 어떻게 확장되어 나가는가를 알려 주신다.

즉 예수 그리스도에 의하여 이 땅에 시작된 하나님 나라가 성령의 능력으로 점점 더 확장되고 있음을 사도행전이나 각종 서신서들을 통하여 발견할 수 있는 것이다.

1. 성령 언약

새 언약의 중보자이신 예수 그리스도를 통하여 우리의 죄를 사하신 하나님께서는 세상의 모든 사람을 천국 백성으로 삼으시지 않고 특별히 이러한 새 언약, 즉 새 언약의 중보자로 세우신 예수 그리스도를 믿고 주로 영접한 사람만 천국 백성으로 삼으신다. 그런데 이 예수 그리스도를 통한 새 언약의 은혜를 믿고, 이 새 언약의 은혜를 누릴 수 있도록 세우시는 또 다른 언약이 바로 성령 언약인 것이다.

즉 새 언약의 중보자로 세움 받은 예수 그리스도께서는 모든 사람의 죄를 대신하여 십자가에서 죽으심으로 피로 세우신 새 언약을 완성하셨다. 하지만 모든 사람이 이 은혜를 누리는 것이 아니라 이 사실을 믿고 예수 그리스도를 구주로 영접하는 사람만이 이 은혜를 입어 천국 백성이 되게 하시는 것이다.

그러나 이렇게 예수 그리스도의 은혜를 믿고 예수 그리스도를 구주로 영접하여 하나님 나라 백성이 되는 것은, 우리 인간의 지혜나 의지로 되는 것이 아니고 오직 성령의 은혜로만 할 수 있으므로, 하나님께서 이러한 새 언약의 은혜를 입을 수 있도록 또 다른 보혜사 성령을 보내 주시겠다는 약속이 바로 성령 언약이다.

그러면 이러한 성령 언약이 어떻게 나타나고 이러한 성령이 어떻게 하나님 나라를 확장해 나가는지 살펴보도록 하겠다.

1) 예수님의 성령 언약

(질문 9-1-1) 다음의 언약 말씀은 구속사적 관점에서 무엇을 의미하는 것이며 이 말씀을 통하여 성령의 성격을 어떻게 정의할 수 있나요?

요 14:16, 18 "내가 아버지께 구하겠으니 그가 또 다른 보혜사를 너희에게 주사 영원토록 너희와 함께 있게 하시리니……내가 너희를 고아와 같이 버려두지 아니하고 너희에게로 오리라"

눅 24:49 "볼지어다 내가 내 아버지의 약속하신 것을 너희에게 보내리니 너희는 위로부터 능력을 입히울 때까지 이 성에 유하라 하시니라"

행 1:4-5 "사도와 같이 모이사 저희에게 분부하여 가라사대 예루살렘을 떠나지 말고 내게 들은 바 아버지의 약속하신 것을 기다리라 요한은 물로 세례를 베풀었으나 너희는 몇 날이 못되어 성령으로 세례를 받으리라 하셨느니라"

영원토록 함께하실 성령의 언약

40일간의 부활의 기간을 마치시고 승천하시기 앞서 예수님께서는 위의 말씀과 같이 제자들에게 또 다른 보혜사 성령님을 보내 주실 것을 약속하신다. 그런데 이 성령은 아버지(성부)께서 약속하신 것이며, 이 성령은 우리와 함께하시어 우리로 하여금 하나님의 백성으로 태어나는 세례를 주시고 우리에게 능력을 주시는 사실을 알 수 있다.

즉 마귀와 죄의 권세에 눌려 사는 인류를 위해 마귀 권세를 물리치시고 죄의 멍에와 각종 질병에서 해방시키시어 이 땅에 하나님 나라를 시작하신 예수님께서는, 십자가 보혈의 새 언약을 완성하심으로 우리를 마귀와 죄의 권세에서 영원히 해방시켜 하나님 나라 백성으로 삼으시는데, 바로 이 일을 위하여 성령을 보내겠다고 언약하시는 것이다.

2) 성령의 강림

(질문 9-1-2) 다음에 기록된 사건은 구속사적 언약에 있어서 어떤 의미를 갖는다고 생각하나요?

행 2:1-4 "오순절날이 이미 이르매 저희가 다 같이 한 곳에 모였더니 홀연히 하늘로부터 급하고 강한 바람 같은 소리가 있어 저희 앉은 온 집에 가득하며 불의 혀같이 갈라지는 것이 저희에게 보여 각 사람 위에 임하여 있더니 저희가 다 성령의 충만함을 받고 성령이 말하게 하심을 따라 다른 방언으로 말하기를 시작하니라"

성령 언약의 실현

예수님께서 승천하시기 전에 약속하신 언약의 말씀대로 드디어 성령께서 오순절 마가의 다락방에 바람 소리와 불의 혀 같은 모습으로 임하신 사실을 기록한 것이다.

예루살렘을 떠나지 말고 아버지의 약속하신 것을 기다리라는 예수님의 분부를 들은 120명의 제자들은 각자 흩어지지 않고 마가의 다락방에 모여 약속하신 성령을 기다리며 기도하고 있었다. 그런데 이때 홀연히 하늘로부터 성령께서 강한 바람 소리와 불의 혀 같은 모습으로 제자들에게 임하시여 모두가 다 성령을 충만히 받고 서로 다른 방언을 말하기 시작하였던 것이다.

2. 성령의 사역

이렇게 언약하신 말씀대로, 오순절 마가의 다락방에서 기도하던 제자들에게 임하기 시작한 성령께서 어떤 일을 행하시는가를 살펴보도록 하겠다.

1) 하나님 나라의 확장

(질문 9-2-1) 다음의 성경 말씀은 예수님께서 약속하신 성령 언약과 어떤 의미가 있으며, 성령을 우리에게 보내시는 목적이 무엇이라고 생각하나요?

행 1:8 "오직 성령이 너희에게 임하시면 너희가 권능을 받고 예루살렘과 온 유대와 사마리아와 땅 끝까지 이르러 내 증인이 되리라"

마 28:19-20 "그러므로 너희는 가서 모든 족속으로 제자를 삼아 아버지와 아들과 성령의 이름으로 세례를 주고 내가 너희에게 분부한 모든 것을 가르쳐 지키게 하라 볼지어다 내가 세상 끝 날까지 너희와 항상 함께 있으리라"

성령의 사역

이 말씀은 약속하신 성령께서 우리와 함께하시어 어떤 일을 행하실 것인지를 말씀하시는, 즉 성령께서 행하실 사역에 관한 말씀이다.

오순절 마가의 다락방에서 성령을 받은 모든 제자들은 위와 같은 예수님의 분부대로 예루살렘과 온 유다와 사마리아와 땅 끝까지 이르러 주님을 증거하였으며, 주를 믿는 자들에게 성부와 성자와 성령의 이름으로 세례를 주고 주님의 가르침을 지키게 하여 하나님 나라를 점점 더 확장시켜 나가게 하심을 알 수 있다(행 2:38, 8:16, 10:48, 19:5). 즉 예수님께서 이 땅에 시작하신 하나님 나라를 성령을 통하여 확장시키시려는 하나님의 계획을 발견할 수 있는 것이다.

하나님 나라의 회복이 예수님이 오신 목적이란 사실을 세례 요한과 예수님의 선포와 예수님의 사역을 통하여 이미 살펴보았지만, 이와 같이 성령을 우리에게 보내주신 목적 또한 하나님 나라의 회복과 확장에 있다는 사실을 알 수 있다. 다음과 같은 성경의 기록을 통해서 이를 더욱 확증할 수 있다.

예수님의 오신 목적

눅 4:43 "내가 다른 동네에서도 하나님의 나라 복음을 전하여야 하리니
나는 이 일로 보내심을 입었노라"

부활 후 예수님의 사역

행 1:3 "해 받으신 후에 또한 저희에게 확실한 많은 증거로 친히 사심을

나타내사 사십 일 동안 저희에게 보이시며 하나님 나라의 일을 말씀하시니라"

성령 강림 이후 제자들의 사역

행 8:12 "빌립이 하나님 나라와 및 예수 그리스도의 이름에 관하여 전도함을 저희가 믿고 남녀가 다 세례를 받으니"
행 28:30-31 "바울이 온 이태를 자기 셋집에 유하며 자기에게 오는 사람을 다 영접하고 담대히 하나님 나라를 전파하며 주 예수 그리스도께 관한 것을 가르치되 금하는 사람이 없었더라"

그래서 예수님께서 승천하실 때의 제자들에게 부탁하신 마지막 사명도 바로 이 하나님 나라를 확장하라는 것인데(마 28:18-20), 이러한 하나님 나라 확장은 인간의 지혜나 능력으로 하는 것이 아니라 온전히 위로부터 내려 주시는 성령의 은혜로만 할 수 있는 것이기에, 예수님께서는 예루살렘을 떠나지 말고 성령을 기다리다가 약속한 성령이 임하면 그때 사역을 시작하라고 제자들에게 분부하신 것이다(행 1:8).

2) 하나님 나라 확장을 위한 구체적인 성령의 역사

하나님께서는 이렇게 성령을 통하여 하나님 나라를 확장해 나가시는데, 과연 하나님께서는 어떻게 성령을 통하여 구체적으로 하나님 나라를 확장해 나가시는지 하나님 나라 확장을 위한 성령의 구체적인 사역에 관해 좀 더 자세하게 살펴보도록 하겠다.

(1) 예수를 믿어 구원받게 하시는 성령(하나님 나라의 확장)

(질문 9-2-2) 다음의 성경 말씀은 성령의 하시는 일 중에서 특별히 무엇에 관하여 말씀하시는 것인가요?

요 16:13 "그러하나 진리의 성령이 오시면 그가 너희를 모든 진리 가운데로 인도하시리니 그가 자의로 말하지 않고 오직 듣는 것을 말하시며 장래 일을 너희에게 알리시리라"

고전 12:3b "성령으로 아니하고는 누구든지 예수를 주(主)시라 할 수 없느니라"

고전 2:12-13 "우리가 세상의 영을 받지 아니하고 오직 하나님께로 온 영을 받았으니 이는 우리로 하여금 하나님께서 우리에게 은혜로 주신 것들을 알게 하려 하심이라 우리가 이것을 말하거니와 사람의 지혜의 가르친 말로 아니하고 오직 성령의 가르치신 것으로 하니 신령한 일은 신령한 것으로 분별하느니라"

진리 가운데로 인도하심

요 16:13 "그러하나 진리의 성령이 오시면 그가 너희를 모든 진리 가운데로 인도하시리니 그가 자의로 말하지 않고 오직 듣는 것을 말하시며 장래 일을 너희에게 알리시리라"

이와 같이 성령님께서는 우리 안에 계시어 우리를 항상 진리의 길로 인도하시는데, 진리는 곧 하나님의 말씀이며 복음이다.

예수를 구주로 영접하게 함

고전 12:3b "성령으로 아니하고는 누구든지 예수를 주(主)시라 할 수 없느니라"

그래서 우리로 하여금 진리인 그 복음을 믿고 예수를 구주로 영접하고 시인하게 하여 우리로 하여금 하나님 나라 백성이 되게 하시는 것이다. 이와 같이 예수를 구주로 믿고 고백하여 하나님 나라 백성이 된다는 것이 인간의 지혜에 있지 않고 오직 성령의 능력으로만 할 수 있다는 사실은, 많은 지식과 학문에 조예가 깊은 사람들이 예수를 구주로 영접하지 못하는 사실을 통해서도 입증된다.

하나님의 은혜를 깨닫게 함

고전 2:12-13 "우리가 세상의 영을 받지 아니하고 오직 하나님께로 온 영을 받았으니 이는 우리로 하여금 하나님께서 우리에게 은혜로 주신 것들을 알게 하려 하심이라 우리가 이것을 말하거니와 사람의 지혜의 가르친 말로 아니하고 오직 성령의 가르치신 것으로 하니 신령한 일은 신령한 것으로 분별하느니라"

그래서 이러한 모든 것들이 나의 지혜로 된 것이 아니고 성령의 은혜로 된 줄을 깨닫게 하신다는 것이다. 즉 하나님의 일에 관한 신령한 영적인 일은 우리 인간의 지혜나 이성으로 깨달아 아는 것이 아니라 성령의 은혜로만 깨달아 알 수 있다는 사실을 말하는 것인데, 사실 세상적 학문과 지식이 아무리 많은 사람이라 하더라도 이러한 복음을 깨닫지 못하고 믿지 못하는 사실을 볼 때, 이러한 믿음은 인간의 지혜에서 나온 것이 아니라 성령의 은혜로 된다는 사실을 부인할 수 없다. 그래서 '하나님께서는 세상의 미련한 것들을 택하사 지혜 있는 자들을 부끄럽게 하신다'(고전 1:27)는 성경의 말씀이 또한 사실임을 인정하지 않을 수 없는 것이다.

은혜로 구원 얻게 하심

엡 2:8-9 "너희가 그 은혜를 인하여 믿음으로 말미암아 구원을 얻었나니 이것이 너희에게서 난 것이 아니요 하나님의 선물이라 행위에서 난 것이 아니니 이는 누구든지 자랑치 못하게 함이니라"

그래서 성경은 구원 얻는 것이 우리의 행위로 얻는 것이 아니요 예수 그리스도의 십자가 은혜를 믿는 믿음과 이를 믿게 하시는 성령의 은혜로 얻는 것임을 분명히 밝히고 있다. 이는 이 세상 어느 누구도 자신의 구원에 대해서 자기 행위를 자랑할 수 없도록 하시기 때문이라는 것이다.

여기서 언급된 '그 은혜'는, 일차적으로는 예수 그리스도의 십자가 대속 은혜를 의미하는 것이지만, 이를 믿고 구원 얻는 것은 바로 성령의 은혜이므로 이를 믿을 수 있도록 하시는 성령의 은혜까지 의미하는 것이다.

(질문 9-2-3) 다음의 성경 말씀에 나타난 새 언약은 위의 말씀과 어떤 연관이 있으며, 새로 세우시는 법은 결국 무엇을 말씀하는 것이라고 생각하나요?

렘 31:31-34 "나 여호와가 말하노라 보라, 날이 이르리니 내가 이스라엘 집과 유다 집에 새 언약을 세우리라 나 여호와가 말하노라 이 언약은 내가 그들의 열조의 손을 잡고 애굽 땅에서 인도하여 내던 날에 세운 것과 같지 아니할 것은 내가 그들의 남편이 되었어도 그들이 내 언약을 파하였음이니라 나 여호와가 말하노라 그러나 그날 후에 내가 이스라엘 집에 세울 언약은 이러하니 곧 내가 나의 법을 그들의 속에 두며 그 마음에 기록하여 나는 그들의 하나님이 되고 그들은 내 백성이 될 것이라 그들이 다시는 각기 이웃과 형제를 가리켜 이르기를 너는 여호와를 알라 하지 아니하리니 이는 작은 자로부터 큰 자까지 다 나를 앎이니라 내가 그들의 죄악을 사하고 다시는 그 죄를 기억지 아니하리라 여호와의 말이니라"

구약에 나타난 칭의의 성령 언약

이렇게 우리가 하나님 나라 백성이 되는 것은, 옛 언약과 달리 우리 죄를 대신하여 죽으신 피로 세운 새 언약의 법을(이사야 언약) 우리의 마음속에 기록하여(믿음) 내 백성이 되게 하시겠다는 믿음에 의한 칭의의 새 언약임을, 이미 예레미야를 통하여 언약하신 사실을 앞에서 살펴본 바가 있다.

그런데 이러한 옛 언약과 다른 새 언약을 새로 세우는 것은 그들이 내 언약을 파기하고 남편을 버렸기 때문이라고 말씀하심으로, 이스라엘 백성들과 시내 산에서 맺은 옛 언약이 장차 오실 예수님께 인도하기 위한 몽학선생으로 세우신 언약이 아니라는 사실을 알아야 한다.

하나님께서는 택하신 이스라엘 백성들이 하나님의 말씀에 순종하여 하나님 나라의 축복을 누리기를 진정으로 원하셨고, 그들이 범죄할 때는 회개하고 다시 말씀에 순종함으로 하나님 나라 백성의 축복을 누리기를 진정으로 원하시어 제사 제도를 세우셨다. 그러나 완악한 이스라엘 백성들의 계속된 범죄와 언약의 파기로 인해, 할 수 없이 당신께서 하늘 보좌를 버리고 이 땅에 오시어 당신의 백성들의 죄를 위해 죽으시는 하나님의 끈질긴 사랑을 발견해야 한다.

(2) 예수를 증거하게 하시는 성령(하나님 나라의 양적 성장)

(질문 9-2-4) 성령이 우리 안에 오시어 하시는 또 다른 일이 무엇이라고 성경은 말씀하고 있나요?

요 15:26 "내가 아버지께로서 너희에게 보낼 보혜사 곧 아버지께로서 나오시는 진리의 성령이 오실 때에 그가 나를 증거하실 것이요"

성령의 능력으로 예수 그리스도의 은혜를 깨달아 알고 이를 믿어 구원에 이르게 되지만, 성령은 또한 구원받은 성도에게 임하시어 그들로 하여금 예수 그리스도를 증거하게 하신다.

즉 성령께서는 한 개인을 믿음으로 구원 얻게 하실 뿐만 아니라 구원받은 성도에게 임하시어, 그들로 하여금 예수 그리스도를 증거하게 하여 또 다른 사람으로 하여금 예수를 알고 구원 얻게 하시어 하나님 나라를 확장해 나가시는 것이다.

(질문 9-2-5) 예수 그리스도를 증거하기 위해 성령이 주는 은사들은 어떤 것들이 있다고 성경은 말하고 있나요?

고전 12:8-11 "어떤 이에게는 성령으로 말미암아 지혜의 말씀을, 어떤 이에게는 같은 성령을 따라 지식의 말씀을, 다른 이에게는 같은 성령으로 믿음을, 어떤 이에게는 한 성령으로 병 고치는 은사를, 어떤 이에게는 능력 행함을, 어떤 이에게는 예언함을, 어떤 이에게는 영들 분별함을, 다른 이에게는 각종 방언 말함을, 어떤 이에게는 방언들 통역함을 주시나니 이 모든 일은 같은 한 성령이 행하사 그 뜻대로 각 사람에게 나눠 주시느니라"

하나님 나라 확장을 위한 성령의 각종 은사

성령은 이렇게 우리를 진리로 인도하시어 우리로 하여금 복음을 믿어 하나님 나라 백성이 되게 할 뿐만 아니라, 우리에게 여러 가지 각종 은사를 주어 하나님의 일을 감당하게 하며 하나님 나라를 확장해 나갈 수 있도록 하신다.

성령의 능력만을 자랑함

롬 15:18 "그리스도께서 이방인들을 순종케 하기 위하여 나로 말미암아 말과 일이며 표적과 기사의 능력이며 성령의 능력으로 역사하신 것 외에는 내가 감히 말하지 아니하노라"

그래서 성령께서 우리 안에 오시면 각종 은사를 통하여, 즉 하나님 나라에 관한 예언의 말씀이나 기사와 표적 등을 통하여 이방인들에게 예수 그리스도를 증거하여 하나님 나라를 확장해 나가시는데, 이러한 모든 일들이 오직 성령의 능력으로 역사된 것이므로 성령의 능력 외에는 자랑할 것이 없다는 것이다. 즉 하나님 나라의 확장은 우리의 힘이나 능력으로 하는 것이 아니라 성령께서 감동을 주시고 능력을 주시어 감당케 하시므로, 우리는 단지 성령의 인도하심에 순종하기만 하면 된다. 그런데 이러한 성령의 인도하심에 순종할 때 우리는 이러한 위대한 하나님의 사역에 들어 사용되는 영광을 누린다는 사실을 발견할 수 있다.

(3) 율례를 행하게 하시는 성령(하나님 나라의 질적 성장)

(질문 9-2-6) 다음의 성경 말씀은 성령의 또 다른 사역이 무엇이라고 우리에게 말하고 있나요?

빌 2:13 "너희 안에서 행하시는 이는 하나님이시니 자기의 기쁘신 뜻을 위하여 너희로 소원을 두고 행하게 하시나니"

롬 6:4 “그러므로 우리가 그의 죽으심과 합하여 세례를 받음으로 그와 함께 장사되었나니 이는 아버지의 영광으로 말미암아 그리스도를 죽은 자 가운데서 살리심과 같이 우리로 또한 새 생명 가운데서 행하게 하려 함이니라”

성령께서 구원받은 성도들에게 임하시어 이렇게 예수 그리스도의 은혜를 깨닫고 이를 믿어 구원에 이르게 하시어 구원받은 성도들의 수를 증가시켜 하나님 나라를 양적으로 확장시키실 뿐만 아니라 구원받은 성도들로 하여금 하나님의 뜻을 행하게 하신다는 것이다.

즉 하나님께서 우리를 구원하신 근본 목적이 단지 영생에만 있는 것이 아니라, 그리스도의 죽으심과 부활에 의해 연합된 구원받은 성도는 그의 죽으심과 함께 옛 사람은 죽고 그의 부활과 함께 새 생명으로 다시 태어나 하나님의 말씀대로 행하게 하려 하심이라고 성경은 기록하고 있다. 이는 곧 하나님의 뜻(말씀)대로 통치되는 이 땅에 세워진 하나님 나라의 질적 확장을 의미한다.

(질문 9-2-7) 다음에 선포된 에스겔 언약은 위에 선포된 말씀들과 어떤 연관이 있다고 생각하나요?

겔 36:26-28 “또 새 영(靈)을 너희 속에 두고 새 마음을 너희에게 주되 너희 육신에서 굳은 마음을 제하고 부드러운 마음을 줄 것이며 또 내 신(神)을 너희 속에 두어 너희로 내 율례를 행하게 하리니 너희가 내 규례를 지켜 행할지라 내가 너희 열조에게 준 땅에 너희가 거하여 내 백성이 되고 나는 너희 하나님이 되리라"

구원받은 성도로 하여금 성령의 은혜로 하나님의 뜻을 행하며 성화의 삶을 살게 하시겠다는 위의 말씀은, 에스겔 언약에서 이미 선포되었음을 이미 살펴본 바 있다. 즉 칭의 언약이 예레미야 언약의 실현인 것처럼, 이러한 성화 언약도 에스겔 언약의 실현으로 해석할 수 있다.

즉 옛 언약은 말씀에 순종할 때 내 백성이 되겠다고 하셨는데, 새 언약에서는 너희 죄를 대신하여 내가 죽고 이를 믿는 자를 내 백성으로 우선 만든 다음, 내 성령을 그들 마음속에 두어 성령의 능력으로 말씀에 순종하는 삶을 살게 하시겠다는 것이다. 즉 성령의 은혜로 하나님 나라 백성이 된 구원받은 자는 성령의 은혜로 하나님의 말씀에 순종하는 삶을 살게 하시겠다는 것인데, 여기서 주의해야 할 것은 성령은 우리와 교제하시는 인격적인 하나님이시라는 사실이다. 즉 성령의 역사는 구원받은 자에게 일률적으로 기계적으로 역사하시는 것이 아니고 "나를 간절히 찾는 자가 나를 만날 것"(잠 8:17)이라는 말씀과 같이 성령님께서는 사모하는 자를 만나 주시고 역사하시어 말씀에 순종하는 삶을 살게 하신다.

그래서 하나님 아버지의 뜻대로 통치되는 하나님 나라가 궁극적으로는 새 하늘과 새 땅에서 완성되겠으나, 하늘에서와 같이 이 땅에서도 하나님의 말씀대로 통치되는 하나님 나라가 양적으로 확산됨은 물론 질적으로도 확산되어 나가는 것이다.

3. 이 땅에 세워진 하나님 나라의 성격

(질문 9-3-1) 베드로전서 말씀과 출애굽기 말씀을 서로 비교할 때 어떤 사실을 발견할 수 있나요?

출 19:5-6 "세계가 다 내게 속하였나니 너희가 내 말을 잘 듣고 내 언약을 지키면 너희는 열국 중에서 내 소유가 되겠고 너희가 내게 대하여 제사장 나라가 되며 거룩한 백성이 되리라 너는 이 말을 이스라엘 자손에게 고할지니라"

벧전 2:9-12 "오직 너희는 택하신 족속이요 왕 같은 제사장들이요 거룩한 나라요 그의 소유된 백성이니 이는 너희를 어두운 데서 불러내어 그의 기이한 빛에 들어가게 하신 자의 아름다운 덕을 선전하게 하려 하심이라 너희가 전에는 백성이 아니더니 이제는 하나님의 백성이요 전에는 긍휼을 얻지 못하였더니 이제는 긍휼을 얻은 자니라 사랑하는 자들아 나그네와 행인 같은 너희를 권하노니 영혼을 거스려 싸우는 육체의 정욕을 제어하라 너희가 이방인 중에서 행실을 선하게 가져 너희를 악행한다고 비방하는 자들로 하여금 너희 선한 일을 보고 권고하시는 날에 하나님께 영광을 돌리게 하려 함이라"

옛 언약과 동일한 새 언약

출애굽기 말씀은 모세가 이스라엘 백성들을 이끌고 애굽을 탈출하여 시내 산에 이르렀을 때 시내 산에서 받은 옛 언약의 말씀, 즉 이스라엘 백성들이 하나님의 말씀에 순종할 때 누리는 하나님 나라 백성으로서의 축복의 말씀이고, 베드로전서 말씀은 이러한 언약의 축복을 누리지 못한 옛 언약의 백성들과는 달리 은혜의 새 언약으로 인해 이미 하나님 나라 백성이 되어 그 축복을 누리고 있음을 선포하는 말씀이다. 그런데 하나님 나라 백성이 누리는 그 축복의 의미가 옛 언약이나 새 언약이나 동일한 성격임을 알 수 있다. 즉 이스라엘 백성들의 불순종으로 인해 완성되지 못한 옛 언약이 예수 그리스도의 은혜로 완성되었음을 선포하는 동일한 언약인 것이다.

옛 언약에서는 하나님의 말씀에 순종할 때 하나님 나라 백성의 복을 누린다는 것이며, 새 언약에서는 은혜로 먼저 하나님 나라 백성으로 만드신 후 하나님의 말씀에 순종하는 삶을 살게 하신다는 것이다. 이는 그 순서가 바뀐 것일 뿐 그 언약의 내용은 동일한 것으로 하나님의 말씀에 순종하여 하나님께서 주시는 복된 삶을 누리는 하나님 나라가 실현되었음을 선포하는 말씀이다. 이 땅에 세워진 하나님 나라에 관해 좀 더 구체적으로 살펴보도록 하겠다.

1) 하나님 나라의 영토

(질문 9-3-2) 다음과 같은 말씀은 언약의 핵심인 하나님 나라 회복과 어떤 관계가 있나요?

눅 17:20-21 "바리새인들이 하나님의 나라가 어느 때에 임하나이까 묻거늘 예수께서 대답하여 가라사대 하나님의 나라는 볼 수 있게 임하는 것이 아니요 또 여기 있다 저기 있다고도 못하리니 하나님의 나라는 너희 안에 있느니라"

마음속에 나타나는 하나님 나라 영토

이 말씀은 '하나님 나라가 어디에 나타나는가?' 즉 하나님 나라의 영토에 관해 설명하시는 말씀이다. 옛 언약에서는 하나님 나라의 모형으로 영토가 눈에 볼 수 있는 구체적인 지역으로 나타나지만, 새 언약에 나타나는 하나님 나라의 영토는 눈에 보이는 지역에 나타나는 것이 아니라 눈에 볼 수 없게 우리의 마음속에 나타난다는 것이다.

여기서 하나님 나라가 눈에 볼 수 없게 임한다는 말씀은, 하나님 나라가 구약의 언약에서와 같이 눈에 보이는 구체적인 영토를 갖는 하나님 나라가 아니라는 사실을 언급하신 것일 뿐이지, 다음과 같이 예수를 주로 믿어 구원받은 백성이 누리는 평강과 희락을 통하여 하나님 나라를 볼 수 있는 것이다.

롬 14:17 "하나님의 나라는 먹는 것과 마시는 것이 아니요 오직 성령 안에서 의와 평강과 희락이라"

즉 여기서 눈에 볼 수 없는 하나님 나라라는 사실은, 하나님 나라의 영토가 눈에 보이는 특정 지역에 임하지 않는다는 의미일 뿐 구원받은 성도들의 마음에 나타나는 의와 평강과 희락을 통하여, 즉 구원받은 성도가 하나님의 말씀에 순종하는 삶을 통하여, 또 죄 사함을 받고 기뻐하고 서로 사랑하며 용서하며 살아가는 성도들의 기쁨과 희락과 평강의 삶의 모습을 통하여 하나님 나라를 볼 수 있음을 말하고 있다.

그런데 이러한 구원받은 성도들이 성령 안에서 하나님의 말씀에 순종하고(의) 희락과 평강의 삶을 통하여 볼 수 있는 하나님 나라는, 사실은 세상 사람들이 흔히 말하는 복의 개념과는 차이가 있다. 즉 세상적인 복의 개념은 잘 먹고 잘사는 것, 부유하고 높은 자리에 오르고 건강하게 오래 사는 것 등으로 해석할 수 있는데, 성경에서 말하는 하나님 나라는 비록 이러한 것들과는 상반되는 고난의 길이라도 성령 안에서 하나님의 말씀에 순종하며 살아가는 길이라면 기쁨과 희락과 평강이 함께하시는 것이다. 그래서 스데반 집사나 사도들이나 죽음을 두려워하지 않고 복음을 전하다 순교한 수많은 선교사들이나 성령 충만한 구원받은 성도들의 삶의 모습을 통해서 의와 희락과 평강의 하나님 나라 모습을 발견할 수 있다.

2) 하나님 나라의 백성의 권세

(질문 9-3-3) 다음과 같은 말씀은 언약의 핵심인 하나님 나라와 어떤 연관이 있나요?

요 1:9-12 “참 빛 곧 세상에 와서 각 사람에게 비취는 빛이 있었나니 그가 세상에 계셨으며 세상은 그로 말미암아 지은 바 되었으되 세상이 그를 알지 못하였고 자기 땅에 오매 자기 백성이 영접지 아니하였으나 영접하는 자 곧 그 이름을 믿는 자들에게는 하나님의 자녀가 되는 권세를 주셨으니”

하나님 자녀의 권세

이 말씀은 하나님 나라 백성이 누리는 축복에 관한 말씀이다.

즉 하나님 나라 백성은 하나님 나라 백성으로 살아가야 할 의무가 있고 하나님 나라 백성이 누릴 수 있는 권세가 있는데, 이 말씀은 하나님 나라 백성으로 누릴 수 있는 권세에 관한 말씀이다.

우리는 여기서 예수 그리스도의 하나님 되심을(예수님의 신성) 다시 한 번 확인하게 된다. 즉 참 빛이 되시어 세상에 오신 예수 그리스도는 우주 만물을 지으신 하나님이신 것이다(10절). 하나님께서 육신의 옷을 입고 이 땅에 오셨지만(빌 2:7) 백성들은 그를 영접하지 않고(11절) 오히려 그를 죽였다.

그러나 하나님께서는, 이러한 예수를 영접하여 그를 구주로 믿는 사람들을, 옛 언약에서 약속하신 '백성'의 의미보다도 더 가까운 의미의 표현인 '자녀'로 삼으시겠다는 것이다. 육신의 자녀가 부모의 피로 만들어진 것과 같이 사실상 하나님의 자녀도 하나님의 새 언약의 피로 만들어진 것이다. 그래서 이러한 새 언약의 피를 믿고 하나님의 자녀가 된 자는 십자가에 달리시어 흘리신 그 보혈의 피로 탄생된 진정한 하나님의 '자녀'인 것이다. 그래서 이러한 새 언약의 피를 믿고 하나님의 자녀가 된 자는 자연적으로 옛 언약의 백성보다 훨씬 더 적극적인 하나님의 보호와 축복을 보장하겠다는 것이다. 즉 옛 언약에서는 '하나님 나라 백성'으로 삼으시어 하나님의 보호와 축복을 누리는 수동적인 입장이었지만, 이제 새 언약에 와서는 '하나님의 자녀'로 삼으시고 '자녀의 권세'를 주심으로, 더욱 적극적이고 능동적으로 복을 누

리며 살게 하시겠다는 하나님의 사랑을 발견할 수 있다.[63)]

(1) 예수 그리스도의 이름을 사용하는 권세

(질문 9-3-4) 다음과 같은 말씀들은 언약의 핵심인 하나님 나라 회복과 어떤 의미가 있나요?

빌 2:9-10 "하나님이 그를 지극히 높여 모든 이름 위에 뛰어난 이름을 주사 하늘에 있는 자들과 땅에 있는 자들과 땅 아래 있는 자들로 모든 무릎을 예수의 이름에 꿇게 하시고"

막 16:17-18 "믿는 자들에게는 이런 표적이 따르리니 곧 저희가 내 이름으로 귀신을 쫓아내며 새 방언을 말하며 뱀을 집으며 무슨 독을 마실지라도 해를 받지 아니하며 병든 사람에게 손을 얹은즉 나으리라"

요 14:13-14 "너희가 내 이름으로 무엇을 구하든지 내가 시행하리니 이는 아버지로 하여금 아들을 인하여 영광을 얻으시게 하려 함이라 내 이름으로 무엇이든지 내게 구하면 내가 시행하리라"

하나님께서는 구원받은 백성들이 누리는 희락과 평강을 통하여 구원받은 백성들의 마음에 '하나님 나라'를 세우실 뿐만 아니라, 구원받은 하나님 나라의 백성들을 '하나님의 자녀'로 삼으신다. 이 '하

---

63) 구원받은 성도에 대한 표현은, 옛 언약 시대엔 '하나님 나라의 백성'으로 그리고 새 언약 시대엔 '하나님의 자녀'로, 그리고 새 하늘과 새 땅에서는 '예수 그리스도의 신부'로 표현하고 있음을 볼 때, 그 관계가 점점 더 가깝게 표현되고 있음을 발견할 수 있다.

나님의 자녀'들로 하여금 실제로 눈에 보이는 하나님 나라의 축복을 누리게 함으로써 믿지 않는 사람들로 하여금 하나님의 은혜를 사모하게 하시는데, 이는 곧 이스라엘 백성들이 눈에 보이는 약속의 땅 가나안에서 누리는 축복된 삶을 통하여 이방인들로 하여금 하나님의 은혜를 사모하게 하심과 같은 의미인 것이다. 이것이 바로 옛 언약 시대에 아브라함에게 언약하신 '복의 근원'의 개념이며, 새 언약 시대에 선포하신 '제사장'의 개념이다.

이렇게 하나님께서 그의 택하신 자녀들에게 주시는 첫 번째 축복이 곧 '예수 그리스도의 이름을 사용할 수 있는 권세'이다.

즉 하나님께서는 '예수'라는 세상의 모든 이름 위에 뛰어난 이름을 주시어 모든 만물이 이 예수 이름 아래 무릎을 꿇게 하시고, 당신의 자녀들에게 이 '예수'라는 이름을 사용할 수 있는 권세를 주시는 것이다.

우리가 만일 대통령의 이름을 마음대로 사용할 수 있는 권세를 가졌다면, 우리의 권세가 가히 얼마나 큰 권세인가를 짐작할 수 있다. 하물며 우리가 우주 만물을 지으시고 소유하시고 다스리시는 '예수'의 이름을 마음대로 사용할 수 있는 권세를 가졌다는 이 사실은 우리에게 엄청난 축복이 아닐 수 없다.

그러면 예수 그리스도의 이름을 사용하여 얻을 수 있는 축복들이 어떤 것인지를 구체적으로 살펴보도록 하자.

피조물을 다스리는 권세

하나님께서는 우리가 예수 그리스도의 이름을 사용할 수 있는 권세를 주실 뿐만 아니라, 다음과 같이 예수 그리스도의 이름에 모든 만물을 무릎 꿇게 하시어 만물을 다스릴 수 있는 권세를 주신다.

즉 예수님께서는 당신이 친히 마귀 사탄을 물리치시고 병든 자를 고치실 뿐만 아니라, 모든 믿는 자들에게도 '예수 그리스도 이름의 권세'로 이러한 능력을 행하게 하신다. 즉 여기서 언급하신 '귀신', '뱀', '독', '병' 등은 모두가 하나님 나라와 상반되는 요소들인데, 이 하나님 나라를 방해하는 모든 요소들까지 예수 그리스도의 이름으로 통치할 수 있다는 사실을 의미한다.

그래서 베드로는 날 때부터 앉은뱅이 되어 성전 미문에서 구걸하던 자를 다음과 같이 걷고 뛰게 하였다.

> 행 3:6 "베드로가 가로되 은과 금은 내게 없거니와 내게 있는 것으로 네게 주노니 곧 나사렛 예수 그리스도의 이름으로 걸으라"

또 70인이나 되는 예수님의 제자들이 주의 이름으로 귀신을 쫓아낸 후 기뻐하며 주님께 보고하는 모습을 성경을 통하여 발견할 수 있다.

> 눅 10:17 "칠십 인이 기뻐 돌아와 가로되 주여, 주의 이름으로 귀신들도 우리에게 항복하더이다"

그런데 이러한 모든 피조물을 다스리는 권세는 하나님께서 아담과 맺으신 최초의 언약의 회복을 의미하며, 노아와 맺은 언약의 회복을 의미하는 것이다.

창 1:28 “하나님이 그들에게 복을 주시며 그들에게 이르시되 생육하고 번성하여 땅에 충만하라, 땅을 정복하라, 바다의 고기와 공중의 새와 땅에 움직이는 모든 생물을 다스리라 하시니라”

창 9:1-2 “하나님이 노아와 그 아들들에게 복을 주시며 그들에게 이르시되 생육하고 번성하여 땅에 충만하라 땅의 모든 짐승과 공중의 모든 새와 땅에 기는 모든 것과 바다의 모든 고기가 너희를 두려워하며 너희를 무서워하리니 이들은 너희 손에 붙이웠음이라”

그래서 다음과 같이 이사야 선지자가 예언한 말씀대로 모든 피조물과의 관계가 회복되고, 궁극적으로는 이러한 모든 피조물들을 다스리는 역사가 나타난다.

사 11:6-8 “그때에 이리가 어린 양과 함께 거하며 표범이 어린 염소와 함께 누우며 송아지와 어린 사자와 살찐 짐승이 함께 있어 어린아이에게 끌리며 암소와 곰이 함께 먹으며 그것들의 새끼가 함께 엎드리며 사자가 소처럼 풀을 먹을 것이며 젖 먹는 아이가 독사의 구멍에서 장난하며 젖 뗀 어린아이가 독사의 굴에 손을 넣을 것이라”

그래서 이 땅에서 모든 피조물들을 다스리며 하나님께 영광을 드리던 하나님의 자녀들은, 궁극적으로 새 하늘과 새 땅에서도 모든 피조물들을 다스리며 주와 함께 영원히 왕 노릇 하며 사는 하나님 나라를 완성하시는 것이다.

즉 에덴동산에서는 사탄의 유혹이 있었으나 이제는 모든 사탄의 세력들이 지옥 불에 던져졌으므로, 새 하늘과 새 땅에서는 다시는 밤이 없고 세세토록 왕 노릇 한다는 사실로 볼 때, 에덴동산의 축복보다도 훨씬 더 큰 영원한 축복임을 알 수 있다.

계 22:5 "다시 밤이 없겠고 등불과 햇빛이 쓸데없으니 이는 주 하나님이 저희에게 비취심이라 저희가 세세토록 왕 노릇 하리로다"

(질문 9-3-5) 다음의 말씀은 언약의 핵심인 하나님 나라 회복에 어떤 의미가 있나요?

요 14:13-14 "너희가 내 이름으로 무엇을 구하든지 내가 시행하리니 이는 아버지로 하여금 아들을 인하여 영광을 얻으시게 하려 함이라 내 이름으로 무엇이든지 내게 구하면 내가 시행하리라"

기도 응답의 권세

이는 하나님 나라 백성, 즉 하나님의 자녀가 누리는 권세 중에 '예수의 이름'을 사용하여 얻을 수 있는 또 다른 축복인 기도 응답의 축복인 것이다.

즉 하나님께서는 모든 만물 위에 뛰어난 '예수'라는 이름을 주시어 모든 만물이 이 '예수'의 이름 아래 무릎 꿇게 하시고, 이 예수의 이름을 사용하여 모든 만물을 다스리게 하실 뿐만 아니라, 이 '예수'의 이름으로 무엇이든지 구하기만 하면 주시겠다고 약속하시는 축복을 주시는 것이다.

그런데 이때 우리가 기억해야 할 중요한 사실은, 이러한 모든 것들이 '하나님께서 영광 받으시기 위함'이라는 사실, 즉 하나님께 영광 드릴 수 있는 모든 것들을 주시겠다는 것이지 우리가 기도하는 모든 것이 아니라는 것이다.

(2) 상속자의 권세

(질문 9-3-6) 다음과 같은 말씀은 언약의 핵심인 하나님 나라 회복과 어떤 의미가 있다고 생각하나요?

롬 8:16-18 "성령이 친히 우리 영으로 더불어 우리가 하나님의 자녀인 것을 증거하시나니 자녀이면 또한 후사 곧 하나님의 후사요 그리스도와 함께한 후사니 우리가 그와 함께 영광을 받기 위하여 고난도 함께 받아야 될 것이니라 생각건대 현재의 고난은 장차 우리에게 나타날 영광과 족히 비교할 수 없도다"

그리고 또 성경은 하나님의 자녀이면 또한 하나님의 후사, 즉 하나님의 상속자임을 말하고 있는데, 이 상속자의 개념은 궁극적으로 장차 주와 함께 왕 노릇 할 새 하늘과 새 땅에서의 권세를 의미한다. 하지만 현재 시작된 이 땅에서의 하나님 나라에서도 하나님의 자녀로서 누리는 하나님의 후사로서의 권세가 있음을 말한다.

하나님 나라 백성은, 하나님의 자녀로 예수 그리스도의 이름을 사용할 수 있는 권세 이외에 하나님의 상속자로서 받은 상속받은 복이 있는데, 이러한 상속받은 복 중에 여기에서는 특별히 '물질적 개념'에 대해서 생각해 보고자 한다.

즉 하나님의 자녀이면 또한 하나님의 상속자로 하나님께서 소유하신 모든 것이 곧 구원받은 백성들의 것이라는 것이다. 그러나 우리가 여기서 기억해야 할 중요한 사실은, 하나님께서는 이 모든 만물을 소유하신 주인이 되시나 구원받은 자녀들은 앞에서 이미 언급한 바와 같이 모든 만물을 다스리는 권세를 받은 청지기(관리자)일 뿐 주인이 아니라는 사실이다. 즉 모든 만물을 다스릴 수 있는 축복만을 주셨을 뿐 소유할 수 있는 축복은 주시지 않으셨다. 이는 곧 아담에게 맨 처음 주신 그 복(창 1:28)과 동일하다. 그런데 우리는 이와 같은 사실을 다음과 같은 예수님의 비유의 말씀을 통해서도 알 수 있다.

> 눅 16:1-8 "또한 제자에게 이르시되 어떤 부자에게 청지기가 있는데 그가 주인의 소유를 허비한다는 말이 그 주인에게 들린지라 주인이 저를 불러 가로되 내가 네게 대하여 들은 이 말이 어찜이뇨 네 보던 일을 셈하라 청지기 사무를 계속하지 못하리라 하니 청지기가 속으로 이르되 주인이 내 직분을 빼앗으니 내가 무엇을 할꼬 땅을 파자니 힘이 없고 빌어먹자니 부끄럽구나 내가 할 일을 알았도다 이렇게 하면 직분을 빼앗긴 후에 저희가 나를 자기 집으로 영접하리라 하고 주인에게 빚진 자를 낱낱이 불러다가 먼저 온 자에게 이르되 네가 내 주인에게 얼마나 졌느뇨 말하되 기름 백 말이니이다 가로되 여기 네 증서를 가지고 빨리 앉아 오십이라 쓰라 하고 또 다른 이에게 이르되 너는 얼마나 졌느뇨 가로되 밀 백 석이니이다 이르되 여기 네 증서를 가지고 팔십이라 쓰라 하였는지라 주인이 옳지 않은 청지기가 일을 지혜 있게 하였으므로 칭찬하였으니 이 세대의 아들들이 자기 시대에 있어서는 빛의 아들들보다 더

지혜로움이니라"

이 말씀은 이해하기에 좀 어려운 비유의 말씀인데, 이 세상의 지혜로운 불의한 한 청지기를 비유로 들어 제자들에게 청지기의 사명에 관한 개념을 올바로 가르치시는 말씀이다. 즉 구원받은 백성은 세상 물질을 관리하는 청지기일 뿐 주인이 아니라는 사실이다. 그래서 청지기는 주인이 청지기에게 재물을 맡겨 다스리게 하려는 참된 뜻을 깨닫고, 그 재물을 쌓아 두지 말고 어렵고 힘든 사람들을 위하여 사용하라는 것이다. 주인의 재산으로 남을 도와주어 자신의 미래를 준비하는 이 불의한 한 청지기를 오히려 주인이 칭찬함으로써, 구원받은 하나님 나라 백성들도 하나님께서 재물을 맡겨 주신 그 뜻을 올바로 깨닫고, 그 맡겨 주신 하나님의 뜻에 따라 가난하고 고통받는 불우한 이웃에게 올바로 사용함으로 앞으로 다가올 미래를 준비하라는 말씀으로, 구원받은 하나님 나라 백성이 가져야 할 청지기의 사명에 관한 올바른 가르침이다.

이미 해고를 받아 자신이 일할 날이 얼마 남지 않은 한 청지기가 주인의 재산을 자기 마음대로 사용하여 어려운 빚진 자들을 도와주는 행위는 분명히 옳지 못한 행위이다. 그러나 오히려 그 주인이 청지기를 칭찬한다는 사실은, 이 해고당한 청지기와 같이 유한한 이 세상의 삶을 살아가는 하나님 나라 백성들은 영원한 천국의 삶을 준비하는 지혜로운 청지기가 되어야 한다는 의미이다. 사실 우리는 해고당한 이 청지기와 같이 언제 이 세상에서 청지기 직을 버리고 떠나야 할지 모른다. 따라서 해고당한 지혜로운 청지기가 그 자리에 붙어 있는 동안 부지런히 주인의 재물을 사용하여 빚진 자들을 도와

주며 미래를 준비한 것처럼, 아직 청지기의 권한이 우리에게 남아 있을 때 우리에게 맡겨주신 재물이나 사명들을 주인 되신 하나님이 맡겨 주신 그 뜻에 맞게 올바로 사용하여 천국에서의 상급을 준비해야 할 것이다.

그리고 이어서 "내가 너희에게 말하노니 불의의 재물로 친구를 사귀라 그리하면 없어질 때에 저희가 영원한 처소로 너희를 영접하리라"(눅 16:9)는 좀 해석하기 힘든 말씀을 하시나, 이 말씀은 곧 우리에게 맡겨 주신 재물을 이웃을 위하여 사용하는 것이 하나님의 뜻임을 말씀하시는 것이다.

그리고 성경은 다음과 같이 우리 이웃의 가난하고 힘든 자들에게 한 것이 곧 예수님께 한 것이며, 이들을 돌보지 않은 것이 곧 나를 돌보지 않은 것이라고 가르치신다.

마 25:40-46 "임금이 대답하여 가라사대 내가 진실로 너희에게 이르노니 너희가 여기 내 형제 중에 지극히 작은 자 하나에게 한 것이 곧 내게 한 것이니라 하시고 또 왼편에 있는 자들에게 이르시되 저주를 받은 자들아 나를 떠나 마귀와 그 사자들을 위하여 예비된 영영한 불에 들어가라 내가 주릴 때에 너희가 먹을 것을 주지 아니하였고 목마를 때에 마시게 하지 아니하였고 나그네 되었을 때에 영접하지 아니하였고 벗었을 때에 옷 입히지 아니하였고 병들었을 때와 옥에 갇혔을 때에 돌아보지 아니하였느니라 하시니 저희도 대답하여 가로되 주여 우리가 어느 때에 주의 주리신 것이나 목마르신 것이나 나그네 되신 것이나 벗으신 것이나 병드신 것이나 옥에 갇히신 것을 보고 공양치 아니하더이까 이에 임금이 대답하여 가라사대 내가 진실로 너희에게 이르노니 이 지극히 작은 자 하나에게 하지 아니한 것이 곧 내게 하지 아니한 것이니라 하시리니 저희는 영벌에 의인들은 영생에 들어가리라 하시니라"

그리고 이어서 "지극히 작은 것에 충성된 자는 큰 것에도 충성되고 지극히 작은 것에 불의한 자는 큰 것에도 불의하니라"(눅 16:10)고 기록하고 있어, 우리가 받은 것이 작아서 남을 도울 수 없다는 핑계가 있을 수 없음을 선포하고 있다.

그러면서 성경은 우리가 가진 것이 비록 작은 것이지만, 이러한 작은 것을 모든 재물의 주인 되신 하나님의 뜻에 합당하게 충성을 다하여 사용할 때 비로소 우리에게 큰 것을 맡긴다는 사실을 다음과 같이 말씀하고 있다.

마 25:23 "그 주인이 이르되 잘하였도다 착하고 충성된 종아 네가 작은 일에 충성하였으매 내가 많은 것으로 네게 맡기리니 네 주인의 즐거움에 참예할지어다"

그래서 우리에게 맡겨주신 재물이 비록 보잘것없는 작은 것이라도 그것을 남을 위해 사용할 때, 즉 나보다도 더 어려운 내 이웃에게 줄 때 비로소 흔들어 넘치도록 더 많은 재물들을 맡겨 주신다고 다음과 같이 약속하신다.

눅 6:38 "주라 그리하면 너희에게 줄 것이니 곧 후히 되어 누르고 흔들어

넘치도록 하여 너희에게 안겨 주리라 너희의 헤아리는 그 헤아림으로 너희도 헤아림을 도로 받을 것이니라"

이와 같이 구원받은 성도는 하나님의 후사요 하나님의 청지기이므로, 받은 것이 많으면 많은 대로 적으면 적은대로 자신을 위해 쌓아두지 말고 이웃을 위해 하나님의 뜻대로 사용해야 한다. 그럴 때에 하나님께서는 얼마든지 더 많은 것으로 맡겨 주시기 때문에, 비록 현재 그들이 가진 것이 없어 다른 사람들이 보기엔 근심하고 걱정할 것 같으나 항상 기뻐할 수 있고, 비록 아무것도 가진 것이 없는 가난한 자 같지만 모든 것을 가진 자같이 많은 사람들을 부요하게 할 수 있는 능력이 있는 것이다. 이 또한 아담에게 주신 모든 피조물을 다스리는 권세의 회복을 의미한다.

고후 6:10 "근심하는 자 같으나 항상 기뻐하고, 가난한 자 같으나 많은 사람을 부요하게 하고, 아무것도 없는 자 같으나 모든 것을 가진 자로다"

3) 하나님 나라의 주권적 통치(백성의 의무)

(질문 9-3-7) 다음과 같은 말씀은 하나님 나라 회복과 어떤 연관이 있나요?

벧전 2:9-12 "오직 너희는 택하신 족속이요 왕 같은 제사장들이요 거룩한 나라요 그의 소유된 백성이니 이는 너희를 어두운 데서 불러내어 그의 기이한 빛에 들어가게 하신 자의 아름다운 덕을 선전하게 하려 하심이라 너희가 전에는 백성이 아니더니 이제는 하나님의 백성이요 전에는 긍휼을 얻지 못하였더니 이제는 긍휼을 얻은 자니라 사랑하는 자들아 나그네와 행인 같은 너희를 권하노니 영혼을 거스려 싸우는 육체의 정욕을 제어하라 너희가 이방인 중에서 행실을 선하게 가져 너희를 악행한다고 비방하는 자들로 하여금 너희 선한 일을 보고 권고하시는 날에 하나님께 영광을 돌리게 하려 함이라"

(1) 소유된 백성

앞에서 언급한 바와 같이, 이 말씀은 이스라엘 백성들의 불순종으로 이루지 못했던 옛 언약이 예수 그리스도의 은혜로 새 언약에서 성취되었음을 선포하는 말씀인데, 앞에서는 하나님 나라 백성이 누리는 권리에 대해서 생각해 보았으므로 여기에서는 하나님 나라 백성이 감당해야 할 의무에 대해서 생각해 보도록 하겠다.

구원받은 성도는 '하나님께 소유된 백성'으로 하나님의 은혜로 살아가는 하나님 나라 백성의 권세도 있지만, 그 소유권이 하나님께 있다는 사실을 선포하신 말씀이기도 하다. 구원받은 하나님의 백성들은 하나님의 주권적 통치에 따라야 함을, 즉 하나님의 말씀에 절대적으로 순종해야 함을 의미한다.

즉 하나님 나라 백성으로서 권리를 누릴 수 있지만, 다른 한편으론 하나님 나라 백성으로서 감당해야 할 의무가 있음을 알아야 한다.

창조와 구원의 목적

하나님 나라는 하나님의 말씀에 절대적인 순종이 요구되며, 이러한 하나님 말씀에 대한 절대적 순종은 곧 하나님의 주권적 통치를 의미하는 것이다. 이러한 하나님의 주권적 통치에 의해 다스려지는 하나님 나라는 에덴의 창조 목적이며, 이스라엘 백성과 맺은 언약의 목적이며, 신약 시대에 와서 우리를 구원하시는 목적이다.

창 2:15-17 "여호와 하나님이 그 사람을 이끌어 에덴동산에 두사 그것을 다스리며 지키게 하시고 여호와 하나님이 그 사람에게 명하여 가라사대 동산 각종 나무의 실과는 네가 임의로 먹되 선악을 알게 하는 나무의 실과는 먹지 말라 네가 먹는 날에는 정녕 죽으리라"

출 19:5-6 "세계가 다 내게 속하였나니 너희가 내 말을 잘 듣고 내 언약을 지키면 너희는 열국 중에서 내 소유가 되겠고 너희가 내게 대하여 제사장 나라가 되며 거룩한 백성이 되리라"

벧전 2:10-12 "너희가 전에는 백성이 아니더니 이제는 하나님의 백성이요 전에는 긍휼을 얻지 못하였더니 이제는 긍휼을 얻은 자니라 사랑하는 자들아 나그네와 행인 같은 너희를 권하노니 영혼을 거스려 싸우는 육체의 정욕을 제어하라 너희가 이방인 중에서 행실을 선하게 가져 너희를 악행한다고 비방하는 자들로 하여금 너희 선한 일을 보고 권고하시는 날에 하나님께 영광을 돌리게 하려 함이라"

즉 우리를 하나님 나라 백성으로 삼으신 것은 우리의 행실을 선하게 가져 우리의 선한 일을 보고 하나님께 영광을 돌리게 하려 함이라고 밝히고 있는데, 여기서 언급된 '선한 행실'이란 인간의 판단으로 나타난 선한 행위가 아니라 하나님의 판단으로 나타난 '선한 행실'이다. 이는 곧 '하나님의 말씀에 순종하는 행실'을 의미하며, 이렇게 하나님의 말씀에 순종할 때 누리는 복된 삶을 통해 우리를 비방하던 믿지 않는 자들도 우리와 같이 구원받아 하나님께 영광을 돌리는 삶을 살게 하려 함이라고 성경은 말하고 있다.

그리고 성경은 예수 그리스도께서 죽으시고 부활하심은 구원받은 성도들로 하여금 부활의 새 생명으로 하나님의 뜻을 행하게 하심이라고 말씀함으로, 우리를 구원하신 근본 목적이 단지 영생에만 있는 것이 아니라 하나님의 말씀에 순종하여 하나님의 뜻을 행하게 하심에 있다는 사실을 발견할 수 있다.

롬 6:4 "그러므로 우리가 그의 죽으심과 합하여 세례를 받음으로 그와 함께 장사되었나니 이는 아버지의 영광으로 말미암아 그리스도를 죽은 자 가운데서 살리심과 같이 우리로 또한 새 생명 가운데서 행하게 하려 함이니라"

그래서 다음과 같은 에스겔의 옛 언약을 완성하시는 것이다.

행하게 하시는 성령 언약

겔 36:27-28 "또 내 신(神)을 너희 속에 두어 너희로 내 율례를 행하게 하리니 너희가 내 규례를 지켜 행할지라 내가 너희 열조에게 준 땅에 너희가 거하여 내 백성이 되고 나는 너희 하나님이 되리라"

즉 성령을 통하여 하나님의 말씀을 행하게 하시겠다는 성령의 언약은 이미 에스겔을 통하여 예언하신 것이다. 즉 하나님께서는 이스라엘 백성들이 옛 언약을 지키지 못하자 문서로 돌비에 새긴 옛 언약이 아닌 성령으로 마음의 심비에 새겨 그 율례를 지켜 행하게 하시겠다는 성령의 언약을 이미 에스겔을 통하여 예언하셨는데, 이러한 옛 언약이 성령을 통하여 이루어진 것이다. 그래서 구원받은 하나님의 백성들은 내주하시는 성령의 은혜로 다음과 같이 하나님의 뜻이 구원받은 백성의 행하고 싶은 소원으로 변하여 하나님의 뜻을 행하게 되는 것이다.

빌 2:13 "너희 안에서 행하시는 이는 하나님이시니 자기의 기쁘신 뜻을 위하여 너희로 소원을 두고 행하게 하시나니"

옛 언약과 새 언약의 차이

이와 같이 하나님의 말씀에 대한 절대적 순종은 옛 언약이나 새 언약에서 모두가 동일하게 요구되는 사실이지만, 우리의 행함이 옛 언약에서는 하나님의 백성이 되기 위함이었던 반면, 이제 새 언약에서는 우리가 그 은혜로 인하여 하나님의 백성이 되었으니 감사하여 하나님께 영광을 돌리기 위해 하나님의 말씀에 순종해야 한다는 것이다.

그래서 성경은 다음과 같이 구원받은 성도는 그 믿음 위에 굳게 서서 그 은혜에 감사하여 하나님의 말씀에 순종해야 함을 말하고 있다.

골 2:6-7 "그러므로 너희가 그리스도 예수를 주로 받았으니 그 안에서 행하되 그 안에 뿌리를 박으며 세움을 입어 교훈을 받은 대로 믿음에 굳게 서서 감사함을 넘치게 하라"

(2) 왕 같은 제사장

'왕 같은 제사장'은 왕권을 가진 제사장으로 여기에서 언급된 '제사장'의 개념은 아론의 반차를 좇는 속죄의 제사장 개념보다는 멜기세덱의 반차를 좇는 제사장, 즉 하나님의 축복을 전달하는 축복의 제사장적 개념을 소유한 것이다.

우리의 영원한 제사장 되신 예수 그리스도의 단번에 드린 제사로 인해 이제는 더 이상 속죄의 제사장적 개념은 의미가 없다.[64]

멜기세덱은 모세 율법 이전에 왕권과 제사장권을 동시에 갖고 아브라함을 축복한 제사장으로 속죄의 제사장이 아니라 하나님의 축복을 전달하는 제사장이었다.

즉 구원받은 하나님의 백성들은 그들이 누리는 하나님의 축복을 다른 사람들에게도 전달하는 도구의 역할을 감당한다는 의미인데, 이는 곧 하나님 나라 백성들이 하나님의 말씀에 순종하면서 누리는 하나님 나라의 축복된 삶을 다른 사람들에게 나타내 보임으로 인해 다른 사람들도 하나님을 섬기며 하나님 나라의 축복된 삶을 누리게

---

64) 예수 그리스도께서 단번에 드린 영원한 제사로 인해 구원받은 성도는 하나님께 직접 나아갈 수 있다는 루터의 '만인 제사장'적 의미를 갖는 것은 사실이다. 하지만 여기에서 나타난 '왕 같은 제사장'의 언약적 개념은 아론의 반차를 좇는 이러한 속죄적 제사장의 개념보다는 멜기세덱의 반차를 좇는 제사장, 즉 왕권과 제사장권을 동시에 소유하여 하나님의 축복을 전하는 축복의 제사장적 개념으로 해석하는 것이 보다 성경적인 견해로 생각된다. 이는 곧 아브라함에게 언약하신 복의 근원의 개념과 동일한 것으로, 구원받은 하나님 나라 백성들의 삶을 통해 구원받지 못한 이웃을 구원시키시려는 하나님의 계획과 경륜을 의미한다.

한다는 것이다. 하나님의 복을 전달하는 왕 같은 제사장적 역할은 구약의 옛 언약에서도 나타나는데, 아브라함 언약에서 나타난 "너는 복의 근원이 될지라"(창 12:2), "너로 열국의 아비가 될지라"(창 17:4)는, 모세 언약을 통하여 이스라엘 백성들에게 선포하신 "너희가 내게 대하여 제사장 나라가 되며"(출 19:6)라는 언약과 동일한 의미이며, 신약의 베드로전서 9장 2절에서도 다음과 같이 우리를 구원하신 목적이 우리를 통하여 구원받지 못한 사람들을 구원하심에 있음을 말씀하고 있다.

> 벧전 2:12 "너희가 이방인 중에서 행실을 선하게 가져 너희를 악행한다고 비방하는 자들로 하여금 너희 선한 일을 보고 권고하시는 날에 하나님께 영광을 돌리게 하려 함이라"

즉 하나님께서 우리를 택하여 하나님 나라 백성으로 삼으신 목적은, 우리의 선한 행실을 보고 우리가 복음을 권할 때 그들도 그 복음을 믿고 구원받아 하나님께 영광을 돌리게 하려 함이라는 것이다.

이러한 하나님의 뜻은 아브라함을 택하여 언약을 맺으시고 이스라엘 백성들과 언약을 맺으시는 목적과 동일하다. 그러나 이스라엘 백성들이 옛 언약을 파기하고 하나님을 배반하자 하나님께서는 독생자 예수 그리스도의 핏값을 통하여 우리를 구원하시고 하나님의 백성으로 삼으신 후 이 사명을 우리로 하여금 감당케 하시는 것이다.

보다 깊은 질문 1

*물세례 받은 자도 성령세례를 받아야 구원받나?

세례의 의미

기독교회 내에서 언제부터 세례 예식이 행해졌는지 그 정확한 기록은 발견할 수 없지만, 성경의 기록을 살펴볼 때 이스라엘 백성들에게 행해졌던 할례 의식(창 17장)과 정결 의식(레 15장; 민 19장), 그리고 선지자들의 회개 요구(사 1:16; 렘 4:14)에서 그 기원을 찾을 수 있지 않을까 생각한다. 그래서 세례 요한의 시대에는 세례 요한이 이스라엘 백성들을 향해 회개하고 세례를 받으라고 공식적으로 선포하며 세례를 행하였으며, 예수님께서도 요한으로부터 세례를 받은 사실을 알 수 있다(눅 3:21).

세례로 번역된 헬라어 βαπτισμα(밥티스마)라는 말의 본래 의미는 '물로 씻음', '목욕'의 의미를 가지나 기독교에서 말하는 세례의 의미는 이와는 약간 다른 의미를 갖는다.

즉 물로 깨끗이 씻는 것과 같이, 자신이 죄인임을 깨닫고 자신의 죄를 위해 십자가에서 죽으신 예수 그리스도를 구주로 영접하여 믿음으로 고백하는 자에게 물로 세례를 행하는 외적 의식을 세례라고 부르는데, 이렇게 예수 그리스도를 구주로 영접하고 물로 세례를 받으면 그리스도와 함께 연합되어 그와 함께 십자가에 죽어 죄가 사해지고 그와 함께 부활하여 영생하는 것이다(롬 6:4).

그래서 세례 받을 때 몸이 물속에 잠겼다 다시 나오는데, 몸이 물속에 잠기는 것은 그리스도와 함께 연합하여 우리의 육신이 죽었음을 의미하는 것이요, 다시 물 밖으로 나옴은 그리스도와 함께 연합하여 옛 사람은 죽고 새로운 피조물로 다시 태어났음을 의미한다.[65)]

그러나 이러한 그리스도와의 연합은 세례라는 외적 의식을 통하여 이루어지는 것이 아니라, 예수 그리스도를 자신의 죄를 위해 대신 죽으신 구주로 믿고 고백하는 믿음에 의해서 이루어지는 것이므로, 이러한 믿음의 고백 없이 세례를 받는 것은 아무런 의미가 없다.

예수님이 언급하신 물세례와 성령세례

많은 사람들이 예수를 주로 시인하고 물로 세례 받는 세례의식을 물세례로 해석하고, 성령의 충만한 은혜를 체험하는 성령 충만의 체험을 성령세례로 해석하고 있으나, 예수님께서 승천하시기 전에 언급하신 물세례와 성령세례는 이러한 의미로 말씀하신 것이 아니다.

세례 요한의 증언

막 1:8 "나는 너희에게 물로 세례를 주었거니와 그는 성령으로 너희에게 세례를 주리라"

65) 물론 현대의 세례 예식은 머리에 물을 적시는 정도의 간단한 예식으로 행하는 교회가 많으나 예수님 당시의 초대교회 시대엔 온몸이 물에 잠기는 침례 예식으로 행한 듯하다(마 3:16). 그러나 많은 사람들이 한꺼번에 세례를 받던 로마 제국 시대에는 일일이 개인적으로 머리에 물을 적시는 예식도 하지 못하고 제단 위에서 성수를 뿌림으로 세례 예식을 집행한 기록이 있다. *A History of The Christian Church*, vol 1, by Ronald Vandermay, published Cohen University, p.124.

예수님의 증언

막 1:15 "하나님 나라가 가까웠으니 회개하고 복음을 믿으라"

요 3:5 "물과 성령으로 나지 아니하면 하나님 나라에 들어갈 수 없느니라"

행 1:5 "요한은 물로 세례를 베풀었으나 너희는 몇 날이 못 되어 성령으로 세례를 받으리라"

그런데 성경은 "성령으로 아니하고는 누구든지 예수를 주시라 할 수 없느니라"(고전 12:3)고 말씀하므로, 위의 말씀들을 종합해 볼 때 물세례는 세례 요한의 선포를 듣고 회개한 자가 물로 거듭나는 사건이고, 성령세례는 예수님께서 전하신 복음을 듣고 성령의 능력으로 예수를 구주로 영접하여 성령으로 거듭나는 사건임을 너무나 명백하게 알 수 있다.

즉 우리가 복음을 듣고 예수를 구주로 영접하는 사건은 우리의 지혜와 의지로 되는 것이 아니고 오직 성령의 능력으로만 가능하기 때문이다.

만일 교회에서 믿음을 고백한 사람에게 행하는 세례식을 물세례로 해석하고 성령의 외적 체험을 성령세례로 해석한다면, 구원받기 위해 믿음 외에 성령 체험이라는 또 다른 구원의 조건이 요구되는 것이다. 이는 "너희가 그 은혜를 인하여 믿음으로 말미암아 구원을 얻었나니"(엡 2:8)라는 성경 말씀에 상반되므로 올바른 해석으로 볼 수 없다.

따라서 이상과 같은 세례 요한과 예수님의 선포 말씀을 정리해 볼 때 다음과 같이 요약해 볼 수 있다.

물로 거듭나라 - 회개하라 - 물세례 - 최초로 회개하고 죄 사함을 받는 사건

성령으로 거듭나라 - 복음을 믿어라 - 성령세례 - 복음을 믿고 하나님의 자녀가 되는 사건

보다 깊은 질문 2

*성경은 '믿는 것'과 '성령 받는 것'이 서로 다른 것이라고 말하고 있지 않은가? (물세례, 성령세례, 성령 충만의 이해)

행 8:14-17 "예루살렘에 있는 사도들이 사마리아도 하나님의 말씀을 받았다 함을 듣고 베드로와 요한을 보내매 그들이 내려가서 저희를 위하여 성령 받기를 기도하니 이는 아직 한 사람에게도 성령 내리신 일이 없고 오직 주 예수의 이름으로 세례만 받을 뿐이러라 이에 두 사도가 저희에게 안수하매 성령을 받는지라"

행 19:1-2 "아볼로가 고린도에 있을 때에 바울이 윗 지방으로 다녀 에베소에 와서 어떤 제자들을 만나 이르되 너희가 믿을 때에 성령을 받았느냐 이르되 아니라 우리는 성령이 계심도 듣지 못하였노라"

신앙의 성장을 위해 필요한 성령 충만의 체험

사도행전 8장에서 예루살렘의 사도들이 사마리아 사람들도 빌립의 전도를 받아 세례를 받았다는 소문을 듣고 이들을 위해 베드로와 요한을 보냈다. 그래서 베드로와 요한이 가서 알아보니, 그들이 단지 믿음을 고백하고 세례만 받았지 성령의 체험을 하지 못한 것을

발견하고, 그들에게 성령이 충만히 임하여 성령의 체험을 할 수 있도록 기도하였다. 19장도 사도 바울이 에베소 교회에 왔을 때 그곳 성도들이 아볼로로부터 전도를 받아 믿고 세례를 받았다는 말을 듣고 '너희가 믿을 때에 성령을 받았느냐? 즉 성령 충만을 체험했느냐?'라는 의미로 물어 보는 것이다.

여기서 베드로나 요한이나 사도 바울은 모두 질문의 동기는 같은 것으로, 전도를 받아 세례를 받았으니 이들이 성령의 충만한 은사를 체험하여 신앙이 성장하기를 소원하였던 것이다.

그래서 알아본 결과, 사마리아 교회 교인들은 빌립으로부터 올바른 복음을 듣고 세례를 받았지만, 에베소 교회 교인들은 아볼로로부터 요한의 회개의 세례만을 받았을 뿐 예수 그리스도에 관한 참된 복음을 듣지 못하고 세례 받은 사실을 발견하였다. 그래서 베드로와 요한은 빌립으로부터 올바른 복음을 듣고 세례 받은 사마리아 교인들을 위해서는 단지 성령의 충만을 위해 기도하였지만, 사도 바울은 아볼로로부터 올바른 복음을 듣지 못한 에베소 교회 교인들을 위해 우선 올바른 복음을 가르쳐 믿게 한 후 이들에게 다시 세례식을 베풀었다. 이때 성령 충만의 체험까지 겸한 것을 우리는 알 수 있다.

성령의 내적 은혜와 외적 은혜

"이는 아직 한 사람에게도 성령이 내린 일이 없고"(행 8:16), "너희가 믿을 때에 성령을 받았느냐"(행 19:2)라는 표현을 들어 '믿는다'는 사실과 '성령 받는다'는 사실은 서로 다른 별개의 사건으로 성령세례를 받아야 한다는 주장이 있으나, 이는 성령의 은사를 올바로 이해하지 못한 결과이다.

성령의 은사는 우리의 마음에 역사하시어 복음을 깨달아 믿고, 그 은혜에 감사하고, 말씀에 순종하는 의지를 주시는 등 눈에 보이지 않는 내적 은사가 있는가 하면, 불과 같은 체험이라든지 방언을 말하고 병든 자를 고치는 등 눈에 보이는 외적 은사도 있다.

사도행전 8장 16절의 "한 사람에게도 성령 내린 일이 없고"라는 표현도, 이들이 성령을 외적으로 체험하지 못하고 알지 못했을 뿐이지 이들도 이미 성령의 외적 은사들을 목격했으며(행 8:7) 성령의 내적 은사로 이미 복음을 믿고 고백했던 것이다.

'누구든지 성령이 아니고는 예수를 주라 시인할 수 없다'(고전 12:3)라고 성경은 기록하고 있고, '구원의 복음을 듣고 그 안에서 또한 믿어 약속의 성령으로 인치심을 받았다'(엡 1:13)는 말씀과 같이, 복음을 믿고 예수를 구주로 영접하는 사건은 분명히 성령의 역사임을 밝히고 있으므로 사마리아 교인들의 믿음은 분명한 성령의 역사로 해석해야 할 것이다. 그래서 19장의 에베소 교인들에게 사도 바울이 한 것과는 달리 복음을 다시 가르치지도 않았고 세례를 다시 행하지도 않았다.

따라서 '아직 한 사람도 성령이 내린 일이 없다'라는 의미는, 이들이 아직 성령 충만의 외적 현상을 체험하지 못했다는 의미로 해석해야 할 것이다.

그렇지 않으면 예수를 주로 믿게 하는 성령과 외적으로 나타나 객관적으로 성령의 임재를 알 수 있는 성령, 즉 서로 다른 성령이 존재할 수밖에 없다는 모순성이 나타난다. 그러나 성경은 이 모든 은사가 한 성령임을 분명히 밝히고 있다(고전 2:11).

성령 충만의 서로 다른 두 가지 표현

이와 같이 성경은 동일한 성령의 충만에 대해서 서로 다른 두 가지 표현을 사용하고 있는 사실을 발견할 수 있다. 즉 성령 충만을 의미하는 우리말 '충만'으로 번역된 헬라어가 성경에 다음과 같은 서로 다른 표현으로 나타나고 있다는 점이다. 이는 바로 성령 충만의 현상이 내적으로 나타나는 충만과 외적으로 나타나는 충만의 서로 다른 두 가지 현상이 있음을 의미하고 있다.

그러나 이들은 모두 동일한 성령으로, 단지 성령 충만의 현상이 서로 다른 양상으로 나타나는 것을 의미할 뿐 서로 다른 성령을 의미하는 것은 아니다.

πλήρη (플레레스) - 불가시적 - 정지적 - 내적인 성령 충만(눅 4:1; 행 6:3,5, 7:55, 11:24)

πλήθω (플레도) - 가시적 - 활동적 - 외적인 성령 충만(눅 1:41, 42, 1:67; 행 2:4, 4:8, 31, 13:9, 10)

물세례, 성령세례와 성령 충만의 올바른 표현

앞에서 여러 차례 언급한 바와 같이, 세례 요한의 선포에 따라 물로 세례 받는 것은 회개의 세례요, 예수님의 선포에 따라 성령으로 세례 받는 것은 복음을 믿고 예수를 구주로 영접하는 사건을 의미하는 것이라는 사실은 더 이상 설명할 필요가 없을 것이다.

그런데 학자나 교파에 따라서 복음을 믿고 예수를 구주로 영접한 사람에게, 즉 성령으로 세례 받은 사람에게 교회에서 물로 세례식을 행하는 예식을 물세례로 표현하고, 성령의 임재나 능력을 실제적으로 체험하는 사건을 성령세례로 표현하기 때문에 혼동을 가져오는 것이다.

따라서 학계나 교계에서는 앞으로 물로 세례 받는 예식을 '물세례'로 표현하지 말고 '세례식'으로 표현할 것이며, 성령의 임재나 능력의 실제적 체험을 더 이상 '성령세례'로 표현하지 말고 '성령 체험' 또는 '성령 충만'으로 표현함으로써 성도들로 하여금 혼동하는 일이 없도록 하여야 할 것이다.

하나님의 말씀을 접한 후 최초로 죄인임을 회개하는 사건 - 1회 사건 - 물세례

성령의 능력으로 복음을 믿고 예수를 구주로 영접하는 사건 - 1회 사건 - 성령세례

예수를 믿는 자에게 교회에서 물로 행하는 세례식 - 1회 사건 - 세례식

성령의 충만한 은사나 능력을 체험하는 사건 - 반복 사건 - 성령 체험(충만)

보다 깊은 질문 3

***구원의 증거를 어떻게 알 수 있나?**

우리가 구원받아 하나님의 백성이 되는 것이, 외적으로 나타나는 성령의 체험 없이 우리 죄를 대신하여 십자가에서 죽으신 예수 그리스도의 은혜를 믿는 내적인 믿음으로만 이루어지는 것이라면, 우리가 구원받은 사실을 어떻게 알 수 있나?

믿음의 내적 은혜

롬 8:14-17 "무릇 하나님의 영으로 인도함을 받는 그들은 곧 하나님의 아들이라 너희는 다시 무서워하는 종의 영을 받지 아니하였고 양자의 영을 받았으므로 아바 아버지라 부르짖느니라 성령이 친히 우리 영으로 더불어 우리가 하나님의 자녀인 것을 증거하시나니 자녀이면 또한 후사 곧 하나님의 후사요 그리스도와 함께한 후사니 우리가 그와 함께 영광을 받기 위하여 고난도 함께 받아야 될 것이니라"

앞에서 언급한 바와 같이, 우리가 예수 그리스도의 십자가 은혜를 믿고 예수를 구주로 영접하는 것은 인간의 의지로만은 할 수 없고 오직 성령의 은혜를 통해서만 할 수 있는 것이다(고전 12:3; 엡 1:13). 즉 성령이 아니고서는 누구든지 예수를 자신의 죄를 대신하여 죽으셨다는 사실을 깨달아 알 수 없고, 예수를 구주로 믿는 믿음이 생길 수 없다. 그래서 성령의 은혜로 예수를 나의 구원의 주로 믿고 고백한 사람은 하나님의 아들이 되어 하나님을 아버지로 부를 수 있다(롬 8:15).

그런데 이러한 엄청난 변화들은 아무런 증거도 없이 아무도 알 수 없도록 나타나는 것이 아니라, 성령께서 친히 우리가 하나님의 자녀로 다시 태어났다는 사실을 알 수 있도록 증거하신다(롬 8:16). "믿음은 바라는 것들의 실상이요 보이지 않는 것들의 증거니"(히 11:1)라는 말씀과 같이, 믿음은 우리의 눈으로 볼 수 없는 것이지만 "내 신을 너희 속에 두어 너희로 내 율례를 행하게 하리니"(겔 36:27)라는 에스겔 언약과 같이, 구원받은 성도들에게는 성령께서 내주하시어 하나님의 말씀에 순종케 하시는 여러 가지 믿음의 증거들이 행위로 나타나 눈으로 볼 수 있게 하시는 것이다.

그러나 마술사 시몬과 같이 교회에서 믿음을 고백하고 세례를 받았다 하더라도(행 8:13), 그 행위가 성령의 증거들이 아닌 것은(행 8:18) 아무리 믿음을 고백하고 세례를 받았다 해도 성령의 은혜로 믿는 진정한 믿음의 고백이 아니므로 성령세례라고 해석할 수 없다.[66)]

이렇게 성령의 은혜로 믿는 진정한 믿음이 아닌 믿음을 고백하고 교회에서 세례 받은 신자들을 성경은 '가라지'(마 13:25) 또는 '염소'(마 25:35)로 표현하고 있으며, "주여 주여 하는 자마다 다 천국에 들어가는 것이 아니라"(마 7:21)고 말씀하고 있다.

믿음의 외적 증거

롬 6:4 "그러므로 우리가 그의 죽으심과 합하여 세례를 받음으로 그와 함께 장사되었나니 이는 아버지의 영광으로 말미암아 그리스도를 죽은 자 가운데서 살리심과 같이 우리로 또한 새 생명 가운데서 행하게 하려 함이니라"

이렇게 예수를 구원의 주로 믿는다는 사실은 눈에 보이지 않는 성령의 내적 은혜이나, 이렇게 한 번 성령의 은혜로 거듭나게 하신 후

---

66) 예수님께서는 이러한 사실을 "주여 주여 하는 자마다 다 천국에 들어갈 것이 아니요"(마 7:21)라고 말씀하시고, 또 이러한 성령의 은혜로 인한 진정한 믿음이 없이 세례 받고 교회에 나오는 사람들을 알곡이 아닌 '가라지'로 표현하고 있다(마 13:25-40).

에도 계속하여 함께하시어 여러 가지 외적 은혜의 증거들을 행하시는 것이다.

즉 예수를 구원의 주로 믿는다는 '믿음'은, 단순한 지적 동의를 초월하여 그 믿음의 결과로 나타나는 감정이나 의지적 행동까지 포함하는 '전인격적인 행위'인 것이다.

그래서 예수 그리스도께서 우리 죄를 대신하여 십자가에서 죽으신 사실을 성령의 은혜로 깨달아 알고 믿어 거듭난 사람은, 예수님의 그 은혜에 감사하는 마음이 생기고, 그 은혜가 감사하여 하나님의 말씀에 순종하게 되는 의지적 행동들이 나타난다.

그러나 여기서 주의해야 할 사실은, 우리가 성령의 능력으로 거듭났다 하더라도 예수 그리스도의 십자가 은혜로 죄 용서를 받아 하나님의 자녀로 다시 태어나는 신분적 변화만 나타난 것이지 항상 죄의 유혹 아래 존재하고 있다는 사실이다. 그러므로 죄의 속성 아래 있는 육신의 정욕과 안목의 정욕과 이생의 자랑을 버리고 항상 성령의 충만한 은혜로 인도함을 따라 살도록 노력하여야 한다.

그래서 사도행전 13장에서 사도 바울이 에베소 교인들에게 "너희가 믿을 때에 성령을 받았느냐"(행 19:2)라고 묻는 이유도 바로 여기에 있는 것이다.

성령으로 거듭난 자라 하더라도 성령 충만의 은혜가 없이는 세상의 유혹을 물리치고 하나님의 말씀대로 살아갈 수가 없기 때문이다.

롬 8:12-13 "그러므로 형제들아 우리가 빚진 자로되 육신에게 져서 육신대로 살 것이 아니니라 너희가 육신대로 살면 반드시 죽을 것이로되 영으로써 몸의 행실을 죽이면 살리니"

이루어야 할 또 다른 구원

성경은 이렇게 우리가 믿음으로 말미암아 구원받은 사실을 말하고 있지만(엡 2:8), 또한 다음과 같이 우리가 현재 이루어 나가야 할 구원과 장차 완성될 미래의 구원에 대해서도 말하고 있는 것이다. 즉 칭의(justification)의 구원은 구원의 첫 단계에 불과할 뿐 현재 계속하여 이루어 나가는 성화(sanctification)의 단계와 앞으로 나타날 영화(glorification)의 단계에까지 이르러야 비로소 구원이 완성되는 것이다.

성화의 구원(Sanctification)

빌 2:12 "그러므로 나의 사랑하는 자들아 너희가 나 있을 때뿐 아니라 더욱 지금 나 없을 때에도 항상 복종하여 두렵고 떨림으로 너희 구원을 이루라"

영화의 구원(Glorification)

벧전 2:1-2 "그러므로 모든 악독과 모든 궤휼과 외식과 시기와 모든 비방하는 말을 버리고 갓난아이들같이 순전하고 신령한 젖을 사모하라 이는 이로 말미암아 너희로 구원에 이르도록 자라게 하려 함이라"

즉 구원하면 우리는 단순히 예수 그리스도의 은혜로 하나님의 자녀가 되어 영생하는 것만 생각하기 쉬운데, 이는 어디까지나 좁은 의미의 구원인 칭의(justification)만을 뜻하는 것일 뿐, 사실상 구원하면 하나님의 자녀로 태어나 하나님의 말씀에 순종하며 사는 성화(sanctification)와 이 칭의와 성화의 결과에 따라 나타나는 영화(glorification)의 삶까지 포함하는 것이다. 이것이 바로 우리를 구원하시는 구원의 목적이요 넓은 의미의 구원이다.

칭의 - 하나님의 자녀로 다시 태어남 - 일회성, 불변성, 과거성(엡 2:8) - 하나님 나라의 시작

성화 - 하나님의 말씀에 순종하는 삶 - 반복성, 가변성, 현재성(빌 2:12) - 하나님 나라의 진행

영화 - 하나님께 영광만 드리는 복된 삶 - 영원성, 불변성, 미래성(벧전 2:2) - 하나님 나라의 완성

제10장 하나님 나라의 완성(예수 그리스도의 재림 시대)

요한계시록
재림 언약
(마 26:64; 막 13:26-27; 눅 21:27-28)
심판 언약
(마 25:31-33)

이상에서 살펴본 바와 같이, 성자 하나님이신 예수 그리스도께서 이 땅에 오시어 회복되기 시작한 하나님 나라는, 언약의 말씀대로 성령 하나님께서 이 땅에 오시어 점점 더 확장해 나가신다. 그러다가 하나님께서 구원코자 하시는 하나님 나라 백성들의 수가 차면 예수 그리스도께서 이 땅에 다시 오시겠다고 약속하시는데, 예수님이 다시 오시는 목적은 모든 피조물들을 선악간에 심판하시어 영원한 멸망(지옥)과 영원한 하나님 나라(새 하늘과 새 땅)를 완성하시기 위함임을 말씀하신다.

이것이 바로 마지막 언약이 될 재림 언약과 심판 언약인데, 하나님 나라가 어떻게 완성될 것인가는 성경의 마지막 책 요한계시록을 통하여 구체적으로 알 수 있다. 이상의 모든 언약들이 약속의 말씀대로 이루어졌고 현재도 성령의 언약대로 이루어지고 있는 사실을 볼 때, 아직 이루어지지 않은 이 재림 언약이나 심판 언약도 약속의 말씀대로 이루어질 것을 확신할 수 있다.

1. 재림 언약

성령의 역사로 하나님 나라가 점점 확장되어 가다가, 드디어 하나님께서 구원코자 하시는 하나님 나라 백성들이 모두 구원되면 예수님께서 다시 오실 것을 언약하시는데, 이러한 예수님의 재림에 대한 언약은 사복음서 모두에서 발견할 수 있다.[67]

1) 언약의 내용

(질문 10-1-1) 다음의 말씀들은 무엇에 대한 약속의 말씀인가요?

마 26:64 "예수께서 가라사대 네가 말하였느니라 그러나 내가 너희에 게 이르노니 이후에 인자가 권능의 우편에 앉은 것과 하늘 구름을 타고 오는 것을 너희가 보리라 하시니"

막 13:26-27 "그때에 인자가 구름을 타고 큰 권능과 영광으로 오는 것을 사람들이 보리라 또 그때에 저가 천사들을 보내어 자기 택하신 자들을 땅 끝으로부터 하늘 끝까지 사방에서 모으리라"(마 24:30; 눅 21:27)

눅 21:27-28 "그때에 사람들이 인자가 구름을 타고 능력과 큰 영광으로

67) 성경에 재림(再臨)이라는 말을 직접적으로 표현한 기록은 발견할 수 없지만 πα λιν ρχομαι (팔루인 에레코마이, 다시 와서)로 표현한 요한복음 14장 3절 등의 기록을 근거로 육신의 옷을 입고 이 땅에 처음 오신 초림(初臨)과 구별하여 재림(再臨)이란 표현을 사용한 것이다.

오는 것을 보리라 이런 일이 되기를 시작하거든 일어나 머리를 들라 너희 구속이 가까웠느니라

요 14:1-3 "너희는 마음에 근심하지 말라 하나님을 믿으니 또 나를 믿으라 내 아버지 집에 거할 곳이 많도다 그렇지 않으면 너희에게 일렀으리라 내가 너희를 위하여 처소를 예비하러 가노니 가서 너희를 위하여 처소를 예비하면 내가 다시 와서 너희를 내게로 영접하여 나 있는 곳에 너희도 있게 하리라"

재림 언약

주님께서 다시 오실 것을 약속하시는 재림 언약에 관한 말씀들이다.

(질문 10-1-2) 주님께서 이 땅에 처음 오실 때의 모습과 비교해 볼 때 주님의 모습에 어떤 차이점이 있다고 생각하나요?

영광과 권능으로 오심

주님께서 이 땅에 처음 오실 때는 마구간에서 탄생하는 초라한 모습이었으나, 주님께서 재림하실 때는 "인자가 구름을 타고 큰 권능과 영광으로 오는 것을 사람들이 보리라"(막 13:26; 눅 21:27)는 말씀과 같이, 많은 사람들이 보는 앞에서 영광의 모습으로 오신다는 사실을 알 수 있다.

주님께서 이렇게 대조적인 모습으로 오시는 것은 오시는 목적이 다르기 때문이다. 즉 처음 오실 때는 세상 죄를 지고 죽으시는 어린 양으로 오시는 것이고, 다시 오실 때는 심판의 왕으로 큰 권세와 능

력을 가지고 오시기 때문이다.

(질문 10-1-3) 다음의 성경 말씀은 무엇에 관해 말하는 것인가요?

단 7:13-14 "내가 또 밤 이상 중에 보았는데 인자 같은 이가 하늘 구름을 타고 와서 옛적부터 항상 계신 자에게 나아와 그 앞에 인도되매 그에게 권세와 영광과 나라를 주고 모든 백성과 나라들과 각 방언하는 자로 그를 섬기게 하였으니 그 권세는 영원한 권세라 옮기지 아니할 것이요 그 나라는 폐하지 아니할 것이니라"

예수님의 재림에 대한 구약의 예언

인자 같은 이가 구름 타고 와서 - 예수 그리스도의 재림

옛적부터 항상 계신 자 - 하나님

예수 그리스도께서 하나님의 보좌에 인도되어 영광과 권세를 받고 재림하시어, 그 권세와 능력으로 이 땅을 심판하시고 영원한 하나님 나라를 완성하실 것을 의미하는 것이다.

(질문 10-1-4) 다음의 말씀들은 무엇에 관해 말하는 것인가요?

행 1:10-11 "올라가실 때에 제자들이 자세히 하늘을 쳐다보고 있는데 흰 옷 입은 두 사람이 저희 곁에 서서 가로되 갈릴리 사람들아 어찌하여 서서 하늘을 쳐다보느냐 너희 가운데서 하늘로 올리우신 이

예수는 하늘로 가심을 본 그대로 오시리라 하였느니라"

살전 4:16-17 "주께서 호령과 천사장의 소리와 하나님의 나팔로 친히 하늘로 좇아 강림하시리니 그리스도 안에서 죽은 자들이 먼저 일어나고 그 후에 우리 살아남은 자도 저희와 함께 구름 속으로 끌어올려 공중에서 주를 영접하게 하시리니 그리하여 우리가 항상 주와 함께 있으리라"

요일 2:28 "자녀들아 이제 그 안에 거하라 이는 주께서 나타내신 바 되면 그의 강림하실 때에 우리로 담대함을 얻어 그 앞에서 부끄럽지 않게 하려 함이라"

재림에 대한 신약의 증언들

위의 말씀들은 모두 주 예수 그리스도께서 다시 오실 것을 말씀하신 신약의 증언들이다.

2) 재림의 시기

(질문 10-1-5) 그렇다면 성경은 주님께서 언제 재림하신다고 말하고 있나요?

모든 민족에게 복음이 증거될 때

마 24:14 "이 천국 복음이 모든 민족에게 증거되기 위하여 온 세상에 전파되리니 그제야 끝이 오리라"(막 13:10)

적그리스도가 나타난 후

막 13:22 "거짓 그리스도들과 거짓 선지자들이 일어나서 이적과 기사를 행하여 할 수만 있으면 택하신 백성을 미혹게 하려 하리라"(마 24:24)

살후 2:3 "누가 아무렇게 하여도 너희가 미혹하지 말라 먼저 배도하는 일이 있고 저 불법의 사람 곧 멸망의 아들이 나타나기 전에는 이르지 아니하리니"

환난이 있은 후

마 24:29-30 "그날 환난 후에 즉시 해가 어두워지며 달이 빛을 내지 아니하며 별들이 하늘에서 떨어지며 하늘의 권능들이 흔들리리라 그 때에 인자의 징조가 하늘에서 보이겠고 그때에 땅의 모든 족속들이 통곡하며 그들이 인자가 구름을 타고 능력과 큰 영광으로 오는 것을 보리라"

전쟁과 지진과 기근으로 시작되는 환난

막 13:8 "민족이 민족을 나라가 나라를 대적하여 일어나겠고 처처에 지진이 있으며 기근이 있으리니 이는 재난의 시작이니라"

(질문 10-1-6) 재림에 대한 다음의 말씀들은 무엇에 관해 말씀하시는 것인가요?

막 13:32-33 "그러나 그날과 그때는 아무도 모르나니 하늘에 있는 천사
들도 아들도 모르고 아버지만 아시느니라 주의하라 깨어 있으라
그때가 언제인지 알지 못함이니라"

마 24:44 "이러므로 너희도 예비하고 있으라 생각지 않은 때에 인자가 오
리라"

막 13:35-37 "그러므로 깨어 있으라 집 주인이 언제 올는지 혹 저물 때엘
는지, 밤중엘는지, 닭 울 때엘는지, 새벽엘는지, 너희가 알지 못함
이라 그가 홀연히 와서 너희의 자는 것을 보지 않도록 하라 깨어
있으라 내가 너희에게 하는 이 말이 모든 사람에게 하는 말이니
라 하시니라"

살전 5:5-6 "너희는 다 빛의 아들이요 낮의 아들이라 우리가 밤이나 어
두움에 속하지 아니하나니 그러므로 우리는 다른 이들과 같이 자
지 말고 오직 깨어 근신할지라"

그날을 모르니 항상 깨어 준비하라

위에서 언급한 재림의 징조들이 있지만, 그날과 그때는 아무도 모르므로 항상 깨어서 주림의 재림을 맞이할 준비를 하고 있어야 함을 말하는 것이다.

2. 심판 언약

큰 영광과 권능으로 재림하신 예수님께서는 그 큰 영광과 권능으

로 이 세상을 심판하실 것을 말씀하신다. 즉 앞에서 이미 언급한 바와 같이, 우리의 죄를 대신하여 십자가에 달리시기 위해 이 땅에 오시는 초림(탄생)의 모습과는 정반대로 큰 영광과 권능으로 다시 오실(재림) 예수님은 이 땅을 심판하시기 위해 오시는 것인데, 이러한 예수님의 심판에 대한 언약들을 살펴보면 대략 다음과 같다.

1) 언약의 내용

(질문 10-2-1) 다음의 성경 말씀들은 무엇에 관한 약속의 말씀들인가요?

마 16:27 "인자가 아버지의 영광으로 그 천사들과 함께 오리니 그때에 각 사람의 행한 대로 갚으리라"

마 25:31-33 "인자가 자기 영광으로 모든 천사와 함께 올 때에 자기 영광의 보좌에 앉으리니 모든 민족을 그 앞에 모으고 각각 분별하기를 목자가 양과 염소를 분별하는 것같이 하여 양은 그 오른편에 염소는 왼편에 두리라"

심판 언약

앞에서는 예수 그리스도의 재림에 대한 언약을 살펴보았는데 예수님께서 다시 오시는 목적은 바로 심판하시기 위함이다. 즉 예수님의 심판 언약에 관한 말씀이다.

(질문 10-2-2) 다음의 말씀들은 무엇을 말하는 것인가요?

시 96:13 "저가 임하시되 땅을 판단하려 임하실 것임이라 저가 의로 세계를 판단하시며 그의 진실하심으로 백성을 판단하시리로다"

말 3:5 "내가 심판하러 너희에게 임할 것이라 술수하는 자에게와 거짓 맹세하는 자에게와 품꾼의 삯에 대하여 억울케 하며 과부와 고아를 압제하며 나그네를 억울케 하며 나를 경외치 아니하는 자들에게 속히 증거하리라 만군의 여호와가 말하였느니라"

구약에 나타난 심판의 예언

위의 말씀들은 예수 그리스도께서 다시 오시어 심판하실 것을 말하는 심판 언약에 대한 구약의 예언들이다.

(질문 10-2-3) 다음에 나타난 세례 요한의 말씀은 무엇을 말하는 것인가요?

마 3:11-12 "나는 너희로 회개케 하기 위하여 물로 세례를 주거니와 내 뒤에 오시는 이는 나보다 능력이 많으시니 나는 그의 신을 들기도 감당치 못하겠노라 그는 성령과 불로 너희에게 세례를 주실 것이요 손에 키를 들고 자기의 타작마당을 정하게 하사 알곡은 모아 곡간에 들이고 쭉정이는 꺼지지 않는 불에 태우시리라"

예수님이 오시는 목적에 대한 증언

위에 언급된 세례 요한의 증언은 예수님의 초림과 재림 모두에 대한 증언이다. 즉 예수님의 초림은 우리를 성령으로 세례를 주시기 위해, 즉 우리를 구원하시기 위해 오실 것을 증언하고 예수님의 재림은 우리를 심판하러 오실 것임을 증언하는 말씀이다.

2) 심판의 대상

(질문 10-2-4) 예수님께서 다시 오시어 심판하실 때 성경은 누가 심판의 대상이 될 것을 말하고 있나요?

누가 심판 받을 것인가에 대해 성경은 다음과 같이 말씀한다. 산 자나 죽은 자, 즉 예수님이 재림하실 때에 살아 있던 자나 이미 죽은 자 모두가 심판의 대상이 되며 신자나 불신자 모두가 심판의 대상이 됨을 말하고 있다. 아담 이후 모든 인류가 심판의 대상이 되어 어느 누구도 이 심판에서 제외될 수 없음을 분명히 밝힌다. 즉 구원받은 성도는 물론 구원받지 못한 사람들까지 모두 부활하여 하나님의 심판대 앞에 선다는 것을 우리는 알 수 있다.[68]

---

68) 우리말 한글 개역성경의 요한복음 5장 24절에서 "영생을 얻었고 심판에 이르지 아니하나니"로 번역되었으나 "영생을 얻었고 정죄에 이르지 아니하나니"로 번역함이 더욱 원어에 가까운 해석일 것이다. 심판(judge)은 죄의 유무를 판정하는 것인데 우리말 성경은 죄인으로 판정받는 정죄(condemn)의 의미로 심판이란 용어를 사용하였다. 이에 대한 자세한 내용은 다음의 보다 깊은 질문에서 다루기로 하겠다.

산 자와 죽은 자

딤후 4:1 "하나님 앞과 산 자와 죽은 자를 심판하실 그리스도 예수 앞에서 그의 나타나실 것과 그의 나라를 두고 엄히 명하노니"

행 10:42 "우리를 명하사 백성에게 전도하되 하나님이 산 자와 죽은 자의 재판장으로 정하신 자가 곧 이 사람인 것을 증거하게 하셨고"

신자와 불신자

전 3:17 "내가 심중에 이르기를 의인과 악인을 하나님이 심판하시리니 이는 모든 목적과 모든 일이 이룰 때가 있음이라 하였으며"

마 3:11-12 " 나는 너희로 회개케 하기 위하여 물로 세례를 주거니와 내 뒤에 오시는 이는 나보다 능력이 많으시니 나는 그의 신을 들기도 감당치 못하겠노라 그는 성령과 불로 너희에게 세례를 주실 것이요 손에 키를 들고 자기의 타작마당을 정하게 하사 알곡은 모아 곡간에 들이고 쭉정이는 꺼지지 않는 불에 태우시리라"

마 25:31-33 "인자가 자기 영광으로 모든 천사와 함께 올 때에 자기 영광의 보좌에 앉으리니 모든 민족을 그 앞에 모으고 각각 분별하기를 목자가 양과 염소를 분별하는 것같이 하여 양은 그 오른편에 염소는 왼편에 두리라"

롬 14:10 "네가 어찌하여 네 형제를 판단하느뇨 어찌하여 네 형제를 업신여기느뇨 우리가 다 하나님의 심판대 앞에 서리라"

히 9:27 "한번 죽는 것은 사람에게 정하신 것이요 그 후에는 심판이 있으리니"

많은 사람들이 구원받은 성도들은 심판대 앞에 서지 않는다고 주장하나, 성경은 모든 사람들이 하나님의 심판대 앞에 서야 함을 분명히 밝히고 있다.

즉 구원받을 성도나(의인, 양, 알곡) 구원받지 못할 사람이나(악인, 염소, 쭉정이), 산 자나 죽은 자 즉 아담 이후의 모든 사람들이 하나님의 심판대 앞에서 하나님의 심판을 받아야 함을 성경은 말하고 있다.

3) 심판의 종류

(질문 10-2-5) 다음의 성경 말씀을 통하여 서로 다른 두 종류의 심판이 있음을 알 수 있는데, 이 두 종류의 심판은 각각 어떻게 이루어질 것이라고 말씀하고 있나요?

계 20:12-15 "또 내가 보니 죽은 자들이 무론대소하고 그 보좌 앞에 섰는데 책들이 펴 있고 또 다른 책이 펴졌으니 곧 생명책이라 죽은 자들이 자기 행위를 따라 책들에 기록된 대로 심판을 받으니 바다가 그 가운데서 죽은 자들을 내어주고 또 사망과 음부도 그 가운데서 죽은 자들을 내어주매 각 사람이 자기의 행위대로 심판을 받고 사망과 음부도 불못에 던지우니 이것은 둘째 사망 곧 불못이라 누구든지 생명책에 기록되지 못한 자는 불못에 던지우더라"

그리고 하나님께서는 사도 요한을 통하여 마지막 하나님의 심판이 어떻게 이루어질 것인가를 자세히 설명하고 계시는데, 이상의 말씀에서와 같이 서로 다른 두 종류의 심판이 있음을 알 수 있다. 하나는 자기의 행위가 기록된 책들(복수)에 기록된 대로 심판받는 상급이나 형벌의 심판이요, 또 다른 심판은 또 다른 책 즉 생명책이라고 부르는 책에 기록된 이름에 의해 심판받는 구원의 심판으로, 서로 다른 기준에 의해 행해지는 서로 다른 두 종류의 심판이 있음을 말하고 있는데 이를 다시 다음과 같이 정리해 볼 수 있다.[69]

(1) 생명책에 의한 구원의 심판

계 20:15 "누구든지 생명책에 기록되지 못한 자는 불 못에 던지우더라"

이 말씀을 볼 때, 구원의 심판은 자기 행위가 기록된 책들에 의한 것이 아니라 구원받을 자의 이름이 기록된 생명책이라고 부르는 또

69) 계시록 20장 12절에서 언급된 "죽은 자들이 무론대소하고"(the dead, great and small)의 개념에 따라 백보좌 심판이라고도 부르는 이 최후의 심판에 대한 서로 다른 견해가 나타난다. 즉 성경의 문자적 해석을 주장하며 2중 부활과(계 20:4; 고전 15:22), 이 땅에 실제적 천년왕국(계 20:4)이 나타날 것을 주장하는 학자들은 이 심판을 불신자들만의 심판으로 해석하는가 하면(Chaper Lewis Sperry 등의 dispensationalist 세대주의자, Carl McIntire 등의 premillennialist 전천년주의자), 성경을 문자적으로만 해석할 수 없으므로(삼하 7:16; 마 27:40) 요한계시록 20장 4절에 나타나는 첫째 부활이나 천년왕국 등을 영적으로 해석해야 한다고 주장하는 학자들은 신자와 불신자 등 모든 죽은 자들로 해석해야 한다는 주장으로(Gresham Machen, Allen MacRae 등의 amillennialist 무천년주의자, Kyper, Barvinc 등의 개혁주의자, Hendrickson, Plummer, Lenski) 크게 분류할 수 있다. 그런데 요한계시록 20장 4절의 말씀이나 고린도전서 15장 22절의 말씀을 영적으로만 해석하는 것이 사실상 무리가 있음을 인정하지만, 부활한 성도들과 예수 그리스도께서 불신자들과 함께 천년 동안 이 땅에서 산다는 것 자체가 모순이 있으며(행 26:13; 계 1:17), 신자의 부활과 불신자의 부활이 천년이란 간격이 있어야 하는 문자적 해석보다는 주님께서 재림하시기 전에 큰 환난이 있음을 성경이 말하고 있고(마 24:21, 29; 막 13:7; 눅 21:25), 세상의 종말에 큰 영광과 권세로 재림하실 때 모든 죽은 자들이(신자나 불신자 모두) 살아나 심판받는 것이 성경의 전체적 개념임을 상고할 때(단 12:2; 마 16:27, 24:30, 25:31; 요 5:28, 8:28; 행 24:15; 딤후 4:1; 계 20:12) 전자의 견해보다는 후자의 견해가 보다 성경적이라고 생각한다.

다른 책에 의한다는 사실이다.

그래서 생명책에 기록되지 못한 사람들은 모두 불못에 던지우는 심판을 받게 될 것이라고 말씀하시는데, 생명책에 기록된 사람은 예수 그리스도를 구주로 영접하여 구원받은 자를 의미하는 것이다(빌 4:3; 눅 10:20). 따라서 성경은 '구원받은 사실'을 그의 이름이 '생명책에 기록되어 있다'라는 표현을 사용하고 있음을 발견할 수 있다.

눅 10:20 "그러나 귀신들이 너희에게 항복하는 것으로 기뻐하지 말고 너희 이름이 하늘에 기록된 것으로 기뻐하라 하시니라"

빌 4:3 "또 참으로 나와 멍에를 같이한 자 네게 구하노니 복음에 나와 함께 힘쓰던 저 부녀들을 돕고 또한 글레멘드와 그 위에 나의 동역자들을 도우라 그 이름들이 생명책에 있느니라"

계 3:5 "이기는 자는 이와 같이 흰 옷을 입을 것이요 내가 그 이름을 생명책에서 반드시 흐리지 아니하고 그 이름을 내 아버지 앞과 그 천사들 앞에서 시인하리라"

(2) 책들에 기록된 행위에 의한 상급(형벌 등급)의 심판

계 20:12b "죽은 자들이 자기 행위를 따라 책들에 기록된 대로 심판을 받으니"

이 말씀을 볼 때, 생명책에 기록된 이름에 의한 구원의 심판 외에 각자의 행위가 기록된 책들(복수)의 기록에 따라 자기가 행한 대로 심판을 받는 또 다른 심판이 있음을 알 수 있는데, 아마도 이러한 모

든 사람들의 행위가 기록된 책은 기록된 그 양이 많기 때문에 여러 권의 책에 기록되었으므로 특별히 책들이라는 복수형을 사용한 듯하다.

그런데 성경은 많은 곳에서 구원받을 성도가 받을 상에 대해서 언급하고 있으므로, 이러한 각자의 행위의 기록에 따라 받는 심판을 상급 심판으로 그리고 구원받지 못할 불신자들이 각자의 행위에 따라 받을 심판을 형벌의 심판으로 해석할 수 있는 것이다.[70] 그래서 성경은 다음과 같이 구원받은 자나 구원받지 못한 자 모두가 각기 자기들이 행한 대로 선악 간에 심판받을 것을 말하고 있다.

선악 간에 행한 대로 보응을 받음

고후 5:9-10 "그런즉 우리는 거하든지 떠나든지 주를 기쁘시게 하는 자 되기를 힘쓰노라 이는 우리가 다 반드시 그리스도의 심판대 앞에 드러나 각각 선악 간에 그 몸으로 행한 것을 따라 받으려 함이라"

구원받은 자가 받을 서로 다른 상급

고전 3:8 "심는 이와 물 주는 이가 일반이나 각각 자기의 일하는 대로 자기의 상을 받으리라"

빌 3:13-14 "형제들아 나는 아직 내가 잡은 줄로 여기지 아니하고 오직 한 일 즉 뒤에 있는 것은 잊어버리고 앞에 있는 것을 잡으려고 푯

70) 지옥의 형벌과 천국의 상급에 대한 좀 더 자세한 내용은 다음의 보다 깊은 질문을 참고하기 바란다.

대를 향하여 그리스도 예수 안에서 하나님이 위에서 부르신 부름의 상을 위하여 좇아가노라"

보다 깊은 질문 1

*성경은 구원받은 성도는 심판받지 않는다고 말하고 있지 않은가?

성경은 다음과 같이 구원받은 성도는 심판받지 않는다고 말하고 있지 않은가?

요 5:24 "내가 진실로 진실로 너희에게 이르노니 내 말을 듣고 또 나 보내신 이를 믿는 자는 영생을 얻었고 심판에 이르지 아니하나니 사망에서 생명으로 옮겼느니라"

요 3:18 "저를 믿는 자는 심판을 받지 아니하는 것이요 믿지 아니하는 자는 하나님의 독생자의 이름을 믿지 아니하므로 벌써 심판을 받은 것이니라"

요한복음 5장 24절은 정죄 받지 않음을 말하는 것이다

우리 말 '심판'으로 번역된 요한복음 5장 24절에 나타난 헬라어 κρίσις(크리시스)는 죄인인가 아닌가를 심판하는 '심판'(judgement)의 의미가 아니라, 죄인으로 판정하는 심판 즉 '정죄'(condemnation)의 의미를 갖는다.

이와 같은 사실은 영어 성경의 KJV(King James Version), NKJV(New King James Version), NIV(New International Version) 등에서 모두

'shall(will) not come into condemnation'으로 번역된 사실을 통해서도 확인할 수 있다.

즉 우리말의 '심판'이라는 말의 의미는 '옳고 그름을 판정하는 것'을 의미하나, 요한복음 5장 24절이나 기타 성경의 여러 곳에서 '죄인으로 판정받는 심판' 즉 '정죄'(Condemnation)를 '심판'으로 번역하여 혼란을 갖는 것 같다.

따라서 요한복음 5장 24절의 번역을 "심판에 이르지 아니하나니"로 번역하는 것보다는 "정죄에 이르지 아니하나니"로 번역함이 본래의 의미에 더 가까운 번역으로 생각한다. 이와 같은 표현은 다음과 같은 로마서 8장 1절에서도 발견할 수 있다.

> 롬 8:1 "그러므로 이제 그리스도 예수 안에 있는 자에게는 결코 정죄함이 없나니 이는 그리스도 예수 안에 있는 생명의 성령의 법이 죄와 사망의 법에서 너를 해방하였음이라"

즉 우리말 '심판'으로 번역된 요한복음 5장 24절의 κρίσις(크리시스)나 로마서 8장 1절에서 '정죄함'으로 번역된 κατάκριμα(카타크리마) 모두 '죄인으로 심판받는 것' 즉 '정죄'의 의미를 나타내는 동일한 의미인 것이다.

보다 깊은 질문 2

*성경은 각자의 행위가 심판의 기준이 됨을 말하고 있지 않은가?

성경은 예수 그리스도의 은혜로 구원받는다고 말하고 있지만 또 한 각자의 행위대로 심판받는다는 사실을 말하고 있으므로, 예수를 믿는 믿음 이외에 각자의 행위가 함께 포함되어 최종 심판을 받는 것이 아닌가? 즉 예수를 믿어도 하나님의 말씀대로 살지 못한 사람은 구원받을 수 없다는 의미가 아닌가?[71)]

롬 2:6-7 "하나님께서 각 사람에게 그 행한 대로 보응하시되 참고 선을 행하여 영광과 존귀와 썩지 아니함을 구하는 자에게는 영생으로 하시고"

계 20:12 "또 내가 보니 죽은 자들이 무론대소하고 그 보좌 앞에 섰는데 책들이 펴 있고 또 다른 책이 펴졌으니 곧 생명책이라 죽은 자들이 자기 행위를 따라 책들에 기록된 대로 심판을 받으니"

1) 로마서 2장은 행위로 구원받을 수 없음을 말하는 것이다

롬 2:6-7 "하나님께서 각 사람에게 그 행한 대로 보응하시되 참고 선을 행하여 영광과 존귀와 썩지 아니함을 구하는 자에게는 영생으로

---

71) 이러한 견해는 주로 천주교나 안식교에서 주장하는 견해로, 천주교에서는 믿음을 구원의 조건으로 보지 않고 단지 교회에서 전달하는 각종 은사를 받을 수 있는 자격 조건으로만 해석한다. 즉 개신교에서는 개인의 성화된 행위는 상급의 조건일 뿐 구원의 조건이 될 수 없고 구원은 오직 예수 그리스도의 대속의 은혜를 믿는 믿음으로 얻어지는 하나님의 선물이라는 견해이나 천주교에서는 믿음(칭의)은 단지 구원의 첫 단계에 불과할 뿐 구원은 교회를 통하여 베풀어지는 여러 가지 각종 은사와 각자의 성화된 삶(행위) 등이 종합 평가되어 마지막 심판에서 결정된다는 주장이다(안식교는 조사심판에 의한 구원설). 천주교와 기독교의 좀 더 자세한 구원론에 대해서는 쿰란출판사 발행, 본인의 저서 《하나 되어야 할 교회, 천주교와 기독교》 "구원 편"을 참고하기 바라며, 구원과 행위에 관해서는 앞장의 보다 깊은 질문 "구원받은 증거를 어떻게 알 수 있나?"를 참고하기 바란다.

하시고"

우선 로마서 2장 6-7절에서 "하나님께서 각 사람에게 그 행한 대로 보응하시되 참고 선을 행하여 영광과 존귀와 썩지 아니함을 구하는 자에게는 영생으로 하시고"라고 표현한 것은 하나님의 심판의 원칙을 언급하고 있는 것이다.

즉 사도 바울이 여기서 언급하고자 하는 것은, 사람이 이와 같이 자기가 행한 선한 행위로 구원받는다는 사실을 말하려는 것이 아니고, 하나님께서는 이렇게 선을 행하는 자에게(즉 하나님의 말씀에 절대적으로 순종하는 자) 영생의 선물을 주려고 심판의 원칙을 세워놓으셨음을 말하는 것이다.[72]

그러나 이 세상 어느 누구도 이러한 하나님의 심판의 원칙에 합격하여 자기가 행한 선한 행위로 영생의 상을 받을 만한 사람이 하나도 없음을 말하려는 것이다.

그래서 율법 있는 유대인은 율법대로 살지 못해 정죄를 받아야 하고, 율법 없는 이방인은 율법 대신 받은 양심대로 살지 못해 정죄를 받아야 하므로(롬 2:12) 유대인이나 이방인 모두가 자기의 행위로는 의롭다 함을 얻을 수 없고, 자기의 행위가 아닌 또 다른 의(rightness), 즉 예수 그리스도의 은혜를 믿는 자를 의롭다 칭하시는 하나님의 의

---

72) 사실상 옛 언약에서는 "너희가 내 말을 잘 듣고 내 언약을 지키면 너희는 열국 중에서 내 소유가 되겠고 너희가 내게 대하여 제사장 나라가 되며 거룩한 백성이 되리라"(출 19:5-6)는 말씀과 같이, 하나님 나라 백성이 되기 위해 하나님 말씀에 순종하는 행위가 요구되었다. 그러나 새 언약 시대에 와서는 "너희가 전에는 백성이 아니더니 이제는 하나님의 백성이요 전에는 긍휼을 얻지 못하였더니 이제는 긍휼을 얻은 자니라"(벧전 2:10)는 말씀과 같이, 믿는 자가 하나님 나라 백성이 되는 것이 순종하는 우리의 행위로 되는 것이 아니고 예수 그리스도의 십자가 은혜로 인해 이미 이루어졌음을 성경은 말하고 있다.

(rightness)가 나타나지 않으면 안 되는 당위성을 설명하기 위함인 것이다(롬 3:24). 그래서 율법을 지키는 행위에 의한 의(rightness)가 아닌 또 다른 의(rightness), 즉 하나님의 의(rightness)를 믿는 믿음으로만 구원 얻을 수 있음을 말하려는 것이다(롬 3:28).

2) 계시록 20장 12절은 상급(형벌)의 심판을 의미하는 것이다

> 계 20:12 "또 내가 보니 죽은 자들이 무론대소하고 그 보좌 앞에 섰는데 책들이 펴 있고 또 다른 책이 펴졌으니 곧 생명책이라 죽은 자들이 자기 행위를 따라 책들에 기록된 대로 심판을 받으니"

하나님의 마지막 심판이 될 백보좌 심판은 서로 다른 두 종류의 심판이 있음을 앞에서 이미 언급하였다. 즉 하나는 자기의 행위를 따라 책들(복수)에 기록된 대로 받는 상급의 심판이요, 다른 하나는 또 다른 책 즉 생명책이라고 부르는 책에 기록된 이름에 의해 받는 구원의 심판이다.

따라서 계시록 20장 12절에 언급된 "죽은 자들이 자기 행위를 따라 책들에 기록된 대로 심판을 받으니"라는 표현은 구원을 받는가 받지 못하는가를 판결하는 구원의 심판이 아니라, 이러한 구원의 심판이 끝난 다음 구원받을 자나 구원받지 못한 자가 각각 책들에 기록된 자기의 행위에 따라 상급이나 형벌의 정도를 판정받는 심판인 것이다.

구원의 심판은 다음과 같이 생명책에 기록된 이름에 의한 것이지 책들에 기록된 자기의 행위에 의한 것이 아니기 때문이다.

계 20:15 "누구든지 생명책에 기록되지 못한 자는 불 못에 던지우더라"

그래서 성경은 다음과 같이 우리의 구원이 우리가 행한 선한 행위로 받는 상급이 아니라 비록 우리는 이 구원을 받을 만한 아무 가치가 없지만 하나님께서 은혜로 거저 주시는 선물임을 분명히 밝히고 있다.

엡 2:8-9 "너희가 그 은혜를 인하여 믿음으로 말미암아 구원을 얻었나니 이것이 너희에게서 난 것이 아니요 하나님의 선물이라 행위에서 난 것이 아니니 이는 누구든지 자랑치 못하게 함이니라"

보다 깊은 질문 3

*예수님께서 재림하신 후 심판을 받는다면 죽은 후 심판받기까지 연옥과 같은 중간 처소가 있어야 하지 않나?

주님께서 재림하실 때 모든 죽은 사람들이 부활하여 주님의 심판을 받아 천국과 지옥이 결정된다면, 심판받기 이전까지 즉 예수님의 재림이 있기까지 죽은 영혼들이 심판을 대기하며 기다리는 천국과 지옥의 중간 처소가 있어야 함이 마땅하지 않을까? 그렇다면 천주교에서 주장하는 연옥설이 성경적인 주장이 아닐까?

천국과 지옥의 중간 처소는 없다

종말론은 앞으로 다가올 미래에 대한 예언의 말씀이므로 성경 중에서 가장 이해하기 힘든 부분이나, 신학적으로 종말론(終末論) 하면 개인의 종말(終末)과 세상의 종말(終末)로 구분하여 생각할 수 있다. 즉 사람이 죽으면 그 영혼은 이 세상을 떠나고 육신은 이 땅에 묻히게 되는데 이것이 개인의 종말이요, 주님께서 재림하시어 이 땅과 모든 사람들을 심판하실 때가 오는데 이것이 바로 세상의 종말인 것이다. 그런데 이러한 개인의 종말과 세상의 종말 사이엔 시간적 간격이 있기 때문에 자연적으로 개인이 죽은 후 우주의 종말, 즉 예수님이 재림하시어 심판하실 때까지 심판을 기다리며 대기하는 처소 문제가 나타나지 않을 수 없다.

그러나 성경은 천주교에서 주장하는 연옥이 있음을 결코 말하지 않는다. 죽은 영혼이 거처하는 장소에 대한 자세한 설명을 누가복음 16장 19절부터 31절에서 발견할 수 있는데, 부자가 죽어서 간 고통 받는 '음부'라는 곳과 거지 나사로가 죽어서 위로를 받는 '아브라함의 품'이란 두 곳으로 분류됨을 알 수 있다.

그리고 이렇게 '음부'와 '아브라함의 품'이란 서로 다른 두 곳으로 분리된 다음엔, 그 두 곳 사이에 큰 구렁이 있어 이곳에서 그곳으로 갈 수도 없고 올 수도 없음을 말하고 있어(눅 16:26), 사람이 한 번 죽은 다음엔 구원의 기회를 영원히 잃게 된다. 따라서 이러한 성경의 말씀을 통하여 볼 때 천주교의 연옥 사상은 성경적이 아님을 알 수 있다.[73)]

73) 천주교의 연옥 사상과 그 사상의 역사적 발전단계에 대한 자세한 내용은 쿰란출판사 발행, 본인의 저서 《하나 되어야 할 교회, 기독교와 천주교》 "제6장 연옥에 관하여" 편을 참조 바란다.

육신이 죽은 후 영혼은 즉시 천국과 지옥에 간다

그리고 죽은 후에 구원받은 성도의 영혼이 육신을 떠나 거처하는 곳이 성경의 다른 곳에서는 '낙원'으로도 표현된 것을 성경 여러 곳에서 발견할 수 있는데(눅 23:43; 고후 12:4; 계 2:7) 이러한 사실로 볼 때 이 '아브라함의 품'이나 '낙원'은 같은 처소임을 알 수 있다.[74)]

또한 예수님께서 십자가에 달리셨을 때 회개한 우편 강도에게 "오늘 네가 나와 함께 낙원에 있으리라"는 누가복음 23장 43절의 말씀을 볼 때, 육신을 떠난 영혼이 이러한 '음부'나 '낙원'의 세계로 들어가는 것은, 육신이 죽은 후 바로 그날 나타나는 현상임을 알 수 있다.

그런데 부활하여 백보좌 심판을 받아 영원한 천국과 지옥으로 가게 된다면 사실상 시간적 간격이 있게 마련인데, 이 시간적 개념은 보이는 이 세상 3차원의 개념이지 사실상 4차원 이상의 영혼의 세계에서는 아무런 의미가 없는 것이다.

즉 사람이 죽어 그 영혼이 육신을 떠나 그날 즉시 '음부'나 '낙원'으로 간 후, 주님께서 재림하실 때 모든 죽은 사람들이 부활하여 주님의 심판을 받아 불신자는 영원한 불 못에 던져지고 구원받은 성도들은 새 하늘과 새 땅으로 간다 해도, 성경은 구원받은 성도가 이 땅을 떠나 주님과 함께 안식을 누리는 곳을 모두 '천국'으로 표현하고 있고(마 5:20, 7:21, 13:44, 19:23, 22:2, 25:1; 딤후 4:18), 구원받지 못한 영혼이 이 땅을 떠나 고통 받는 곳을 '지옥'으로 표현하고 있음을 볼 때(마 5:22, 29, 10:28, 18:9, 23:15,33; 막 9:43, 45, 47; 눅 12:5; 약 3:6; 벧후 2:4) 구원받

---

74) 이 부자의 다섯 형제가 아직도 세상에 살고 있는 사실을 기록한 누가복음 16장 24절의 말씀을 볼 때, 이 아브라함의 품이나 음부는 아직 부활되기 이전에 영혼들만 거처하고 있는 곳임을 알 수 있는데, 이러한 영혼만 거처하는 음부나 낙원에서도 전인격적인 고통이나 안식을 누린다는 사실을 또한 알 수 있다.

은 성도가 부활하기 이전에 영혼만 거처하는 '아브라함의 품'이나 '낙원'도 하나님과 함께 있는 '천국'이요, 부활한 후 주와 함께 영원히 왕 노릇하며 사는 '새 하늘과 새 땅'도 '천국'이다. 또 구원받지 못한 영혼이 심판받기 전까지(부활하기 전까지) 고통 중에 거하는 음부도 지옥이요(벧후 2:4; 눅 16:28), 부활하여 심판받은 이후에 구원받지 못한 사람이 영원히 형벌 받는 장소도 지옥이다(마 18:9; 막 9:45).

즉 성경은 사람이 죽은 이후 부활하기 이전에 영혼만 거처하는 곳이거나, 부활한 이후에 영혼과 육신이 함께 거처하는 곳 모두 구원받은 사람들이 주님과 함께 안식을 누리는 곳을 '천국'으로, 구원받지 못한 사람들이 사탄과 함께 가서 고통 받는 곳을 '지옥'으로 표현하고 있는 것이다.[75)]

따라서 사람이 한번 죽어 육신과 영혼이 분리되면 바로 천국이나 지옥에 가는 것이지, 단지 육신이 부활한 후 마지막 심판받아 가는 곳만 천국과 지옥이 아니라는 사실을 알 수 있다.

심판은 하나님의 신실하심과 공의와 권세를 나타내기 위함이다

그런데 이렇게 사람이 한번 죽은 후에는 각기 그들의 처소가 결정되지만, 하나님께서 이 땅에 다시 오시어 모든 자들을 심판하시고

---

75) 우리말 지옥으로 번역된 히브리어 שְׁאוֹל(스올)이 죽음의 뜻으로 사용되었고(삼상 2:6), 우리말 음부로 번역된 헬라어 ᾅδης(하데스)가 죽음의 뜻으로 사용되었으며(계 6:8), 우리말 지옥으로 번역된 헬라어 γέεννα(게헨나)는 어린아이를 몰렉 신에게 제사 드리던 '힌놈 골짜기'를 의미한다 하여 불신자들이 고통받는 지옥의 실제적 존재를 부인하는 주장들이 있다(안식교나 여호와의 증인 등). 그러나 성경은 분명히 שְׁאוֹל(스올)이나 γέεννα(게헨나), ᾅδης(하데스) 등이 불신자들이 죽은 후에 고통당하는 실제적 장소로 기록하고 있다(신 32:22; 시 9:17, 55:15; 눅 16:23; 마 5:29, 30, 18:8, 18:19; 막 9:43, 45, 47, 48; 벧후 2:4; 살후 1:9, 계 14:11, 20:10). 이에 대한 좀 더 구체적인 내용은 다음 장의 보다 깊은 질문에서 다루어 보도록 하겠다.

이 땅을 심판하시는 이유는, "의인과 악인을 하나님이 심판하시리니 이는 모든 목적과 모든 일이 이룰 때가 있음이라"(전 3:17)는 말씀과 같이 하나님께서 하시고자 하는 목적이 있음을 알 수 있는데, 그것은 바로 이 세상의 모든 피조물들에게 언약을 지키시는 신실하신 하나님이심과 불의를 결코 용납지 않으시는 공의로우신 하나님이심을 나타내시기 위함이다.

그래서 모든 피조물로 하여금 하나님의 영광과 능력과 권세를 깨닫고 구원받지 못한 자들은 "풀무불에 던져 넣으리니 거기서 울며 이를 갊이 있으리라"(마 13:50)는 말씀과 같이, 그들이 하나님의 말씀에 순종치 않은 것을 통곡하며 후회하게 하시고, 하나님의 말씀에 순종하여 예수 믿고 구원받은 성도들은 하나님의 신실하심과 그의 능력과 권능을 깨닫고 새 하늘과 새 땅에서 "할렐루야 주 우리 하나님 곧 전능하신 이가 통치하시도다 우리가 즐거워하고 크게 기뻐하여 그에게 영광을 돌리세"(계 19:6)라는 말씀과 같이, 영원토록 하나님만을 찬양하며 그의 권세와 능력과 주권적 통치 앞에 영광을 드리는 영원한 하나님 나라를 완성하시기 위함이다.

3. 하나님 나라의 완성

마귀 사탄과 하나님의 말씀에 순종하지 않아 구원받지 못하고 사탄의 종노릇하며 살던 구원받지 못한 사람들을 영원한 불 못에 던져 심판을 마치신 하나님께서는, 다음과 같이 구원받은 백성들을 위하여 새 하늘과 새 땅을 마련하시고 하나님 나라를 완성하시는데, 우선 하나님 나라의 영토에 관하여 살펴보도록 하겠다.

1) 하나님 나라 영토의 완성

(질문 10-3-1) 다음의 말씀은 하나님 나라 완성과 어떤 의미가 있나요?

계 21:1-2 "또 내가 새 하늘과 새 땅을 보니 처음 하늘과 처음 땅이 없어졌고 바다도 다시 있지 않더라 또 내가 보매 거룩한 성 새 예루살렘이 하나님께로부터 하늘에서 내려오니 그 예비한 것이 신부가 남편을 위하여 단장한 것 같더라"

새 하늘과 새 땅

영원한 하나님 나라의 완성을 의미하는 새 하늘과 새 땅에 관한 말씀인데, 이 세상이 변하여 하나님 나라를 완성하시는 것이 아니고 하나님께서는 이 세상을 불로 심판하시고 새 하늘과 새 땅을 지으시어 영원한 하나님 나라를 세우신다는 사실을 알 수 있다.

(질문 10-3-2) 다음의 말씀은 하나님 나라 완성과 또한 어떤 의미가 있나요?

계 22:1-2 "또 저가 수정같이 맑은 생명수의 강을 내게 보이니 하나님과 및 어린 양의 보좌로부터 나서 길 가운데로 흐르더라 강 좌우에 생명나무가 있어 열두 가지 실과를 맺히되 달마다 그 실과를 맺히고 그 나무 잎사귀들은 만국을 소성하기 위하여 있더라"

에덴동산의 회복

하나님께서 새로 창조하신 새 하늘과 새 땅은 생명수의 강이 흘러 강 좌우 편엔 생명나무와 각종 실과나무가 무성하여 각종 과일을 맺는다고 기록되고 있는데, 이는 하나님께서 창조하신 에덴동산의 원래 모습과 같다.

창 2:8-9 "여호와 하나님이 동방의 에덴에 동산을 창설하시고 그 지으신 사람을 거기 두시고 여호와 하나님이 그 땅에서 보기에 아름답고 먹기에 좋은 나무가 나게 하시니 동산 가운데에는 생명나무와 선악을 알게 하는 나무도 있더라 강이 에덴에서 발원하여 동산을 적시고 거기서부터 갈라져 네 근원이 되었으니

에덴보다 더 좋은 새 하늘과 새 땅

그런데 처음 창조된 에덴동산에서는 사탄의 유혹이 있어 아담이 죄를 범하였지만, 새 하늘과 새 땅에서는 이미 모든 사탄들이 심판을 받아 꺼지지 않는 유황 불 못에 던져졌으므로 다시는 죄로 인한 어두운 밤이나 사망이 없고 애통하는 것이나 곡하는 것이나 아픈 것이 없어, 처음의 에덴동산보다도 훨씬 더 좋은 곳임을 성경은 말하고 있다.

계 21:4 "모든 눈물을 그 눈에서 씻기시매 다시 사망이 없고 애통하는 것

이나 곡하는 것이나 아픈 것이 다시 있지 아니하리니 처음 것들이 다 지나갔음이러라"

(질문 10-3-3) 다음의 말씀들은 하나님 나라 완성과 어떤 연관이 있나요?

사 65:17 "보라 내가 새 하늘과 새 땅을 창조하나니 이전 것은 기억되거나 마음에 생각나지 아니할 것이라"

사 66:22 "나 여호와가 말하노라 나의 지을 새 하늘과 새 땅이 내 앞에 항상 있을 것같이 너희 자손과 너희 이름이 항상 있으리라"

겔 47:12 "강 좌우 가에는 각종 먹을 실과나무가 자라서 그 잎이 시들지 아니하며 실과가 끊치지 아니하고 달마다 새 실과를 맺으리니 그 물이 성소로 말미암아 나옴이라 그 실과는 먹을 만하고 그 잎사귀는 약 재료가 되리라"

새 하늘과 새 땅에 대한 구약의 예언들

하나님께서는 이러한 새 하늘과 새 땅을 새로 창조하시어 하나님 나라를 완성하실 것을 이사야 선지자와 에스겔 선지자의 입을 통하여 이미 예언하고 계심을 알 수 있다.

2) 하나님 나라 백성의 완성

새 하늘과 새 땅에서, 즉 영원한 하나님 나라에서 하나님 나라 백성의 모습은 어떻게 완성되는가? 영원한 하나님 나라에서의 하나님 나라 백성의 모습을 하나님 나라 백성의 신분과 권세의 두 부분으로 분리하여 생각해 보도록 하겠다.

(1) 신분의 완성

(질문 10-3-4) 다음의 말씀은 하나님 나라 완성이라는 언약의 목적에 어떤 의미가 있나요?

계 21:3-4 "내가 들으니 보좌에서 큰 음성이 나서 가로되 보라, 하나님의 장막이 사람들과 함께 있으매 하나님이 저희와 함께 거하시리니 저희는 하나님의 백성이 되고 하나님은 친히 저희와 함께 계셔서 모든 눈물을 그 눈에서 씻기시매 다시 사망이 없고 애통하는 것이나 곡하는 것이나 아픈 것이 다시 있지 아니하리니 처음 것들이 다 지나갔음이러라"

하나님 나라 백성의 신분적 완성

새 하늘과 새 땅에서 구원받은 성도들이 영원한 평강으로 위로받는 하나님 나라의 백성으로 신분이 완성될 것을 말씀하시는 것이다. 즉 새 하늘과 새 땅에서는 이 땅에서 사는 동안 흘린 수많은 눈물들을 씻겨 주시며 다시는 애통하는 것이나 우는 것이나 아픈 것이 있지 않을 것을 말씀하시는데, 이는 곧 사탄과 죄로 인해 나타났던 처음 것들이 이미 모두 없어졌기 때문이라고 하신다.

자녀의 완성

그리고 하나님 나라 백성으로 완성된다는 사실을 하나님의 자녀로의 완성으로 표현하고 있음을 발견할 수 있는데, 이는 구약 시대에는 내 백성으로 표현되었던 하나님 나라 백성이 신약 시대에 와서는 하나님의 자녀라는 좀 더 가까운 관계로 표현된(요 1:12) 새 언약의 관계가 이제 완성되었음을 의미하는 것이다.

계 21:5-7 "보좌에 앉으신 이가 가라사대 보라 내가 만물을 새롭게 하노라 하시고 또 가라사대 이 말은 신실하고 참되니 기록하라 하시고 또 내게 말씀하시되 이루었도다 나는 알파와 오메가요 처음과 나중이라 내가 생명수 샘물로 목마른 자에게 값없이 주리니 이기는 자는 이것들을 유업으로 얻으리라 나는 저의 하나님이 되고 그는 내 아들이 되리라"

신부의 완성

그리고 성경은 구원받은 성도들을 신부 또는 어린 양의 아내로 표현하여 아들보다도 더 가까운 관계로 표현하고 있음을 발견할 수 있다. 이는 곧 구원받은 성도의 표현이 하나님 나라가 완성되어 가는 단계에 따라 점진적으로 하나님과 가까운 관계의 표현으로 나타난 것이다. 즉 구약 시대에서는 '하나님과 그 백성'으로 표현하였고, 신약 시대에 와서는 '아버지와 아들 또는 자녀'의 관계로 표현하여 한층 더 하나님과의 관계가 가까워졌음을 나타내다가, 하나님 나라가 완성된 새 하늘과 새 땅에서는 '신랑과 신부 또는 아내'로 표현하고 있어 자녀보다도 한층 더 가까운 관계로 표현되고 있음을 발견할 수 있다.

계 21:9 “일곱 대접을 가지고 마지막 일곱 재앙을 담은 일곱 천사 중 하나가 나아와서 내게 말하여 가로되 이리 오라 내가 신부 곧 어린 양의 아내를 네게 보이리라 하고”

(2) 권세의 완성

(질문 10-3-5) 다음의 성경 말씀은 하나님 나라 완성이라는 언약의 목적과 어떤 의미가 있나요?

계 22:5 “다시 밤이 없겠고 등불과 햇빛이 쓸데없으니 이는 주 하나님이 저희에게 비취심이라 저희가 세세토록 왕 노릇 하리로다”

하나님 나라 백성의 권세적 완성

그리고 그 신분이 완성된 하나님 나라 백성들은 새 하늘과 새 땅에서 세세토록 왕 노릇 함으로써 하나님 나라 백성의 권세도 영원히 완성된다는 사실을 발견할 수 있는데, 이는 구원받은 성도들에게 이 세상에서 나타났던 피조물들을 다스리는 제한적인 권세가 새 하늘과 새 땅에서는 영원히 완성될 것을 의미하는 것이며, 맨 처음 아담에게 주신 축복 즉 모든 피조물을 다스리는 권세가 완전히 회복된 사실을 의미한다.

구원받은 성도가 누리는 제한적 권세의 완성

막 16:17-18 “믿는 자들에게는 이런 표적이 따르리니 곧 저희가 내 이름으로 귀신을 쫓아내며 새 방언을 말하며 뱀을 집으며 무슨 독을 마실지라도 해를 받지 아니하며 병든 사람에게 손을 얹은즉 나으리라"

즉 예수님께서는 당신이 친히 마귀 사탄을 물리치시고 병든 자를 고치실 뿐만 아니라 모든 믿는 자들에게도 '예수 그리스도 이름의 권세'로 이러한 능력을 행하게 하시는데, 이러한 축복은 모든 피조물들을 다스릴 수 있는 권세를 의미하는 것이다. 즉 '귀신', '뱀', '독', '병' 등은 모두가 하나님 나라와 상반되는 요소들인데, 이렇게 하나님 나라를 방해하는 모든 요소들까지 예수 그리스도의 이름으로 통치할 수 있으니, 이는 곧 모든 피조물들을 통치할 수 있는 권한을 주신 것을 의미한다. 또한 이미 앞에서 언급한 바와 같이 "왕 같은 제사장"(벧전 2:9)이 된 구원받은 성도의 '왕적 개념'과 같은 의미인 것이다. 그러나 이러한 권세가 이 세상에서는 제한적으로 나타나지만 새 하늘과 새 땅의 하나님 나라에서는 영원히 완성됨을 의미한다.

아담에게 축복하신 다스리는 권세의 완성

그리고 구원받은 성도들이 새 하늘과 새 땅에서 '세세토록 왕 노릇 한다'는 사실은 다음과 같이 하나님께서 아담에게 주신 축복, 즉 모든 피조물들을 다스리는 권세의 축복을 영원히 회복시키시는 것을 의미하는 것이다.

창 1:28 "하나님이 그들에게 복을 주시며 그들에게 이르시되 생육하고 번성하여 땅에 충만하라, 땅을 정복하라, 바다의 고기와 공중의 새와 땅에 움직이는 모든 생물을 다스리라 하시니라"

피조물의 관계 회복

그래서 죄로 인해 나타났던 모든 피조물과의 불화와 저주가 사라지고 이사야 선지자를 통하여 예언하셨던 모든 피조물과의 관계가 회복되어, 궁극적으로는 하나님께서 계획하시고 창조하셨던 에덴의 회복이 영원히 완성되는 것이다.

사 11:6-8 "그때에 이리가 어린 양과 함께 거하며 표범이 어린 염소와 함께 누우며 송아지와 어린 사자와 살찐 짐승이 함께 있어 어린아이에게 끌리며 암소와 곰이 함께 먹으며 그것들의 새끼가 함께 엎드리며 사자가 소처럼 풀을 먹을 것이며 젖 먹는 아이가 독사의 구멍에서 장난하며 젖 뗀 어린아이가 독사의 굴에 손을 넣을 것이라"

3) 하나님 나라 주권의 완성

(질문 10-3-6) 다음의 말씀은 하나님 나라 완성과 어떤 의미가 있나요?

계 19:1-7 "이 일 후에 내가 들으니 하늘에 허다한 무리의 큰 음성 같은 것이 있어 가로되 할렐루야 구원과 영광과 능력이 우리 하나님께 있도다 그의 심판은 참되고 의로운지라 음행으로 땅을 더럽게 한 큰 음녀를 심판하사 자기 종들의 피를 그의 손에 갚으셨도다 하고 두 번째 가로되 할렐루야 하더니 그 연기가 세세토록 올라가더라

또 이십사 장로와 네 생물이 엎드려 보좌에 앉으신 하나님께 경배
하여 가로되 아멘, 할렐루야 하니 보좌에서 음성이 나서 가로되
하나님의 종들 곧 그를 경외하는 너희들아 무론대소하고 다 우
리 하나님께 찬송하라 또 내가 들으니 허다한 무리의 음성도 같
고 많은 물소리도 같고 큰 뇌성도 같아서 가로되 할렐루야 주 우
리 하나님 곧 전능하신 이가 통치하시도다 우리가 즐거워하고 크
게 기뻐하여 그에게 영광을 돌리세"

하나님의 주권적 통치의 완성

새 하늘과 새 땅의 모든 피조물들과(네 생물) 구원받은 하나님 나라 백성들은(이십사 장로) 하나님의 통치를 진정으로 즐거워하고 기뻐하며 순종함으로 하나님께 영광을 돌린다는 사실을 알 수 있다. 즉 오직 하나님의 말씀에만 절대적으로 순종하여 하나님만을 높여 드리는 하나님의 영원한 주권적 통치로 나타나는 하나님 나라가 영원히 완성될 것을 말씀하시는 것이다.

(질문 10-3-7) 다음의 말씀은 하나님 나라 완성과 어떤 의미가 있나요?

계 22:1-5 "또 저가 수정같이 맑은 생명수의 강을 내게 보이니 하나님과
및 어린 양의 보좌로부터 나서 길 가운데로 흐르더라 강 좌우에
생명나무가 있어 열두 가지 실과를 맺히되 달마다 그 실과를 맺히
고 그 나무 잎사귀들은 만국을 소성하기 위하여 있더라 다시 저주
가 없으며 하나님과 그 어린 양의 보좌가 그 가운데 있으리니 그

의 종들이 그를 섬기며 그의 얼굴을 볼 터이요 그의 이름도 저희 이마에 있으리라 다시 밤이 없겠고 등불과 햇빛이 쓸데없으니 이는 주 하나님이 저희에게 비취심이라 저희가 세세토록 왕 노릇 하리로다"

어린 양 보좌의 영광과 은혜

그래서 새 하늘과 새 땅의 영원한 하나님 나라에서는 어린 양의 보좌 앞에 세세토록 영광만을 올려 드릴 때, 그 모든 하나님 나라 백성들의 피조물들은 그 어린 양의 보좌로부터 흘러넘치는 은혜와 축복으로 풍성한 삶을 살아가는 것이다.

그래서 생명나무는 그 가지와 잎사귀가 무성하여 달마다 열두 가지 실과가 풍성히 열리게 하시고, 구원받은 백성들은 이 풍성한 열매를 따먹고, 어린 양의 보좌로부터 비취지는 권세와 능력으로 세세토록 주와 함께 왕 노릇 하며 모든 피조물을 다스리며 살게 하신다.

하나님 나라의 두 가지 특징

이와 같이 하나님 나라의 영원한 완성인 새 하늘과 새 땅에서는 모든 피조물들이 하나님의 말씀에 절대적으로 순종하며 하나님만을 섬기며 그에게 영광 드리는 삶, 즉 하나님의 말씀에 절대적 순종만이 나타나는 하나님의 절대적 통치가 완성되며, 이렇게 하나님 나라 백성들이 하나님의 말씀에 절대적으로 순종하며 오직 하나님 한 분께만 영광을 드릴 때, 하나님께서는 그 백성들이 하나님의 은혜와 축복으로 살아갈 수 있도록 절대적으로 책임져 주신다.

즉 이 책에서 일관되게 언급되고 있는 하나님 나라의 특징은, 그 첫 번째가 하나님의 말씀에 대한 절대적 순종이며, 그 두 번째가 오직 하나님의 은혜와 축복으로 살아가는 평강의 삶인데, 새 하늘과 새 땅에서는 이 모든 것이 어린 양의 보좌로부터 흘러나와 세세토록 영원한 하나님 나라가 완성된다.

보다 깊은 질문 1

*사랑의 하나님께서 지옥의 영원한 고통을 허락하시는가?

우리말 지옥으로 번역된 히브리어 שְׁאוֹל(스올)이 죽음의 뜻으로 사용되었고(삼상 2:6), 우리말 음부로 번역된 헬라어 ᾅδης(하데스)가 죽음의 뜻으로 사용되었으며(계 6:8), 우리말 지옥으로 번역된 헬라어 γέεννα(게헨나)는 아하스와 므낫세와 같은 이스라엘의 사악한 왕들이 어린아이를 몰렉 신에게 제사 드리던 '힌놈 골짜기'를 의미한다 하여 불신자들이 고통 받는 지옥의 실제적 존재를 부인하는 주장들이 있다.[76] 그러나 성경은 분명히 שְׁאוֹל(스올)이나 γέεννα(게헨나), ᾅδης(하데스)등을 불신자들이 죽은 후에 고통당하는 곳으로 표현하고 있으며(신 32:22; 시 9:17, 55:15; 눅 16:23; 마 5:29, 30, 18:19; 막 9:43, 45, 47; 벧후 2:4), 특별히 이러한 고통은 잠시 있다가 불태워 없어지는 것이 아니고 영원히 지속되는 고통임을 말하고 있는데(마 25:46; 막 9:48; 살후 1:9; 계 14:11, 20:10), 불신자들이 죽은 후에 가게 될 지옥에 관한 성경의 말씀들을 살펴보면 대략 다음과 같다.

76) 안식교나(the seventh day adventist) 여호와의 증인(jehovah's witness)들은 지옥의 실제적 존재를 부인하고 있다.

1) 지옥은 실제로 존재하는 구체적 장소임을 말한다

신 32:22 “내 분노의 불이 일어나서 음부 깊은 곳까지 사르며 땅의 그 소산을 삼키며 산들의 터도 붙게 하는도다”

시 9:17 “악인이 음부로 돌아감이여 하나님을 잊어버린 모든 열방이 그리 하리로다”

시 55:15 “사망이 홀연히 저희에게 임하며 산 채로 음부에 내려갈지어다 이는 악독이 저희 거처에 있고 저희 가운데 있음이로다”

눅 16:27-28 “가로되 그러면 구하노니 아버지여 나사로를 내 아버지의 집에 보내소서 내 형제 다섯이 있으니 저희에게 증거하게 하여 저희로 이 고통 받는 곳에 오지 않게 하소서”

마 18:8-9 “만일 네 손이나 네 발이 너를 범죄케 하거든 찍어 내버리라 불구자나 절뚝발이로 영생에 들어가는 것이 두 손과 두 발을 가지고 영원한 불에 던지우는 것보다 나으니라 만일 네 눈이 너를 범죄케 하거든 빼어 내버리라 한 눈으로 영생에 들어가는 것이 두 눈을 가지고 지옥불에 던지우는 것보다 나으니라”

막 9:43-47 “만일 네 손이 너를 범죄케 하거든 찍어 버리라 불구자로 영생에 들어가는 것이 두 손을 가지고 지옥 꺼지지 않는 불에 들어가는 것보다 나으니라 만일 네 발이 너를 범죄케 하거든 찍어 버리라 절뚝발이로 영생에 들어가는 것이 두 발을 가지고 지옥에 던지우는 것보다 나으니라 만일 네 눈이 너를 범죄케 하거든 빼어버리라 한 눈으로 하나님의 나라에 들어가는 것이 두 눈을 가지고 지옥에 던지우는 것보다 나으니라”

계 21:8 “그러나 두려워하는 자들과 믿지 아니하는 자들과 흉악한 자들과 살인자들과 행음자들과 술객들과 우상 숭배자들과 모든 거짓 말하는 자들은 불과 유황으로 타는 못에 참예하리니 이것이 둘째 사망이라"

2) 전인격적으로 고통을 느낄 수 있는 곳임을 말한다

마 8:11-12 "또 너희에게 이르노니 동서로부터 많은 사람이 이르러 아브라함과 이삭과 야곱과 함께 천국에 앉으려니와 나라의 본 자손들은 바깥 어두운 데 쫓겨나 거기서 울며 이를 갊이 있으리라"

마 13:49-50 "세상 끝에도 이러하리라 천사들이 와서 의인 중에서 악인을 갈라내어 풀무불에 던져 넣으리니 거기서 울며 이를 갊이 있으리라"

마 25:30 "이 무익한 종을 바깥 어두운 데로 내어쫓으라 거기서 슬피 울며 이를 갊이 있으리라 하니라"

눅 16:23-24 "저가 음부에서 고통 중에 눈을 들어 멀리 아브라함과 그의 품에 있는 나사로를 보고 불러 가로되 아버지 아브라함이여 나를 긍휼히 여기사 나사로를 보내어 그 손가락 끝에 물을 찍어 내 혀를 서늘하게 하소서 내가 이 불꽃 가운데서 고민하나이다"

3) 고통의 정도에 차별이 있음을 말한다

눅 12:47-48 "주인의 뜻을 알고도 예비치 아니하고 그 뜻대로 행치 아니한 종은 많이 맞을 것이요 알지 못하고 맞을 일을 행한 종은 적게 맞으리라 무릇 많이 받은 자에게는 많이 찾을 것이요 많이 맡은 자에게는 많이 달라 할 것이니라"

눅 20:46-47 "긴 옷을 입고 다니는 것을 원하며 시장에서 문안받는 것과 회당의 상좌와 잔치의 상석을 좋아하는 서기관들을 삼가라 저희는 과부의 가산을 삼키며 외식으로 길게 기도하니 그 받는 판결이 더욱 중하리라 하시니라"

4) 고통이 영원히 지속될 것을 말한다

마 25:46 "저희는 영벌에 의인 들은 영생에 들어가리라 하시니라"

막 9:48-49 "거기는 구더기도 죽지 않고 불도 꺼지지 아니하느니라 사람마다 불로서 소금 치듯 함을 받으리라"

살후 1:8-9 "하나님을 모르는 자들과 우리 주 예수의 복음을 복종치 않는 자들에게 형벌을 주시리니 이런 자들이 주의 얼굴과 그의 힘의 영광을 떠나 영원한 멸망의 형벌을 받으리로다"

계 14:10-11 "그도 하나님의 진노의 포도주를 마시리니 그 진노의 잔에 섞인 것이 없이 부은 포도주라 거룩한 천사들 앞과 어린 양 앞에서 불과 유황으로 고난을 받으리니 그 고난의 연기가 세세토록 올라가리로다 짐승과 그의 우상에게 경배하고 그 이름의 표를 받는 자는 누구든지 밤낮 쉼을 얻지 못하리라 하더라"

계 20:10 "또 저희를 미혹하는 마귀가 불과 유황 못에 던지우니 거기는 그 짐승과 거짓 선지자들도 있어 세세토록 밤낮 괴로움을 받으리라"

보다 깊은 질문 2

*천국에서 서로 다른 상급의 차별이 있을 수 있는가?

천국의 상급은 곧 영생이라는 주장

성경에서 말하는 상급은 다음과 같이 구원받은 자가 누릴 영생의 축복을 의미하는 것으로 천국의 삶에 상급의 차이가 있음을 부인하는 주장이 있다.

> 롬 2:6-8 "하나님께서 각 사람에게 그 행한 대로 보응하시되 참고 선을 행하여 영광과 존귀와 썩지 아니함을 구하는 자에게는 영생으로 하시고 오직 당을 지어 진리를 좇지 아니하고 불의를 좇는 자에게는 노와 분으로 하시리라"
>
> 마 20:9-10 "제 십일 시에 온 자들이 와서 한 데나리온씩을 받거늘 먼저 온 자들이 와서 더 받을 줄 알았더니 저희도 한 데나리온씩 받은지라"

이상의 말씀에서 언급한 바와 같이, 각자가 행한 대로 보응하는 심판의 결과가 영생과 멸망 즉 천국과 지옥인 것이지, 천국과 지옥에서 받을 상급과 형벌의 정도가 결정되는 것이 아니라는 주장이다.

즉 마태복음 20장의 포도원 품꾼들의 품값과 같이 먼저 온 자나 나중 온 자들이 모두 동일하게 한 데나리온의 품값을 받음을 언급하고 있음과 같이, 천국의 삶은 모두가 하나님을 경배하며 기쁘고 즐겁게 사는 복된 삶이요 지옥의 삶은 뜨거운 불 속에서 당하는 고통의 삶이라는 주장이 있다. 그러나 성경은 다음과 같이 분명히 천국에서의 상급이 서로 다를 것을 말하고 있으며, 불 가운데 얻은 구원이나 부끄러운 구원이 있음을 말하고 있다.

(1) 영생은 믿는 자에게 주는 상이 아니다

구원은 우리가 행한 선한 행위에 대한 상급이 아니라 비록 우리는 이 구원을 받을 만한 아무 가치가 없지만 하나님께서 거저 주시는 은혜의 선물임을 성경은 말하고 있다.

엡 2:8-9 "너희가 그 은혜를 인하여 믿음으로 말미암아 구원을 얻었나니 이것이 너희에게서 난 것이 아니요 하나님의 선물이라 행위에서 난 것이 아니니 이는 누구든지 자랑치 못하게 함이니라"

(2) 성경은 다음과 같이 상이 있음을 언급하고 있다

그러나 성경은 다음과 같이 구원받은 성도라 하더라도 각자 자기가 행한 행위에 대한 상이 있음을 말하고 있다.

고전 3:8 "심는 이와 물 주는 이가 일반이나 각각 자기의 일하는 대로 자기의 상을 받으리라"

고후 5:9-10 "그런즉 우리는 거하든지 떠나든지 주를 기쁘시게 하는 자 되기를 힘쓰노라 이는 우리가 다 반드시 그리스도의 심판대 앞에 드러나 각각 선악 간에 그 몸으로 행한 것을 따라 받으려 함이라"

사도 바울이 고린도전서 3장 8절에서 말하는 심는 이와 물 주는 이는 모두 다 구원받은 성도들을 의미하는 것이다. 그리고 고린도후서 5장 9절에서 언급하는 우리도 사도 바울과 같이 구원받은 성도들을 의미하는 것이다.

불 가운데 얻는 부끄러운 구원

그래서 성경은 우리가 구원을 받는다 하더라도 불 가운데서 얻는 것 같은 구원이 있음을 말하고 있으며(고전 3:15), 구원받은 자라 하더라도 부끄러움이 있음을(요일 2:28) 분명히 말하고 있다.[77]

고전 3:13-15 "각각 공력이 나타날 터인데 그날이 공력을 밝히리니 이는 불로 나타내고 그 불이 각 사람의 공력이 어떠한 것을 시험할 것임이니라 만일 누구든지 그 위에 세운 공력이 그대로 있으면 상을 받고 누구든지 공력이 불타면 해를 받으리니 그러나 자기는 구원을 얻되 불 가운데서 얻은 것 같으리라"

요일 2:28 "자녀들아 이제 그 안에 거하라 이는 주께서 나타내신 바 되면 그의 강림하실 때에 우리로 담대함을 얻어 그 앞에서 부끄럽지 않게 하려 함이라"

---

77) 사도 바울이 표현한 불 가운데 얻은 것 같은 구원이나 부끄러운 구원이 어떠한 성격의 구원인지는 알 수 없으나, 이러한 말씀을 살펴볼 때 구원받은 성도라 하여 모두가 천국에서 동일한 것이 아니고 차별이 있음을 알 수 있다. 그러나 새 하늘과 새 땅에서는 죄와 어둠과 사탄의 세력이 완전히 제거되어 애통하는 것이나 곡하는 것 등의 처음 것들이 다 지나갔고(계 21:4) 오직 하나님의 영광과 존귀만이 나타나므로(계 21:26), 부끄러운 구원이라 하더라도 결코 좌절하거나 실망하거나 수치스럽거나 질투하는 성격의 구원은 아닐 것이다. 왜 그러냐 하면 이러한 좌절감이나 실망이나 수치심이나 질투심 등은 모두가 다 사탄에 의한 죄의 결과로 나타나는 것인데, 이러한 죄와 사탄의 어두운 권세는 이미 모두 지옥 불에 던져졌기 때문이다.

상에 대한 성경의 기록

그리고 성경은 기타 여러 곳에서 우리가 행한 일에 대해 상이 있음을 분명히 기록하고 있는데 그 기록들을 살펴보면 대략 다음과 같다.

마 16:27 "인자가 아버지의 영광으로 그 천사들과 함께 오리니 그때에 각 사람의 행한 대로 갚으리라"

히 11:24-26 "믿음으로 모세는 장성하여 바로의 공주의 아들이라 칭함을 거절하고 도리어 하나님의 백성과 함께 고난받기를 잠시 죄악의 낙을 누리는 것보다 더 좋아하고 그리스도를 위하여 받는 능욕을 애굽의 모든 보화보다 더 큰 재물로 여겼으니 이는 상 주심을 바라봄이라"

빌 3:13-14 "형제들아 나는 아직 내가 잡은 줄로 여기지 아니하고 오직 한 일 즉 뒤에 있는 것은 잊어버리고 앞에 있는 것을 잡으려고 푯대를 향하여 그리스도 예수 안에서 하나님이 위에서 부르신 부름의 상을 위하여 좇아가노라"

계 22:12 "보라 내가 속히 오리니 내가 줄 상이 내게 있어 각 사람에게 그의 일한 대로 갚아 주리라"

아멘!

1. 성경의 통일성 하나님 나라

성경의 기록 목적에 대하여 성경은 “영생이 있음을 알게 하려 함”(요일 5:13)이라고 기록하였고, “하나님의 사람으로 온전케 하며 모든 선한 일을 행하기에 온전케 하려 함이니라”(딤후 3:17)고 기록하고 있지만, 이러한 모든 표현들은 모두가 다 하나님 나라에 관한 내용들을 말하는 것이다.

그리고 성경은 하나님께서 인간을 창조하신 목적이 하나님의 영광을 위한 것이고, 인간을 구원하시는 목적도 하나님의 영광을 위한 것이라고 기록하고 있는데(사 43:1, 7), 이 또한 한마디로 표현한다면 하나님 한 분만이 영광받으실 하나님 나라를 위하여 우리 인간을 창조하셨고 구원하셨다고 말할 수 있는 것이다.

즉 우리 인간이 하나님께 영광을 드리는 것이 창조와 구원의 목적이라면 어떻게 하나님께 영광을 드릴 것인가를 구체적으로 제시하신 방법이 곧 하나님 나라다. 즉 하나님의 주권적 통치가 이루어지는 하나님 나라를 통하여 하나님의 영광이 나타나게 하신 것인데, 하나님의 주권적 통치란 바로 하나님의 말씀에 의해 통치되는 하나님 나라를 의미한다. 즉 우리 인간은 하나님의 말씀에 절대적으로 순종하며 살아갈 때 하나님께서는 우리 인간에게 절대적 은혜와 축복을 내려 주시어 하나님의 권세와 능력과 영광을 나타내신다. 이것이 바로 우리를 창조하신 목적이요 또한 우리를 구원하신 목적인 것이다.

우리는 이러한 이론적 근거를 다음과 같은 성경의 시작인 창세기 1장과 2장, 성경의 마지막인 요한계시록 21장과 22장을 통하여 확인할 수 있다.

하나님 나라의 창조

창 1:28 "하나님이 그들에게 복을 주시며 그들에게 이르시되 생육하고 번성하여 땅에 충만하라, 땅을 정복하라, 바다의 고기와 공중의 새와 땅에 움직이는 모든 생물을 다스리라 하시니라"

우주 만물을 창조하신 하나님께서는 맨 마지막으로 하나님의 형상으로 인간을 창조하시고, 우리 인간에게 복을 주시되 이 모든 피조물들을 다스리는 권세를 주시는데, 이러한 권세는 다음과 같은 하나님의 말씀에 순종할 때 누릴 수 있는 축복이었다.

창 2:15-17 "여호와 하나님이 그 사람을 이끌어 에덴동산에 두사 그것을 다스리며 지키게 하시고 여호와 하나님이 그 사람에게 명하여 가라사대 동산 각종 나무의 실과는 네가 임의로 먹되 선악을 알게 하는 나무의 실과는 먹지 말라 네가 먹는 날에는 정녕 죽으리라 하시니라"

하나님께서는 아담에게 주신 축복, 즉 생육하고 번성하여 땅을 정복하며 다른 모든 생물들을 다스리며 사는 축복은(창 1:28) 이러한 하나님의 말씀에 순종할 때에만 누릴 수 있도록 하심으로, 하나님의 말씀에 의해 통치되는 하나님 나라, 하나님의 통치적 왕권(royal sovereignty)이 드러나는 하나님 나라를 건설하셨다.

따라서 우리가 창세기 1, 2장의 하나님의 창조 사역에서 발견해야 할 중요한 사실은 하나님의 주권에 의해 통치되는 하나님의 나라다. 이것이 바로 하나님께서 우리를 창조하신 목적이요 우리를 구원하시는 목적이다(사 43장).

즉 "선악을 알게 하는 나무는 먹지 말라 네가 먹는 날에는 정녕 죽으리라"(창 2:17)는 이 말씀을 주시고 아담이 이 말씀에 순종하여 하나님께 영광을 드릴 때, 하나님께서는 은혜와 축복을 내려 주시어 하나님의 말씀으로 통치되는 하나님 나라, 그래서 전능하신 하나님의 권세와 능력과 영광이 나타나는 하나님 나라를 세우신 것이다.

예수 그리스도를 통한 하나님 나라의 시작

그런데 아담의 불순종으로 세우신 하나님 나라가 파괴되자, 이 하나님 나라를 다시 회복하시는 하나님의 계획과 섭리를 기록하게 하신 것이 바로 성경이며, 예수님께서 이 땅에 오신 목적도 바로 하나님 나라를 회복하시기 위해서다.

그래서 예수 그리스도께서 이 땅에 오시기 전에 그의 길을 예비한 세례 요한도 "회개하라 천국이 가까웠느니라"(마 3:2)고 하나님 나라를 예고하였으며, 예수님께서 이 땅에 오시어 사역을 시작하시면서 '하나님 나라'가 이미 시작되었음을 선포하셨으며(마 12:8; 눅 4:21,

11:20), 예수님께서 가르치신 내용의 주제 또한 '하나님 나라'에 관한 것이었으며(행 1:3), 제자들이 복음을 전파한 내용도 예수님의 부활과 하나님 나라에 관한 것이었으며(눅 9:2; 행 8:12, 28:30), 성령께서 이 땅에 오시어 현재 하시고 계신 일도 바로 하나님 나라의 확장인 것이다(마 28:19; 행 1:8).

하나님 나라의 완성

그리고 예수님께서 다시 오시는 목적도 바로 이 하나님 나라를 영원히 완성하시기 위한 것임을 성경은 다음과 같이 선포하며 대단원의 막을 내린다.

> 계 22:1-5 "또 저가 수정같이 맑은 생명수의 강을 내게 보이니 하나님과 및 어린 양의 보좌로부터 나서 길 가운데로 흐르더라 강 좌우에 생명나무가 있어 열두 가지 실과를 맺히되 달마다 그 실과를 맺히고 그 나무 잎사귀들은 만국을 소성하기 위하여 있더라 다시 저주가 없으며 하나님과 그 어린 양의 보좌가 그 가운데 있으리니 그의 종들이 그를 섬기며 그의 얼굴을 볼 터이요 그의 이름도 저희 이마에 있으리라 다시 밤이 없겠고 등불과 햇빛이 쓸데없으니 이는 주 하나님이 저희에게 비취심이라 저희가 세세토록 왕 노릇 하리로다"

이 말씀은 곧 처음에 세우신 창세기 1장, 2장의 하나님 나라의 회복을 의미한다. 즉 성경은 이렇게 하나님 나라의 선포로 시작하여 하나님 나라의 완성으로 끝을 맺는데, 하나님 나라에 관한 성경의 이러한 통일성을 통해, 성경의 기록 목적이 바로 하나님 나라의 완성에 있다는 사실을 확인할 수 있다.

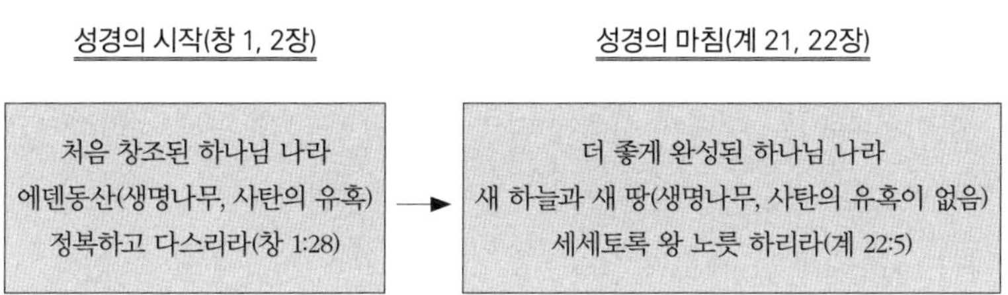

2. 언약의 통일성 - 하나님 나라

그리고 하나님께서는 이러한 하나님 나라를 언약(covenant)이라는 특별한 약속의 말씀으로 이루어 나가신다는 사실을 성경을 통하여 발견할 수 있다.

즉 성경은 하나님의 약속의 말씀 외에도 우리가 어떻게 살아야 할 것인가를 가르치는 여러 가지 교훈적 말씀이나(서신서) 역사적인 사건들을 기록한 내용들이 있으며(역사서), 때로는 하나님의 은혜와 영광을 찬송하는 시와 찬미 등이 있지만(시가서), 이러한 성경에 기록된 말씀들 중에서 가장 중요한 성경의 핵심 내용은 바로 하나님의 약속의 말씀, 즉 언약(covenant)이다.

따라서 성경의 핵심 내용을 파악하기 위해서는 성경에 나타난 하나님의 언약의 말씀을 살펴보지 않을 수 없는데, 이렇게 성경에 나타난 하나님의 언약의 말씀들을 살펴볼 때 이러한 언약들의 내용이 바로 '하나님 나라'에 관한 통일성을 갖는다는 사실을 발견할 수 있음은 물론, 이러한 하나님 나라에 관한 언약의 내용들이 시대의 흐름에 따라 점점 점진적이고 구체적으로 나타난다는 사실 또한 발견할 수 있다.

따라서 우리는, 이렇게 시대에 따라 하나님 나라에 관해 점진적이고 구체적으로 나타난 그 언약들을 통해, 하나님께서 하시고자 하는 하나님 나라에 관한 계획과 섭리들을 다음과 같이 정리해 볼 수 있다.

언약의 목적 - 하나님 나라의 완성

즉 창조 언약 시대에 나타나는 행위 언약, 노아 언약이나 선민 언약 시대에 나타나는 아브라함 언약, 모세 언약, 여호수아 언약이나 왕국 언약 시대에 나타나는 다윗 언약, 이사야 언약, 예레미야 언약, 에스겔 언약 등 구약에 나타난 언약들이나 피의 새 언약, 성령 언약, 재림 언약 등 신약에 나타나는 모든 언약들의 궁극적인 목표는 하나님 나라의 완성에 있다고 말할 수 있다.

그래서 이렇게 시대에 따라 점진적으로 나타나는 언약들을 '하나님 나라의 완성'이라는 언약의 궁극적 목적에 조명해 볼 때, 창조 언약 시대에 나타난 아담 언약이나 노아 언약 등은 하나님의 주권적 통치로 이루어지는 하나님 나라를 세우시겠다는 '하나님 나라의 선포'적 의미를 갖는 반면, 선민 언약 시대에 나타난 아브라함 언약이나 모세 언약 등은 "너는 내 앞에서 행하여 완전하라"(창 17:1; 신 18:13)는 말씀과 같이 하나님의 말씀에 절대적 순종이 요구되는 '하나님 나라 백성의 모형'을 나타낸다고 생각할 수 있고, 여호수아 언약은 하나님 나라의 백성은 물론 하나님 나라의 영토까지 구체적으로 설정된, 이 땅에 세워진 보이는 '하나님 나라의 모형'으로 생각할 수 있다.

그리고 왕국 언약 시대에 나타난 다윗 언약이나 이사야 언약, 예레미야 언약, 에스겔 언약 등은 "너희들은 도무지 어떻게 할 수 없으니 내가 내 은혜로 하겠다"라고 옛 언약의 모습과는 다른 새 언약의 모습을 나타내는데, 이는 하나님 나라가 어떻게 실제적으로 이루어져 나갈 것인가를 설명하는 '하나님 나라의 특성'을 나타낸다고 해석할 수 있다.

그래서 드디어 새 언약의 예언대로 예수 그리스도께서 이 땅에 오시어 하나님 나라를 이 땅에 실제적으로 시작하시고, 예수님께서 이 땅에 세우신 하나님 나라가 피의 새 언약과 성령 언약을 통하여 어떻게 확산되어 나갈 것인가를 밝히신 후, 마지막으로 재림 언약을 통하여 하나님 나라가 어떻게 완성될 것인가를 말씀하시는 것이다.

이와 같이 하나님 나라의 완성이라는 언약의 목적을 향해 각 시대별로 점진적이고도 구체적인 방법으로 성경에 나타난 언약들을 다음과 같이 요약하여 정리해 볼 수 있다.

언약(Covenant)의 통일성 – 하나님 나라(Kingdom of God)

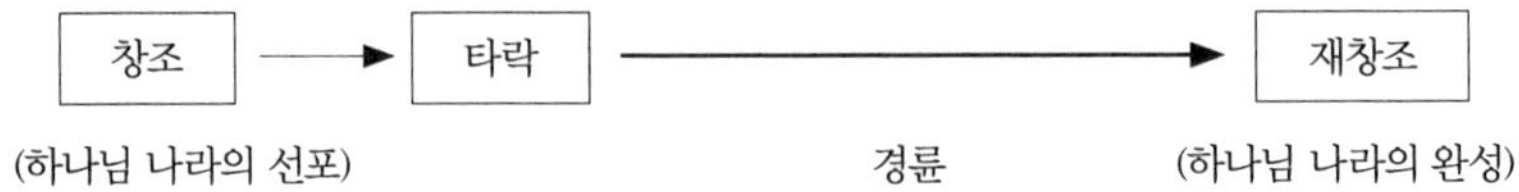

창조 언약 시대 - 하나님 나라의 창조와 회복 선언
선민 언약 시대 - 하나님 나라의 모형
왕국 언약 시대 - 하나님 나라의 특성
새 언약 시대 - 하나님 나라의 실현
재림 언약 시대 - 하나님 나라의 완성

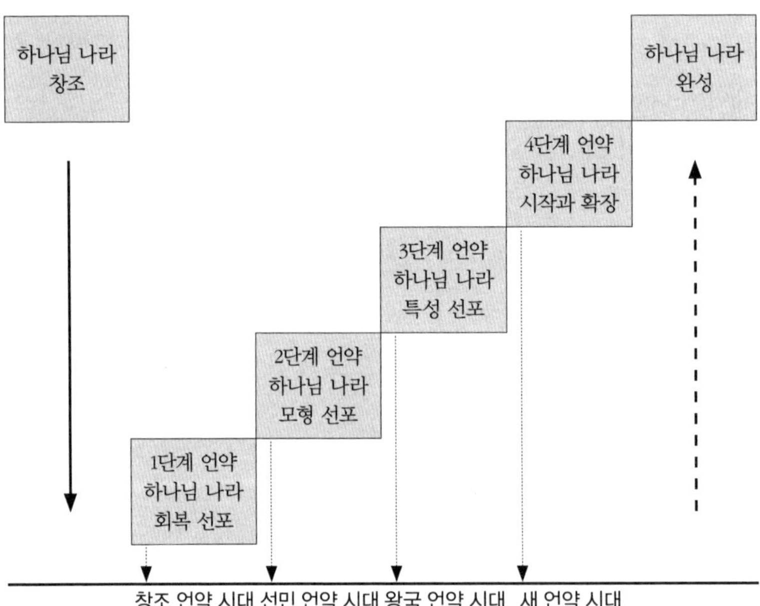

아담 언약	노아 언약	아브라함 언약	다윗 언약	피의 새 언약	재림 언약
		모세 언약	이사야 언약	성령 언약	심판 언약
		여호수아 언약	예레미야 언약		
			에스겔 언약		

3. 하나님 나라의 특성 - 하나님의 주권적 통치
(인간의 순종적 행위에 대한 언약의 통일성)

이상에서 살펴본 바와 같이, 옛 언약이나 새 언약에서 나타난 모든 언약의 중심은 하나님 나라라는 언약의 통일성을 갖고 있는데, 이렇게 언약의 중심이 되는 '하나님 나라'는 곧 하나님의 주권적 통치로 다스려지는 나라를 의미하며, 하나님의 주권적 통치로 다스려진다는 것은 하나님의 말씀으로 통치된다는 것을 의미하고, 하나님의 말씀으로 통치된다는 것은 하나님의 말씀에 인간의 순종적 행위가 나타난다는 사실을 의미한다.

따라서 언약의 목적이 하나님 나라의 완성에 있다는 사실과 하나님 나라가 인간의 순종적 행위로 나타나는 하나님의 주권적 통치의 완성에 있다면, 우리는 당연히 이 언약을 인간의 순종적 행위로 나타나는 하나님의 주권적 통치적 측면에서 살펴보지 않을 수 없다. 그런데 이러한 모든 언약들을 하나님의 주권적 통치의 측면에서 살펴볼 때도 다음과 같이 모든 언약들이 한결같이 인간의 순종적 행위를 요구한다는 사실을 발견할 수 있다.

1) 창조 언약

아담 언약 - 선악을 알게 하는 나무의 실과는 먹지 말라 네가 먹는 날에는 정녕 죽으리라 하시니라(창 2:17)

노아 언약 - 그러나 고기를 그 생명 되는 피채 먹지 말 것이니라 내가 반드시 너희 피 곧 너희 생명의 피를 찾으리라(창 9:4)

하나님께서는 아담에게 우주만물을 다스리는 복을 주셨는데(창 1:28), 하나님께서 주신 이러한 복은 아담이 하나님의 말씀에(창 2:17) 순종할 때만 누릴 수 있도록 말씀에 순종을 요구하신다.

그러나 아담이 이를 실패하자 하나님께서는 다시 노아를 통하여 다시 한 번 하나님 나라를 회복하시려는 노아 언약을 선포하신다. 그런데 이때에도 아담에게 요구하신 것과 같이 노아에게도 동일한 말씀을 명하시고(창 9:4) 이 말씀에 순종할 것을 요구하셨다.

2) 옛 언약

아브라함 언약 - 나는 전능한 하나님이라 너는 내 앞에서 행하여 완전하라(창17:1)

모세 언약 - 너희가 내 말을 잘 듣고 내 언약을 지키면 - 너희는 열국 중에서 내 소유가 되겠고 제사장 나라가 되며 거룩한 백성이 되리라(출 19:5)

모압 언약 - 그런즉 너희는 이 언약의 말씀을 지켜 행하라 - 그리하면 너희의 하는 모든 일이 형통하리라(신 29:9)

노아를 통하여 다시 하나님 나라의 회복을 선포하신 하나님께서는 그 후손들이 오히려 바벨 탑을 쌓으며 하나님과 대적하려 하자 서로 언어를 달리하여 각 민족으로 흩어 놓으신다. 그 흩어진 민족 중에서 특별히 아브라함과 그 후손들을 택하시어 언약을 맺으시는데, 이러한 아브라함이나 모세의 언약을 통해 나타난 옛 언약에서도 하나님께서는 하나님의 말씀에 온전히 순종할 것을 요구하시는 것이다.

3) 새 언약

에스겔 언약

겔 36:26-28 "또 새 영(靈)을 너희 속에 두고 새 마음을 너희에게 주되 너희 육신에서 굳은 마음을 제하고 부드러운 마음을 줄 것이며 또 내 신(神)을 너희 속에 두어 너희로 내 율례를 행하게 하리니 너희가 내 규례를 지켜 행할지라 내가 너희 열조에게 준 땅에 너희가 거하여 내 백성이 되고 나는 너희 하나님이 되리라"

하나님의 말씀에 온전히 순종할 때 하나님의 백성이 되게 하신 옛 언약과는 달리, 메시아 예수 그리스도의 대속 은혜를(이사야 언약) 믿는 믿음으로 하나님의 백성이 되게 하신(예레미야 언약) 하나님께서는, 그렇다고 하나님 말씀에 대한 순종을 더 이상 요구하지 않으시는 것이 아니다.

"내 신(神)을 너희 속에 두어 너희로 내 율례를 행하게 하리니 너희가 내 규례를 지켜 행할지라"(겔 36:27)는 에스겔 언약과 같이, 은혜의 새 언약에서도 인간의 순종적 행위는 동일하게 요구하신다.

그러나 옛 언약과는 달리 새 언약에서는 더 이상 인간에게 맡기지 않으시고 은혜로 먼저 하나님의 백성으로 삼으신 후 성령의 능력으로 하나님의 말씀에 순종하게 하시겠다는 것이다.

4) 동일한 신약의 요구

그래서 성경은 하나님 나라 백성이 된 구원받은 성도라 하더라도 하나님의 말씀에 온전히 순종하여야 하며, 이렇게 하나님의 말씀에 순종하는 삶이 구원의 목적임을 다음과 같이 밝히고 있다.

마 5:48 "그러므로 하늘에 계신 너희 아버지의 온전하심과 같이 너희도 온전하라"

엡 2:10 "우리는 그의 만드신 바라 그리스도 예수 안에서 선한 일을 위하여 지으심을 받은 자니 이 일은 하나님이 전에 예비하사 우리로 그 가운데서 행하게 하려 하심이니라"

즉 하나님께서 우리를 지으시고 우리를 하나님의 자녀(백성)로 삼으시는 이유는, 우리로 하여금 예수 그리스도 안에서 선한 일을 행하게 하심이라고 성경은 말하고 있다. 그런데 그 선한 일이란 곧 하나님의 뜻을 따라, 다시 말해 하나님의 말씀을 따라 행하게 하심이라는 것을 알 수 있다.

이와 같이 우리를 구속하시어 하나님의 백성으로 삼으심은 하나님의 말씀을 행하게 하심이라는 것을 알 수 있는데, 이는 에덴동산에서 선포하신 하나님 나라에서 요구되는 인간의 순종적 책임의 요구와 동일한 것이며, 또한 "너희가 내 말을 듣고 내 율례를 지켜 행하면 너희가 내 소유가 되고 제사장 나라가 되며 거룩한 백성이 되리라"는 옛 언약에 나타난 인간의 순종적 책임의 요구와 동일하다. 이는 또한 "내 신(神)을 너희 속에 두어 너희로 내 율례를 행하게 하리니 너희가 내 규례를 지켜 행할지라"는 새 언약에서 요구되는 인간의 순종적 책임의 요구와도 동일한 것이다.

즉 하나님 말씀에 대한 절대적인 순종의 요구는 창조 언약 시대에서나 선민 언약 시대에서나 왕국 언약 시대에서는 물론 예수 그리스도를 통하여 하나님 나라 백성이 된 이후에도 동일하게 요구되고 있음을 알 수 있다.

성경의 기록 목적

그래서 성경은, 성경의 기록 목적이 예수 그리스도의 은혜를 통하여 우리를 구원하심에 있지만, 구원이란 단지 우리가 영생하는 삶을 사는 것이 아니라 우리로 하여금 하나님의 사람으로 온전케 되어, 즉 하나님 나라 백성으로 온전케 되어 모든 선한 일을 하게 함이라고 말씀하고 있다. 즉 하나님의 말씀에 온전히 순종케 함에 있다고 다음과 같이 밝히고 있다.

딤후 3:14-17 "그러나 너는 배우고 확신한 일에 거하라 네가 뉘게서 배운 것을 알며 또 네가 어려서부터 성경을 알았나니 성경은 능히 너로 하여금 그리스도 예수 안에 있는 믿음으로 말미암아 구원에 이르는 지혜가 있게 하느니라 모든 성경은 하나님의 감동으로 된 것으로 교훈과 책망과 바르게 함과 의로 교육하기에 유익하니 이는 하나님의 사람으로 온전케 하며 모든 선한 일을 행하기에 온전케 하려 함이니라"

성경은 우리 인간을 죄로부터 해방시켜 구원시키시는 데 그 목적이 있음을 말하고 있는데, 구원이란 단지 인간에게 영생하는 은혜가 아님을 분명히 밝히고 있다.

성경은 우리의 죄를 대신하여 죽으신 예수 그리스도를 믿음으로 말미암아 구원을 얻는 지혜가 있어 이를 배우고 확신케 하여 우리를 구원시키지만, 그 구원의 궁극적 목적은 하나님의 사람으로 온전케 하며 모든 선한 일을 행하기에 온전케 하려 함에 있다고 말한다. 바로 '이 선한 일'이란 곧 하나님의 말씀에 순종하는 삶을 말하는 것이며, 이 하나님의 말씀에 순종하는 삶은 곧 하나님의 주권적 통치로 다스려지는 하나님 나라를 의미하는 것이다.

성경의 기록 목적 - 하나님의 사람으로 온전케 함 - 하나님 나라의 완성

하나님 나라

하나님의 말씀으로 통치되는 나라(절대적 순종의 삶)
하나님의 은혜로 사는 나라(절대적 은혜의 삶)

참고서적

Louis Berkhof, *Systematic Theology*, Grand Rapids, MI, 1988.

Lewis Gordon, *Integrative Theology*, Grand Rapids, Zondervan Publishing, MI, 1994.

Wayne Grudem, *Systematic Theology*, Varsity Press, England, 1994.

Calvin's Institutes, Ed. Hugh T. Kerr, *Westminster/John Knox Press*, Louisville, Kentucky, 1989.

Loraine Boettner, *The Reformed Doctrine of Predestination*, Presbyterian and Reformed Publishing, Phillipsburg, NJ. 1983.

John Murray, *The Imputation of Adam's Sin*, Reprint edition: Nutley, N.J. 1977.

J.L. Packer, *Concise Theology: A Guide to Historic Christian Belief*, Wheaton,Ill, 1993.

Warfield Benjamin, *The Inspiration and Authority of the Bible, Ed. by Samuel Craig*, Philadelphia, 1967.

Lawrence O. Richards, *Encyclopedia of Bible Words*, Zondervan Publishing House, Grand Rapids, MI 1991.

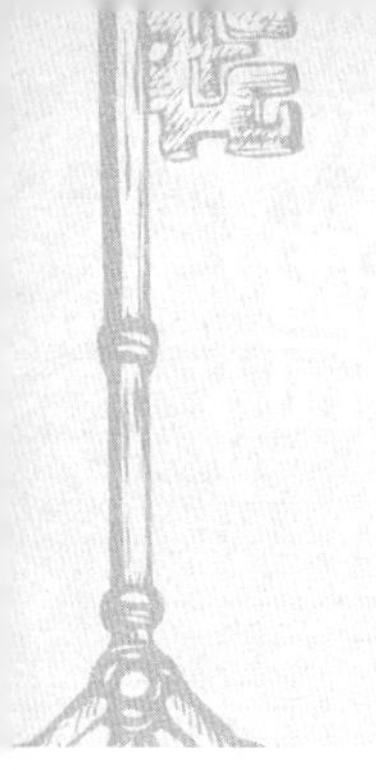

강신권, 《CSA 원전 해석, 쿰란출판사》, 서울, 1998.

성경사전 편찬 위원회, 《아가페 성서사전》, 아가페서원, 서울, 1997.

제자원, 성서교재(주), 《그랜드 종합주석》, 1998.

박형용, 《교의신학》, 은성출판사, 서울, 1989.

이종성, 《조직신학》, 기독교 출판사, 서울, 1983.

이범배, 《조직신학》, 새한기획 출판부, 서울, 2002.

조남출, 《기독교 교리사》, 대한기독교서회, 서울, 1985.

김선운, 《로마서》, 양서각, 서울, 1986.

백보현, 《지성과 신앙의 대화》, 쿰란출판사, 2001.

Louis Berkhof, 신복윤 역, 《기독교 교리사》(*The History of Christian Doctrine*), 성광문화사, 1999.

D.M. Lloyd Jones, 서문강 역, 《십자가와 구속》(*The Cross*), 기독교문서선교회, 2001.

W.I. Dumbrell, 최우성 역, 《언약과 창조》(*Covenant & Creation*), 크리스천서적, 1990.

언약의 관점에서 본 성경의 개요

성경의 핵심 **언약**

1판 1쇄 인쇄 _ 2016년 6월 1일
1판 1쇄 발행 _ 2016년 6월 10일

지은이 _ 백보현
펴낸이 _ 이형규
펴낸곳 _ 쿰란출판사

주소 _ 서울특별시 종로구 이화장길 6
편집부 _ 745-1007, 745-1301~2, 747-1212, 743-1300
영업부 _ 747-1004, FAX 745-8490
본사평생전화번호 _ 0502-756-1004
홈페이지 _ http://www.qumran.co.kr
E-mail _ qrbooks@gmail.com / qrbooks@daum.net
한글인터넷주소 _ 쿰란, 쿰란출판사
등록 _ 제1-670호(1988.2.27)
책임교열 _ 이화정·신영미

 ISBN 978-89-6562-893-4 93230